ちくま文庫

被差別部落の伝承と生活

信州の部落・古老聞き書き

柴田道子

筑摩書房

目次

第二部　生活と文化

被差別部落の伝承と生活　信州の部落・古老聞き書き

序

この書物は、被差別部落の人びと自身が、自分たちの歴史を語ったものである。部落の人びとが、積極的に自己を語ることなくしては、この書物はできなかった。その機会を作ったのは、中山英一氏である。

中山さんは、部落解放同盟長野県連の書記長であり、学窓を出られてから二十年余、この道ひとすじに生きてこられた。県下の三百余の部落に、少ないところで数回、多いところでは数えられぬ程、足を運んでおられる。部落は広い県下に散在している。また部落のおかれているところは、今日でも交通の便が悪い所が多い。「前略ぬき」で部落の人びとの言葉を聞き、その生活から直接学ぶことができたのは、中山さんに同行できたからである。

はじめて発見された資料の取扱い方、その時代考証、古文書の解読、さらに聞き書きのなかに出てきた沢山の疑問点などについて、郷土史家の小林計一郎先生、塚田正朋先生、尾崎行也先生をはじめとして、県下の多くの先生方が協力された。なお本文中、部落の人たちが話された言葉の文責は私にある。

長野県下の部落数は三百余(五世帯以上)、六千世帯約五万人といわれている。小さな部落は二、三戸で、一番大きい部落は、都市化の進んだ小諸市加増《かます》の百八十二戸である。百戸以上は、加増以外に佐久市岩村田大和町のみ。五、六戸から十数戸というのが圧倒的に多い。そのほとんどが、農村部落である。関東と関西の部落の違いは、規模や成り立ちなどにみられる。長野県下では、関西にみられる大きな都市部落はない。西日本は、歴史的に経済の発達が先んじており、人口の密度も濃く、階級分化も進んでいた。関西の部落は、規模が大きくなっていたから、それだけ社会的な力にもなり得て、解放運動の中心となったのであろう。

信州では、部落の成立はさまざまで、年代も異っている。歴史学者によれば、一番古い部落の起こりは、江戸前期末、ほぼ元禄時代という。成立の立地条件は、四つに分けることができる。

第一は城下町におかれた部落である。松代・上田・小諸・松本・諏訪・高遠《たかとお》などの城主は、皮革をはじめとする武具の製造や雑役労働を必要とし、城下の治安を守る力として部落を強制的に作った。第二は、神社仏閣に依拠する部落で、善光寺などがある。ここでの仕事は、寺や神社の庭師その他の雑役であった。第三は、川筋におかれた部落である。天竜川・千曲川・犀川など川筋にそって作られた。河川筋の仕事は主に船頭である。第四は、街道筋の部落で、数の上では一番多い。北国街道とか中仙道などの宿駅、要所に政策的におかれた。

長野県は、大きく四つのブロック、すなわち上田・小諸・佐久地方の東信、長野市を中心とする北信、松本・木曽地方の中信、諏訪・伊那谷の南信に分けられている。私たちが訪問した部落は、広く全ブロックにわたった。一九六八年六月から、七〇年三月までに、県下三百余の部落のうち、五十余の部落を選び、百人をこえる古老に接した。

部落の選び方としては、先にあげた四つの立地条件、城下町・神社仏閣・川筋・街道筋に、都市部落・農村部落・山間部落、さらに一番大きい部落・小さい部落が考慮された。部落解放同盟の長野県における組織率は六割強である。五十余の部落のうち、半分は未組織部落であった。解放同盟に加盟している部落も、加盟していない部落も、そこに住む人の底を流れるものは、同じだった。みな解放されたい、人間として認められたいという気持があふれていた。

これまで被差別部落の人びとは、自分たちの歴史を、マイナスとして受けとめてきた。またそうさせられていた。自分たちの存在は、みぐさい（カッコ悪い）ものだ、せつない（はずかしい）ものだと思わされてきたから、過去のことを語りたがらなかった。こうして部落の人びとの生活史にあらわれた、多くの積極面、プラスの面も一緒に葬り去られていた。大方の親は、自分たちが受けた屈辱と痛みを、可愛い子どもたちに受けさせたくない、知らせまいと、かたくなに口をつぐんできた。

しかしこうした中にも、祖父から孫へひっそりと語り伝えられ、いい伝えられたことがらが、部落の内深くあった。古老たちの語る自らの先祖の話は、何故そこに部落があるか、どこからきた者か、どのような生活をしいられてきたか等であり、内側からみた部落の成立や真の姿を、伝えてきた。

古老の語る生活史は、憎しみ、悲しみ、喜びでいろどられている。それは身分制度の最下層、村外の村、人外の人という境遇に貶《おとし》められてきた民衆の、生きた姿であり、文書による歴史にはない、迫力と感動をもってせまる。

この書物は、部落民衆が、生きてきた姿、社会のラチ外に生きた人びとの生きざま、すなわち文化を表現しようとした。ここでは文化とは広く人間の生きてきた姿、足跡を意味している。

部落の人びとはどういう生活をしてきたか。今日伝えられている習慣・行事・信仰などは？　主要な生産からはずされたラチ外の雑業には、どんなものがあったのだろうか。いい伝えられてきた歴史・伝説・民話などは？　また芸能・体育・英雄・豪傑・名人などが、どういう生活の基盤から生まれてきたか。

伝承の中には、その時々の語り手の意志や希望が、話のひだひだに隠されているから、民衆の内面の声を聞きとることができる。伝承の持つ意義を積極的に生かすため、ここでは書き残されたものよりは、いい伝えられたことを中心にした。今日まで知られていない、忘れ隠されてきたものに光を照らした。部落の人びとが、自らのおかれた状況のもとで、どんな生活の工夫をし、知恵を持っていたか。どのように差別に苦しみ、それをはねのけようと必死になってきたかである。

部落の文化には二つの流れがある。その一つは部落の人びと自身が創造し、伝えてきたもので、特に伝統的な仕事のうえにみられる。もう一つは外から流れ込んだ文化で、これらは既成社会からはずされた人びと――浪人・旅坊主・乞食・薬売り・祭文語り・旅芸人等がもたらした。

こうした部落の文化および生活、差別および闘いから、私達は学ぶことができるし、また学ぶ必要がある。

まず第一に、部落には仕事が与えられなかったことが、部落民衆の一切を決定したことに、注意せねばならない。部落は封建時代以来、土地を持たなかった。戦後も銀行をはじめ、大企業には就職できない。いつも主要な産業に従事できなかった。仕事がなく、まともな収入の道をたたれてきた（第二部「落穂拾い」「据え風呂の立つ日」）。

それでも部落の人は、仕事が苦労で泣いた者はなく、仕事が無くて泣いてきたのである。倒れないためには、働かねばならない。極端な差別をなくすためには、生活を向上させねばならない。部落の民衆は必死になって働いた。部落の人びとは大変な「働き者」であり、働くことを苦労とする贅沢は、ゆるされなかった。雑業による極端な低所得のため「一般」の倍働く。日常生活には、必要によって生まれたスピード感があり（タバコを買いに行くにも走って行く）、たえず差別されてきたために、若竹が重みをはねかえすように、情熱を秘めている。

明治四年の解放令を、部落の人びとは、喜んでばかりは迎えていない。「近代日本」は、部落から、封建時代の仕事（各藩の「長吏職」と呼ばれた取締り筋）を奪ったが、それに代わる仕事を与えなかったから。部落は封建時代の単なる残存物でなく「近代日本」が、意識的に作りだしたものだった。「近代日本」は部落の犠牲のうえになりたってきた。それは部落の古老の話の中に、生活がさらに苦しくなってきたこととして、本書でも諸処に語られている。

第二に、共同体精神が非常に強いということである。「気をあわせて」共に生きる。孤立させられ、差別された貧しい人びとは、助けあっていかないと生活できなかった。自分の貧しさから他人の不幸を敏感に感じ、情に深い。社会のラチ外に生きる人びとを、親しく受け入れている（第二部「寄合い部落」）。共同体精神は「一般」が当時なし得なかった井戸作りなど、共同の利益となる共同作業の中に、顕著にみられた（第一部「唐沢部落と信仰」）。また共同体精神は、言葉のうえにも現われていた（第二部「部落のことば」）。

第三に、信仰に厚く芸能が盛んであった。信仰についていえば、心のよりどころがなかったなら、辱しめられた苦しい生活を、維持できなかったろう。このことは差別からの逃避の場ともなったろう。また貧しさから、部落の人は不幸になる率が高い。病気になっても、でかい医者（金のかかる医者）にかかれない。治るものならと、必要にせまられて神仏にすがる。それがたまたま効を奏して信仰が深くなる（第一部「部落の行者たち」）。

このように生活と密着した宗教があったからこそ、同仁会運動の合祀が問題になった。また長野県水平社創立大会で、招待された村長が「天神五代・地神七代の国体は……」と話し出したとたん、司会役の十九歳の青年だった朝倉重吉氏が「反動だ！」と叫び、突然壇上におどり出た。「この村長さんは、神さんの話をするが、おれは人間の話をする！」（第一部「米騒動のころ」）。この叫びは、部落の信仰が厚かったという背景を知って、はじめて感動的に受けとめることができる。水平運動は、差別と闘うと同時に、自分たちが差別から逃げた過去も否定するものであった。

「仏ほっとけ、神かまうな」と昔からいわれてきたという、信仰心のうすい部落では、ムロの中でぞうりをあみながら、隣近所の女衆が、きそって俳句を作っていた（第二部「ムロの中で生まれた文化」）。芸能は、夕食の米がなくても「今晩祭文《さいもん》語りを呼ぼうじゃあないか」という程さかんだった（第二部「空想を生きがいに」）。人は楽しみがなければ生きられない。人はパンのみに生きるにあらずということを、食うに事欠くような民衆が、打ちひしがれずに示している。

第四に、差別からの解放をめざす闘いの中から、最も本来的な生き方が生まれたことであり、その中から多くの貴重なものを学ぶことができる。

部落の人びとは、自分たちの社会的地位を規定してきた部落差別に、どのように対応してきたであろうか。あまりにも差別がきびしく、たえがたかったので、出口をさまざまに求めた。㋑蓄財し㋺職業を変え㋩改姓し㋥家筋の誇りになぐさめを求め㋭右翼にはしり㋬海外へ移民し㋣差別はないという自己欺瞞に安住した。これらは寝た子を起こすなという意識から、解放運動へのかかわりを拒絶する。

こうした反面、貧困と差別の中で人間となる出口を、水平運動の糾弾闘争に求めた部落の人びとがいる。当時の人びとは、この糾弾をやること以外に、人間差別をやめさせる道はない、自分たちの権利を得る道はない、と信じていた。

しかし「近代日本」は、部落の人びとが人間となることを、ことごとく押しつぶしてきた。このことは、水平運動に対する、激しい弾圧として語り伝えられている（第三部「水平社の闘い」）。具体的には、水平運動の中で、常に警察は「一般」とグルであった。県下の水平運動の指導者高橋市次郎翁は、学問のない部落大衆に「糾弾」を次のように説明した。

「『糾弾』というのは、竹の弓をいっぱいに引きしぼっておいて、パッと手を離すと、びゅんと勢よくはねかえって、真っ直ぐになる。間違った考えの人間を、徹底的に、一瞬にして、パッと真っ直ぐになおすことだ。頭の先きから足の先きまでスーットするように、どうずく（打撃をくわえる）ことだ。差別した者は、トコトンまでやっつける。最初に徹底的にやらねばだめ。根性というものは、そうたやすく変えられるものでないからだ。いい加減では、本当に根性を入れかえることができない」

今日においてもこの言葉から、解放運動のあり方を学ぶことができる。部落解放と「近代日本」とは、いずれかが死なねばならぬ敵対関係にあった。水平社が弾圧によっておしつぶされた後も、部落の人びとは「近代日本」を全面的に否定する心情を、持ちあわせてきた。戦争中「一般」がおしなべて「戦勝祈願」を行なっていた時、「差別するこんな国は、メチャメチャになればよい」と、部落からは「戦敗祈願」をする者も現われた。

この書物は、主に戦前における伝承を中心としているが、単なる昔話に終らせてはならない。戦後も部落の民衆は、差別から解放されていないからである。戦後のいわゆる「解放」は部落の解放とはならなかった。国民主権と基本的人権、とりわけ法の下の平等をうたった新憲法は、明治四年の「解放令」と同じ限界につきまとわれている。農地解放があっても、土地なき部落はその恩恵に浴さなかった。労働組合が公認されても、労組のあるような事業場に就職できない。これだけでなく、「一般」の意識が戦前と変わらないという点が問題である。

部落出身とわかれば、九割九分まで「一般」とは結婚できないのが現実である。このため戦後生まれの部落青年の自殺や、自殺未遂事件はあとをたたない。結婚にかぎらず、労組の中においてすら、部落の人びとは自己の可能性をのばそうとすると「一般」からたたかれる（第一部「相楽総三処刑の地」）。犯罪が発生すると、まず部落があやしいとされることは、戦後も変わりない（死刑を判決されている石川青年の狭山事件の捜査）。

戦後の長野県では、主として結婚差別事件が表面化するようになった。戦前は「部落」と「一般」との間に、「交流」がなかったのに対し、戦後はいわゆる「戦後民主主義」のもとで「交流」の機会が増大した。戦前は小学校でまず差別を体験させられたのに対して、戦後は教師や生徒が、直接的に差別することは少なくなった。

しかし民主主義イデオロギーの強い戦後では、公然とした形では現われなくなったが、差別は隠微な形に、姿を変えただけである。このため差別が無くなった以上「寝た子を起こすな」「部落差別はない」という考え方が、強く支配することにもなる。新憲法下「差別はあってはならない」という建て前が「差別はある筈がないもの」にすりかえられやすくなる。これが差別の現実をおおい、差別を維持する上で、強力なイデオロギーになっている。

従って、学校教育を終えた青年が、ひとたび「一般」社会に出ると、イデオロギーと現実の断絶に直面して、苦悩し死に追い込まれる。国家と「一般」からなる「戦後民主主義」社会は、このように部落に対する死重であり、数多の部落青年の怨念で呪われている（第二部「軍隊と結婚における差別」のF君のごく最近の抗議死）。「一般」社会が、部落を死に追い込んでいる以上、部落問題とは「一般」の問題である。国家は支配のために、差別を必要とする。「一般」は部落の犠牲の上に、差別者として国家と共犯関係に立ち、そのことによって体制内意識を強める。

こうした「一般」の意識は、根深いものがあるだけに、怖るべきものである。それは人の下に人をつくる排外主義と、人の上に人をおく天皇制イデオロギーのもとに「一般」大衆がアジア侵略に動員される、最後の固い心理的基盤をなしている。国内の部落差別は、アジア民衆全体の安全にもかかわる。

部落解放は、火急な課題である。このことは、生命を奪われる部落民衆にとっては、余りに自明の理である。問題は、「一般」が、意識的差別者ではなくとも、「一般」の存在そのものによって部落民衆の死重になっていることを、痛覚できるかどうかであろう。自己の過去を否定的にとらえかえした上に立って、戦後民主主義イデオロギーの感染から、まぬかれるために、部落の生活と闘いから何度でも学びなおすこと、部落解放運動との生きた交流を求めること、が要請されている。

本書がいささかでも、こうした意味でお役に立つならば幸いである。

一九七一年秋

柴田道子

第一部　伝承と歴史

白山信仰と部落

白山神社は部落（被差別部落）の氏神といわれ、東日本のどこの部落にもある。はくさんさまともしらやまさまとも、あるいは権現さまとも呼ばれている。おどろくのは、どんな辺地の小さな部落にも白山神社があることだ。白山神社がきめこまかにすみずみの部落までひろまっていたことがわかる。

白山神社の総本社は、加賀の白山（石川県石川郡河内村三之宮部落、旧国幣中社白山比咩《ひめ》神社、一名菊理媛神社）である。白山は『古事記』にも出てくるが、古代からの山嶽（修験道）信仰として、非常に盛んであった。白山比咩がどのような神さまであったか、正統論は避け、部落に伝わる白山信仰にふれていきたい。

白山信仰が部落だけのものでないことは、はっきりしている。では何故白山さま、即部落の神さまということになったのであろうか。そして、いつ頃からであろうか。各々の白山さまの由来をたずねていくと、その部落の成立も明らかになってくる。いずれも白山神社と呼ばれてはいるが、必ずしも加賀の白山を祭っているわけではなかった。個別的にそれらの姿をおっていくと、信仰と民衆との結びつきが浮かんでくる。白山信仰は、地域的にきわ立った相違がみられる。

東・北信地方の白山神社は部落に一つずつあり、お堂も大きく立派であった。部落のはずれに、あるいは部落の中心に氏神として祭ってある。それが中信地方に行くと、各マキごとにあった。南安曇郡豊科《とよしな》町真々部《ままべ》では、十数戸という小さな部落に四つの白山さまが祭られていた。真々部の先祖は四軒であったのだろう。本家筋の庭の片すみや裏庭に、屋敷神として、東・北信の神社よりはるかに小さく、幼女のおままごとの家に似て、ひっそりと祭ってある。祭もマキ、マキで行なっている。私のうけた感じでは、東・北信地方の方が白山信仰があついように思われた。南信の諏訪市上諏訪中村の白山神社は、この部落にひとつで、私たちの見た中ではお堂も一番大きく、近づきがたい威厳があった。中村は古くから温泉の発掘にたずさわっており、経済的に豊かであったのだろう。中・南信では例外の部ではないかと思う。

このような特徴は、東・北信の部落は近世になって政策的につくられたことを物語っている。信仰のかたちとしては、中信地方のマキごとに保持している方が、中世からの古いなごりをとどめている。江戸の初期に北国街道ができた。北国街道は佐渡の金鉱で使役させる江戸の罪人を護送するために開かれた。そして、要所要所に、部落が長吏の役職をもって配置されたのであった。人びとが近郷近在から集められ、比較的新しい部落として、政策的に形成された。

さて、その東・北信地方の白山信仰にも、各々にまた特徴がある。大正期に入って同仁会が発足（大正九年）すると、融和運動の一環として、白山社を一般（非被差別部落）の氏神に合祀（あるいは合社と呼んでいる）することが盛んに行なわれた。しかし今日部落をたずねて知ることは、北信のほとんどの部落が一般の氏神と合祀しているのに反し、東信では合祀していない。上田市を境にして、はっきりしている。これは同仁会運動が北信に盛んであり、水平社運動が東信を中心に展開されたことに結びつくようだ。同仁の意は一視同仁からきたもので、天皇から見れば万民はすべて民草として平等である、という考え方で、全体主義のもとに行なわれた融和運動であった。さからわず、みな仲良くというこの精神は、部落民よりも、むしろ一般の有識者あるいは官職につく者たちによっておし進められた。鳴物入りで行なわれた環境改善事業が主で、公認のおだやかな運動であった。

他方、水平社は、徹底的糾弾闘争というスローガンに象徴される、部落民自身によるはげしい運動である。この点は他の項でふれるが、浅間から吹きおろす刺すような風、底冷えの強い佐久地方の人びとは、自然環境からはげしい気性をうえつけられている。また、自ずから気骨のある性格がつくられた。水平社運動が東信に盛んだったのも、ここに一つの理由があったように思う。水平社は、部落民を被差別階級としてとらえ、自ら誇り高くあった。自分たちを卑下せず、己れの氏神を尊び、形だけの合祀で問題が解決するとは考えなかった。それゆえ、白山神社をほとんど合祀していない。

白山神社の祭は、春秋二回、大方は四月と十月に、二日にわたって行なわれている。ひと昔まえまでは、大きなのぼりをたて、ちょうちんをさげて、にぎやかなことであった。老人たちは、祭の日の話になると、生き生きとして、幼年期あるいは青年の頃の思い出を語ってくれた。部落の宗教行事の中では、おとりこし（十一月二十一日より二十八日朝まで、浄土真宗）と共に、大事な行事となっていた。家と共に、部落の生活と共に、白山信仰は今日を迎えている。どこの白山神社の境内にも、樹齢何百年を数えるけやきやもみじなどの老木が必ずあり、歴史の重なりを物語っていた。

部落の人びとは、白山さまをどのような神さまとして祭っているのだろう。どこでも必ず耳にしたのは、たいそう子ども好きの神さまであるということである。真々部のみよさん（五十五歳）にたずねてみる。

「白山さまのことを、どう聞いてやす」

「まあ、なあ……」

みよさんは少しためらってから答える。

「わしら、お仲間衆（部落の人びと）の神さんでごあしょ、はあ、一般の衆もお仲間の神さんと呼んでやす。とてもご利益があって、何でも昔、たいしたはやり病がそこらいったいにあふれたけんど、白山さまのおかげで、道ひとつへだてたわしらんとこへは入ってこなんだったと聞いていやす。また子どもを守ってくれるということですい」

みよさんは、祭の日（四月十五、十六日）には赤飯をたき、分家の女衆と子どもたちを招いて祝うという。ご利益の高い白山さまも、今日では家の裏のやぶにかくれんばかりである。傷みがはげしくなった一尺四方の木造の社殿は、ひっそりとみよさんの家を加護していた。祭日《まつりび》には、東・北信の何丈というのぼりとちがい、三尺位のものを二本たてるという。

「屋根がえをしなきゃあなんねえですが……」とみよさんは少々まが悪そうにいい、手入れのとどかぬ白山さまに手をあわせるのだった。

白山さまは、歯の神さま、足の悪い人の神さま、悪病除け、火事から守る、さてはぞうり作りの腕をあげるにきき目があるなど、よろず聞き入れてくれる。部落の人びとにとっては有難い神さまである。粗末に扱おうものなら、その祟《たた》りも恐ろしいことになるという。

南佐久郡佐久町高野町では、権現さまと呼んでいる。権現さまのわきには、大人八人でやっとだきつけるけやきの大木があった。大正の末、村（部落）が貧乏して、切って売ってしまった。だがこの時は権現さまは怒らなかった。御神木が村の貧乏をたすけたのである。高野町では、毎年四月の祭に小諸から神主を招いていた。昭和十九年のこと、時勢も太平洋戦争のあおりでせわしかった。何かの都合でどうしたものか、この年だけ神主を招かなかった。するとその年七月のこと、腸チブスが村に入り込んで大事件になった。五人が死亡、「ペニシリン」のない頃で、りんごを買うにも品物を持って行かねば売ってくれない。大変苦労したということだ。病人は一カ月から四十日病んで死んでいった。この時、村の人は、権現さまがわざわいしたのだと恐れたという。

「この事件以来、ごっしゃん（神主）に祝詞《のりと》をあげてもらうことを欠かしたことごあせん。迷信かもしれんが、気味の悪いことで……」

と、この時妻に先だたれた昌雄さん（六十七歳）はいう。白山さまは、たしかに魔力を持つ神さまのようだ。上田市緑ケ丘西の徳治さん（七十一歳）は、父親から聞いたという話を聞かせてくれた。徳治さんは白山さまを霊験あらたかな神さまだと、前おきしていう。

「昔、大層欲が深く、血も涙もないような金持がいた。人びとはこの金持を、死んでもまんぞくに葬式がでるかどうかわからないと噂をしたが、本当にその通りになってしまった。葬式の日、棺が出ようとすると、にわかに天がかき乱れ、暗雲がたれこめた。雷をともなった強い風雨がまきおこり、荒れるわ荒れるわ、黒雲に乗ってものすごい勢で鬼がおりてきた。人びとは恐れていたことが現実になったと、あわてふためいた。鬼はすざまじい様相で、棺めがけておそいかかり、棺をさらっていこうとした。そこで娑婆《しゃば》中の神さまが次々と鬼と闘うのだが負けてしまう。金持の庭は、修羅場と化した。最後に白山さまが現われ、乱れ狂って棺におそいかかる鬼の手をスパッと切り落とし棺を無事に送り出したということです」

白山さまは強欲な悪人でもお助け下さる慈悲深い、また力のある神さまだ。緑ケ丘西では、今日なお大晦日には当番が五人出て、白山さまのお堂でおこもりをする。このあたりの部落の人は、二年参りといって、除夜の鐘が鳴る前と後の二回、お参りしている。

徳治さんの話では、これも昔この部落での話だが、白山神社の境内と一般の畑の境に、大きなひもろの木があった。一般の地主が、おらちの畑が日影になって、作物がよくできないから、枝を払え、と要求してきた。しかし御神木なので切れぬというと、何でもかでも切り落とせと強く命令してきた。とうとう地主には逆えず枝を払った。すると地主は、問題の畑で、すきを土地に入れたままの姿勢で死んでいたという。

子ども好きの白山さま

白山さまが子ども好きの神さまだということは、どこの部落でもまっさきに聞かされたことだ。東・北信地方の白山神社の社は、ほとんどがお堂になっている。お堂の中で子どもがいつでも遊べるように、扉は三百六十五日、開け放たれたままであった。お堂の梁《はり》に縄をぶらさげて、ブランコをしたり、かくれんぼをする。雨の日は、おままごとをしたり、飛んだり跳ねたり、土足のままである。御神体も子どもたちと一緒に埃《ほこ》りにまみれる。どんないたずらをしても白山さまは怒らない。子どもが白山さまで怪我をしたことはないという。

小県《ちいさがた》郡塩田町の東前山では、子どもが悪たれてはいけないということで、お堂の扉を閉めきって錠をおろした。するとお堂は火事になって燃えてしまった。これ以来、東前山でもお堂の扉は開けておく、と、緑ケ丘西の徳治さんの話である。子ども好きの神さまなのに、子どもを遠ざけてしまったので、神さまがお怒りになったのだ。

伊勢の皇大神宮をはじめ、靖国神社など、そこここの神社と、部落の白山神社とは、だいぶ勝手が違うようだ。権威づけのため、玉砂利を敷きつめたはるかかなたに、神さまは人間からひき離されているのが常識だが、白山さまは部落の日常の中に人間とともにいらっしゃる。こうした白山信仰は、部落の生活にそくしている。身を清めてからでないと近づけぬという神さまでは、部落の生活では信仰できない。

須坂市福島の忠男さんは、物心つく頃から、親の仕事の足手まといになると、一日に一度は母親から「ゴンゲンサマの庭行って遊んでコオ！」と、怒鳴られたという。中年以上の人ならば、誰でも経験のあることだという。家もせまく、もちろん庭などない生活で、遊ぶ場所がないのである。白山さまのお堂や境内が格好の遊び場になっていた。ここはまた、部落の社交場でもあり、誰か彼か油を売っている大人もいたにちがいない。子守りをする老人や、仕事を持ってきている若い人もいたろう。いずれにしても一人遊びのできない幼い子どもでも、神さまが相手になってくれるのだから、親は安心して手離して仕事ができたわけだ。神さまが、実生活の中にとけ込んでいる。ここでは信仰が実生活の内側から出てきている。

上伊那郡辰野町宮所の猪之吉さん（七十歳）は、白山さまについて、次のように話している。

「子どもの好きな神さまで、お産の神さまとも聞いている。わしらの子どもの頃は、白山さまが遊び場だった。こういう話がある。ある神さまが白山さまに、今夜どこそこにお産があるから行かないかと、さそいにきた。すると白山さまは、実は今夜おらほにお客が来て忙しくて行けない。都合が悪いとことわった。客というのは乞食で、迎えにきた神さまは、ではわし一人で行ってくるといった。そこで白山さまが、その神さまにことずけをする。無事に生まれたら粟一合授けてくれやといった」

その粟をもらった子は運がいい、とこの辺ではいわれている。米より粟の方が数が多い。質より量ということだろうか。部落の生活を、白山さまもよく御存知なのだろう。粟を望む願望の貧しさが、部落の姿をうつしだしている。

白山信仰が、部落の信仰として東日本の端々までゆきひろまったのは、関八州の「穢《エ》多《タ》」頭、江戸の弾左衛門が、その屋敷神として祭っていたことによるものと思う。ある晩、白山神が弾左衛門の夢枕に立って云々《うんぬん》……という話があるが、白山神への弾左衛門の信仰のあつさは、それなりに理由があったろう。白山神は、非常におはらい（悪除け）に強い神さまである。神さまの階級でいうと、上の方である。弾左衛門は、自分の仕事を穢れたものと思っていたかどうかはわからない。しかし世間では不浄な仕事とみなしていたから、職業からくる穢れを清めるために、おはらいに強い白山神を屋敷神として祭ったのかもしれない。権力と財力をほしいままにした弾左衛門――その生活は二千石取りの武士にあたるといわれている――であったが、己れの職業に与えられた精神的いやしめからの解放を、必死で願わずにはいられなかったのであろう。

　何ごとも上《かみ》から下《しも》への御時世であった。弾左衛門が白山神を屋敷神として祭れというおふれを出したかどうかはわからぬが、下々も上に見ならったのではなかろうか。穢れた人間と見られる存在からの解放を、下々の民もまた弾左衛門同様に、いやそれ以上に切望していたにちがいない。白山さまを祭っていない部落はなかった。その徹底性におどろくと共に、私は部落の人びとの信仰のあつさを知らされた。

　小諸市加増では、白山神社と呼ばれるのが四カ所にある。部落の氏神として伝えられてきたのは、お頭役の高橋弥右衛門家の地つづきにある白山社である。加増の国松さん（七十歳）によると、小諸藩主酒井日向守の屋敷神であった。日向守が転封の時、御神体を持って行くのもということで部落で祭ってくれと頼まれて預かった。これが加増荒堀の白山神社になったもの。一説には弥右衛門家の屋敷神であったともいわれている。ともあれ、屋敷神が氏神になったわけだ。国松さんがみたこの御神体は首から上が人間の顔のようなものだったという。直径25～30㎝・高さ30～40㎝の木のとっこ（株）で、お面のように彫ってある（鬼面さま）。昔は雨乞いをする時、泉（部落にくる水もと）に御神体を持ち出していたという。

　この部落の他の白山さまは、みな一個人の屋敷神として祭られている。そのひとつ、べっこう屋さん（かんざし、笄《こうがい》の細工をする）は御牧ケ原から、その昔城下町づくりの時に引越してきた。御牧ケ原にいた時の屋敷神を、お宮だけ残して御神体を持ってきたもの。それを白山さまとして祭っているので、最初から白山神であったかどうかわからない。こうして下々の白山さまは、白山と呼ばれても、御神体はさまざまであったろう。

　私たちは五十五の部落を訪れたが、白山さまの御神体も、さまざまであった。ある部落は御幣《ごへい》だけ、あるいは鏡などがあったり、木ぼりや石仏の御本尊があったりした。専門家が見れば、御本尊の彫刻や作風で、いつ頃の像かわかるにちがいない。明らかに鎌倉時代のものとわかる木彫のすばらしい像をたくさん見た。

　佐久市平賀の北口部落の衆は白山さまを背負ってきたと一般の人びとからいわれている。白山さまと部落の生活とは、切っても切りはなせないものになっていたことがうかがえる。部落の人びとは自分達の勤めを、あるいは存在そのものを不浄と見なされていた。その不条理から逃れようとする執念が、白山信仰となっていたことが痛いように知らされる。差別が精神生活をまるごととらえてゆく姿でもある。そして為政者はこれをまた利用してきた。差別が強ければ強いほど、信仰は生活からの逃避ともなった。

＊

〝虎の巻〟と呼ばれた長吏由来之記

青田を渡る六月の風はさわやか、高原の陽ざしはきびしい。バスはうねりを作って上へ上へと登っていく。長野電鉄須坂駅からバスで三十分上高井郡高山村馬場は山の根にひろがる四十戸の山村である。そのうち部落は十五戸、一般から道ひとつへだててかたまっている。

私たちは儀左衛門氏宅におじゃまする。陽の高いうちに、合祀（昭和十六年）以前の白山社跡に案内していただく。ここの白山社は安政年間に建てられたものという。部落のはずれに塚になって十四坪ほどの敷地が開かれていた。その道すじに庚申塔と二十三夜塔がある。大変古いものと思われる道祖神は、田んぼのあぜに肩をもたれていた。町から人がやってきて、こうした素朴な石仏を売ってくれとうるさくてしようがないという。案内にたった老人は、

「神さんも金で買われる時代になりやした。ひどいもんちは車で盗みにきやす」

となげく。時代は変りつつ動いてきている。農家では、田植もすっかり終り、リンゴの

摘花《てきか》の最中であった。馬場・駒場などの地名になごりをとどめているが、このあたりは、殿様の馬を放牧していたという。村史は次のようにうたっている。
〈延喜（九〇一〜九二三年）の頃、左馬寮に属し、延喜御牧信濃十六牧中の高位牧《たかい》として、貢馬のつとめをしていた。それ以来牧場地帯として栄え、鎌倉時代には高井野牧として吾妻鏡《あずまかがみ》にその名があらわれ、又北条氏直の愛馬〝高井黒〟の産地として有名であった。〉

古代から中世そして戦乱の世をとおして、このあたりは、牧草地がどこまでもつづいていたのだろう。小高い山の頂きに、福島正則公の山城、枡形城があったという。そのおもかげはいまはない。〝物見の大岩〟がただひとつ、先頃の松代地震で落下せぬかと村人の心配の種になっていた。この地も例外なく、若い者はまちへ働きに出ている。わずかな農地は日雇い仕事の片手間に過ぎない。忙しいさなかではあったが、宿を願った儀左衛門さん宅の座敷では、数人の老人と若者が一人、最近おきたタクシー差別事件の対策を話合っていた。

上野平久義さんは七十歳、部落内でも年長の方である。たいそう律義で遠慮深い。体のしんまで陽焼けした久義さんは、畑からいまあがってきたという感じである。儀左衛門さんの奥さんが上座をすすめても応ぜず、あがりばなにおつくべ（正座）して控え目であった。久義さんはいくらか猫背の体をさらに小さくして、茶をすすり、重そうな口を開いた。

「この村の芝切り（はじめに落ち着いた者）は一軒で、その一軒がわしどもですい。四国から寺と一緒に来たと聞いてやす。寺の庭はきなど、いっさい雑用をしていたもんですい。寺は新報寺だが、ここの坊主がわがままで横暴で、どうにもならんかった。明治になってから、半分の者が檀家をやめやした。昔は御天馬といって義務労働（只働き）を強要されたですい。寺からいわれたことは何でもはいやりやすと書いたもんに印をつかせたんでごあす。ひどいこんですい。明治に入ってからのこんですい。わしどもの方に死者が出ても坊主はおとりひき（引導をわたす）にも来てくれなんだ。わしのかか（母親）が死んだ時はKさん（一般の実力者）のところに法事があるから忙しくて行かんないと、おとりひきにも来なんだ。寺の山門まで持ってこい、ここでおとりひきしてやるというこんですい。仲間が背負って山門まで行きやした。雪の深い時だもんで、えらい苦労でしたに。わしら先祖から寺には何が何でも服従してきたんでしょうなあ。

古いもんちは、みな散らせてしまってありあせんが、代々伝わった家宝で、この巻きもの（長吏由来之記　資料1）がのさま（仏壇）に入っていたですい。家の者は昔から、虎の巻、虎の巻と呼んでいやした。たいそうありがたいもんで、ぜったい開いてはならんと聞かされてきたですい。頭の痛い時は虎の巻で頭をなで、腹の痛い時は腹をさするとなおるといわれて、やってきやした。つい最近、あけて見やした」

こういって、久義さんは大きな目をしばたいた。虎の巻はすっかり変色していた。このような由来記あるいは由緒書は、方々の部落の本家筋の家に保存されていた。同じ高山村の堀ノ内の古川万吉氏蔵の系図（資料2）、小県郡丸子町辰ノ口深井弥吉氏蔵の文書（資料3）、更科市雨の宮の小山佳堂氏蔵の文書などが、今回私たちの目にふれたものである。他に小諸市加増の高橋弥右衛門家、戸倉の高橋又一家にも同種の文書があるという。久義さんの由緒書は「仁王三十代己亥二月十五日三国之長吏由来ノ記、大日経曰天竺長吏之由来者鈮鍢《ママ》那之王申……」から長々とはじまる。尾崎行也氏の解読によると、「本題は天竺・大唐・日本の三国の長吏の由来と、それらが白山大権現、十一面観音、延喜御門や坂本御所に結びつくことを強調している。その他清水寺・熊野大権現・諏訪大明神・天照大神・八幡大菩薩・富士浅間などの関連性にも及んでいる。江戸時代の民間信仰が部落の中にも入っていたことが判り、その必然性を説こうとしていることも充分うかがえる」ということだ。

こうしたもののほとんどが、江戸時代に僧侶や学者に書かせたものだった。その内容はあて字、誤字をはじめとして、学問的にみればおおよそ荒唐無稽らしい。江戸の弾左衛門が幕府にその由緒書きを提出したのは寛文七年（一六六七年）であった。弾左衛門の由緒書きがお手本となっているようだ。古川家、深井家の文書ともども長吏の由来、職種などが記されている。

問題は、このような書きものを残すことができたということである。部落の先祖がある程度の財力を持っていたことを知らせている。こうした伝承を部落の人びとがかたく信じていたこと、そして、家系、血筋あるいは古さという家柄をもって階級の合理化をはかった武家社会への挑戦とも真似ともいえる。身分的な封建社会が確立していく江戸の初期には、成り上がり武士が自分の系図をさかんに創作したという。一種の流行でもあったわけだ。部落の人びとが自分たちの先祖を桓武天皇や清和天皇までさかのぼって文書に残させたということは、あながち笑えない。身分差別への深さと歯ぎしりがうかがえる。

変色した虎の巻を、大事そうにしまいながら、久義さんは話す。

「わしらの苗字、上野平は明治以前からあったもんですい。わしの四代前に矢之助という弓の名人がおった。ある日お城で雁が飛んでいるのを殿様が見て、真中の雁を射落として見よと申された。他の者がすべてはずしてしまったのを、矢之助が射落とした。矢之助は、その褒美に松川の林一帯をさずけるといわれたが、そんなもんもらってもやっかいだからとことわり、かわりに苗字をいただいたもんで……」

そばで聞いていた小学生の男の子が、

「昔の人は馬鹿だったになあ！」

といって、みんなの苦笑を買ったが、その笑いはいささかため息まじりであった。実より名を選んだというのは、部落の人たちが当時、いかに社会的地位の上昇を望んでいたか、痛いように思い知らされる。

このように功績によって、苗字をお上から頂戴した例はたくさんある。本海野（小県郡東部町）の成沢家もそのひとつで、加賀の殿様からいただいたという。殿様が参勤交代で江戸へ向う途中、大雨で成沢川が氾らんした。この時、部落の男や女が総出で、背負ったり、かついだりして大水の中を人や荷物を渡した。この功で川の名を苗字に与えられた。その他、みな功績による報奨であるが、功績をたてた話が部落には実に多く残っていることに注意したい。

部落の生業

「上野平は三字じゃあねえか、二字がふつう、三字はいい苗字だわい」

と、武雄さん（四十九歳）の母親たにさん（七十八歳）が膝をのり出してきた。

「おれはここに嫁にきたもんだが、しゅうとがまだ生きていて、三吉じいといったが、じいがよく話したもんですい。藤裏草履《ぞうり》をあみながらなあ。じいは体がでかくていい男ぶりでした。三吉じいがいうに、馬場のもんは六川まで出ばっていったと。六川（郡境）では門番したと聞いてやす。

大名行列や祭の時など、ぶっさきという白い着物を着て、皿みたいな帽子かぶって、テレビによく出てきやすな。六尺棒持って、なんのですい、先払いをこうしてやったですい（たにさんは曲った腰を浮かして元気よく腕をふってみせた）。祭の時はな、部落のもんにはだしもんも見せぬというので、三吉じいが、ふてえやつらだと警固のふりして、わざとなんですい、六尺棒ふりまわしてやってな、美しく着かざって、結いあげたばかりの丸髷など一般のもんちをかまわず払ってくれたと、愉快な自慢話をしたもんですい。

長吏というお役目は《今晩は風が吹くから、気いつけてください》とはんをたいて檀中をまわってあいんだ。この報酬は粟二合、ふたつかみだったそうですい。しゅうとは粟のひとつかみやふたつかみでは生活できるか、まわってあいくので仕事にならんといって腹立てていやしたなあ」

たにさんの話は次第に力が入り、怒りがこもってくる。

「あんたどうですい。昔ゃあ羽織着ちゃあいけねえ、下駄も傘も草履もいけねえ、着物は青染のほかはいけねえ、髪も元結使っちゃあいけねえ、わらで結べとはねえ。百姓のなりして町へ出てのみ食いしちゃあいけねえ、遠くへ出むいちゃあいけねえ、一般ともの言っちゃあいけねえ。いけねえ、いけねえずくめですい。

明治になって、仕事がなくなってせつなかったですい。男衆は山にでも行って、たき木でも取ってくるぐらいだに。あとは草履作りで、この村（部落）は菅笠作った家は久義さん一軒で、四軒が藤裏草履、他はわら草履でやした。菅笠は本家、まあ藤裏も古い家が作ったでやす。よその部落でもそうでしょうが、草履作りの村（部落）では、藤裏つくる家は旧家でやすなあ。それとオサを売る家も村（部落）内では古い家でやすなあ。まあ専売特許のようになって、その家は何を作るか大昔からきまっていやした。馬場はほとんどのもんちが農家の日よっとり（日雇い）に出やしたわね。家の田は月夜のあかりで草むしりしたもんで、よう働きやした。

大正になってから男衆は荷車引きによう出やしてな。この人（久義さん）なんかもずいぶんと仲間でやしたな。わしらのとおちゃんは体が弱く難儀したでやす。電柱にする大杉を城山の裏の山から切り出して、須坂の材木屋までおろす。急な坂道を長い木を荷車につけて引きおろすんで、曲り坂など危険の多い仕事でしたに。城山の坂は急で、荷車を引いてはあがれんので、荷車サかつぎあげた。朝四時起きで女衆もとおちゃんの弁当かついで、坂の上まで後押しして見送るだに。帰ってくると、ぞうり作りですい」

温厚な久義さんは、酒ものまぬという堅物。たにさんの話をいちいちうなずいて聞いていたが、楽しみは？　と問われて、返答にまじまじしている。

「楽しみなんてさあ……。ねえかったになあ……。荷車引いてる頃でやすか。これといって愉快だったことな、わしらの若いうちはなかったですい。重労働だったで、雁田のお宮さんで一時間でも昼寝するのが何よりのたのしみでやした。だが明るいうちに家に帰らなならんで、おちおち寝てもいられなかったですい」

派手な遊びもせず、今日まで下を向いて生活してきた。膝にきちんとのせた大きな拳は、労働の七十年をにぎりしめているようだ。

「わしのじいさんの新七は養子で、信仰にあつい人でやした。頭がよく努力家で、新七は若い頃から旅から旅に出て神社仏閣をまわんであいんだ。神田の古本屋で、占いの本を買って、独学で算木《さんぎ》筮竹《ぜいちく》を習得したですい。部落ではごっしゃん（坊さん）のように、友達の子どもたちを五人、十人と集めて、寺小屋を開いてやした。読み書き、そろばんなども教えたでやす。また座敷には病気・なくし物などの易を見てもらう人がたえなかったですい。病人には漢方薬も出してやしてな。部落中でやる彼岸念仏も新七が音頭とっていたですい」

新七爺さんは、部落の指導的な立場にいたわけである。どの部落にも必ず新七じいさんのような役目をする知識人がいた。新七爺は五十歳の頃、四国西国八十八ヶ所をまわって歩いている。この時の手控えが残っていたが、料理屋などで占いをしては路銀にあて、巡礼の旅をつづけたようだ。家族は菅笠づくりで何とか生活できた。息子の伝吉（久義さんの父）もこの頃には笠を売り歩く商売ができるようになっていた。

新七爺が巡礼を思いたったのは、戦争が平和におさまるようにということだった。明治三十七年から三十八年にかけてで、日露戦争の頃である。新七爺は、日清も日露も戦争は困るといっていたという。戦争は困るといいながらも、金をためては村や陸・海軍によく寄附をした。

久義さんは、小学校四年頃から算木筮竹の扱いを新七爺から習った。伝吉さんにはやる気がなかったので、新七爺は孫の久義さんに力を入れた。久義さんもこの道をやればいまでもできるが、〝あたるも八卦あたらぬも八卦〟といわれる占いはいやになったという。

「人間信心さえあれば、人に悪行さえせねば、自分の信仰を持って誠心誠意生きていけばいい。一生懸命生きる者は占いなど必要ないと思いやす」

と久義さんはさらにきっぱりと、言葉をかさねていった。

「わしは菅笠作りも荷車引きも、土方にも出やした。まあ金には縁がなかったが、誠心誠意生きてきたので思いのこすことはありやしません」

「三吉じいがいうのに、長吏の仕事をしていた頃も、手仕事せにゃあ生活できなんだ。菅笠・おさ・草履売り、川普請や魚とりもしたですい。百姓は山から薪を切り出して市で売れるが、わしどもはそんなこと許されんかった。売れるものはきめられていたですい。昔からおさ売りは長吏、ごぼう売りは百姓ときまっていたでやす。おらちの時代までは一般とのつきあいはいっさいなかったで、消防、祭などの公のつきあいはもちろん、私的なつきあいもありやせんでやした。つきあいなんて、とんでもねえこんだったに」

たにさんはおらちの時代を強調する。

同じ馬場部落の松沢実治さん（六十三歳）は、一年中で一番愉快だった祭について話してくれた。

「白山社が昭和十六年に村の八幡さまに合祀するまで、祭は五月一日と十月一日にやった。五月の祭には境内の二本の柿の木をせり売りする。甘柿でよくなった。この金は、秋の祭の費用になる。祭の最大のだしものは、おかぐらについでやる芝居でしたな。部落の青年が一カ月から四十日位かけて練習してな、芝居は明治の終り頃からはじまったかな。だしもんは時代もん現代もん何でもやった。部落の中に好きな人がいて脚本を書いてくれる。道具も一式あって部落で伝えてやした。一般そこのけで、この日一般はは（祝儀）を持って見物にくる。公会堂は大入り満員でした。部落のもんは人情ものが得意で泣かせた泣かせた。何回でも泣かせた。侠客ものもした。曽我兄弟とかもね。合祀する前の年は勧進帳をやったなあ。あの時はおめえ（武雄さん）が牛若丸でわしが弁慶だった。芸能方面はたしかにわしらすぐれていたと思う。何せ世阿弥の子孫だからなあ、ハッ、ハア！　部落の者の力を一般に最大限見せ、一般はこれを楽しんだわけだ。合祀してから芝居もやらなんで淋しくなったわ。白山を合祀した時、同仁会の頃作った作業場を村が五百円で買ってくれた。かぐらや、のぼりは古道具屋に売って、飲んじまった。ハッハハハ……」

実治さんは元気いっぱい、快活に笑った。非常にしんのある、しっかりした人であったが、私たちが訪れた後、半年もたたぬうちに、このかつての弁慶と牛若丸はあいついで他界した。六十三歳と四十九歳の働きざかりであったのに、実治さんは交通事故だったという。

部落の人は早死である。数字は古いが、須坂市本郷部落では平均寿命が四十八・七歳であった。全国平均寿命が七十一歳の時である（一九六五年）。この数字は、差別と劣悪な労働条件のもとで低所得にあえいでいる、部落の生活を象徴しているものだ。粗食と飲酒によって心身をすりへらしている人びとの姿でもある。交通事故は県下では人口の比からいって、一カ月一件でよいものを、毎日のように部落出身者の交通事故が発生している。他の職業に事実上つけないので、運転手が多いのである。

＊

雨の宮神社と部落

更埴《こうしょく》市雨の宮の小山辰雄さんをたずねた。小山さんは戦前戦後をとおして部落解放運動と共に生きてきた。七十歳で佳堂と号している。

雨がしとしと降る、冷え冷えする六月の午後だった。晴れれば夏、雨ともなると一度に冬に逆もどりする。気温の上下がはげしい梅雨期である。私たちは一年中すえられているこたつに入る。まず酒が出る。部落の人はよくのみ、また客をもてなすにあつい。

佳堂さんの家は、この部落で一番古い家柄である。現在の家は天保年間に火事で建てかえたものである。柱には、この春、青年婦人集会の帰り、若者たちと千曲川で遊んだ時の一句がはり出されてあった。

　青き踏きな乙女のなみだ解放歌

雨の宮といえば、まず第一に思いうかぶのは、やはり県下の水平運動の発祥地であり、その創設者であった、個性豊かな一匹狼の小山薫を出したことであろう。次に県の無形文化財になっている雨の宮神社の御神事踊りである。県下でも非常に古い歴史をもつ雨の宮神社は、部落とは道ひとつへだてた隣りあわせにある。神社と部落の関係は、毎年四月二十八日の雨の宮 坐《にいます》日吉《ひえ》神社の御神事の露払いを、その昔から部落がひき受けてきたことである。

　佳堂さんの話は、現在の御神事以前の民間伝承からはじまる。

　時代はずっと古く四世紀頃のこと、この地に種津《たげつ》某という土豪がいた。その種津の家にお家騒動がおこった。主《あるじ》に飛速《とびひ》之前という美人の妾ができたので夫婦喧嘩がたえない。夫が妾の方へついつい出かけるので、正妻である雲井《くもい》之前は嘆き悲しんで死んでしまう。そして正妻の亡霊が妾に取憑いて、彼女は狂人になった。狂人となった飛速之前は、自分の息子である大田丸を殺してしまう。これは若宮八幡として祭られている。また雲井之前の亡霊は、土地の人びとにも祟りをもたらした。このあたりは千曲川の川幅がせまく、古来から水害の多い土地であった。この水害が雲井之前のわざわいということになる。種津某を祭っていた唐崎神社の神主は利口者で、この祟りを鎮めるといって祭政一致を行なった。年貢の取りたてに利用したわけである。神主は土民に酒をのませ、皆で水害(雲井之前の祟り)を鎮める祭りをやれという。これが雨の宮御神事の元のかたちで、田楽であった。現在の御神事は、足利時代に再開されたものである。

この地は越後上杉と甲斐武田との川中島戦争の中心地となったほどに、肥沃の地であった。のちに丹後・京都など近畿地方から人びとがやってきて住みついていくのである。佳堂さんの先祖もそうした一人であった。彼らは各々自分たちの屋敷神を持ってきたから、やがて雲井之前の神さまをそっちのけにして、自分たちの屋敷神をもって御神事をするようになった。それが元和六年(一六二〇年)からである。部落の人はこの時から御神事の先導役をやってきた。それが江戸中期ごろから、おかしくなってきたのである。支配階級の差別政策がはげしくなった。昔から行事に参加していたからやらせないわけにはゆかない。そこで非人道的に取扱われだした。太鼓はたき、踊りなどに参加させない。酒は一般の村民と一緒には飲ませない。残り酒の始末である。この長い間の屈辱は、大正十三年に水平社運動で爆発した。

以上御神事についての、伝承の部分は、ものの本に現われていない。無形文化財になっている御神事踊りについては、くわしく文書になっているので、はぶく。

御神事踊りの群行の神々が、近郷五カ村、あるいは末社を巡回する時は、部落の人びとは露払いの先導をした。露払いとは清めであり、悪神や鬼など悪者がいたら退治するという役目である。昔は素仿《すっぽう》を着て出ていたが、それがいつの頃か五つ紋の紋服になった。小山家の紋は輪郭のない抱き茗荷《みょうが》である。この行事で部落の人びとは、お宮のはじめ頃は諸役人と同じ待遇をうけていた。行事としての形になってしまえばいざしらず、祭のはじまりの頃、露払いといえば、悪者や魔神と一番最初に闘わねばならない。村民がこわくてやらぬ仕事を部落の先祖がやったのだ。

雨の宮の白山社は、間口三間・奥行五間のなかなか立派な社であった。樹齢千年もするほどのくぬぎ・けやき・えんじゅの木があった。永禄年代（約四百年前）に建てたものを、文政八年（一八二五年）に再建したもので、この時の棟札は保存されている。白山社の建立にあたって、一般や名主クラスからも協力を得ていることが文書にうたわれていた。永禄年代のものは屋敷神であった。これを氏神にしてたのは文政八年で、徳川の後期である。時代の政策的な力を感じる。

明治四年の太政官布告による解放令が公布されるや、ここ雨の宮では白山社をつぶせということになった。雨の宮には血の気の多い腕達者がたくさんいた。白山社をつぶし、一般の氏神である雨の宮神社と一緒にしようということになった。解放令が出たのだ、神様も一緒にすべきだというわけである。どうせ一般の村民と話合ってもムダで効を奏さないだろうから、と先手を打って、黙って合祀してしまった。解放令が出てすぐのことで、これは県下でも一番早いというより、飛びぬけて早い合祀であった。正攻法でいけばダメなことが明らかだったので、まず既成事実を作ってしまえということだった。無断で白山社を雨の宮神社に持って行って置いてきた。すると時の神主片岡健彦が、かんかんに怒って部落にのりこんで来た。

「部落の神さんを持ってきて、けがらわしい！」

「けがらわしいとは何ごとだ！　太政官布告も出ているじゃあないか。神様はみな同じだ」

そこで大激論がかわされ、血気さかんな部落の腕きき連中は、闘いの姿勢で神主に向った。片岡神主はたじたじである。結局神主は、その一・部落の方で勝手に合祀したことについて詫び状を書く。その二・合祀すればお宮でお守りをするのがあたりまえだが、祭は別々にする。部落だけでやれ、という二点を要求してきて話をまとめた。決してよい解答ではないが、とにかく解放令が出て直後のことであり、これはそれで落着したが、勇気ある闘いであった。その後十二年間、別々に祭をしていたが、大正十三年に水平社がつくられ、水平運動がこれはおかしいということで糾弾する。こんなものは差別の証拠を残すのと同じであると、お宮から例の詫び状を取ってきて焼いてしまった。そして御神事への参加抽せん権を要求してみごと獲得した。

千年も経たといわせるほどの御神木は、どうしたか。その時に切って飲んでしまったという。太政官布告によって、解放の喜びにひたったというよりは、世間の骨のずいまでしみ込んだ差別の現状と歴史に立ち向い、血気さかんな若者たちはいささか破れかぶれでやってのけたのではないかと思う。法律など、実生活の上では、悪い時にしか有効性を発揮してこなかったということを、民衆はこれまでによく知らされてきていたから。

先祖の話

柳田国男氏が、埼玉県でだと思うが、村の名主クラスの古い家の主人に集まってもらって話を聞いた。その時ある人が、私の家は二十代つづいていますという書きものを持ってきて見せた。ある人は自分の先祖は神武天皇であるといって柳田氏をとまどわせたという。そこで柳田氏は、誰でも次々と先祖をたどっていったならば、その果ては日本国の国を生んだその人になるわけであり、別に不思議はない、というようなことを言っていた。

　国生みまでゆかずとも、誰でも、そしてどの部落でも、その発祥をたどっていくことができる。しかし伝承として残されたものは、忘れられてしまった多くの事実の中の、また、わずかな部分である。ましてや書きのこされたものは、さらに少ない。語りつぐ人がいなく、また語ることと考えられなかったならば、時を刻むごとに消えていく。よく伝承されてきたひとつの例として、佳堂さんの先祖の話をしるす。

　先にもふれたように、佳堂さんの先祖も、この雨の宮に肥沃の地を求めて流れついた一人である。過去帳はないが、文書はあったという。大方の部落は、被差別部落という社会的制約の上に、近世になってからつくられた。だが雨の宮部落は、封建社会を飛び越えて、中世から古代にまでさかのぼった伝承を残している。中世までたどることができる部落は、県下には他にも幾つかある。

　佳堂さんの先祖は、雨の宮のはるか以前、難波（大阪）あたりにいた。仕事は農具を作っていたらしい。律令国家の官房が、古代社会の崩壊と共に地方に散った。それが中世の部落の原形といわれている。小諸の加増部落、高橋弥右衛門家の文書（由緒書）を見ると、信州に来たのは四条高橋藍作又次郎とある。戸倉の高橋文書には信州・四条・藍作高橋弥治郎家重、となっている。信州に来たのは、京都の四条に住んで藍作りの仕事をしていた高橋という人ということになるだろう。

　官房が各地に散って行った時、どこの誰某は＊＊の国のどこにいるという、横のつながりを彼らは持っていた。このため戦《いくさ》の時は非常に役立ち、また利用もされた。官房の仕事は房ごとの分業で、専門的に技術を生かしていた。ある者は鉄を打ち、ある者は塗装をし、ある者は彫金をするといったように。各房では武具をきたえ、農具を作り、美術品を生み出していたのである。こうした世界交通の中の芸術家・技術者集団は、政府がやっていけなくなると目先のきく優秀な力のある者は地頭になって荘園をまかされるが、大方は散所に住み、あるいは地方に散った。

難波の在で農具をきたえていた佳堂さんの先祖はこうした散出組で、平維盛の頃、一家は木曽にあって、木曽冠者義仲を育てた。平家追討の木曽義仲についていった一家であったが、ここに親子喧嘩がおこった。親父斎明が寝返って維盛軍に投じ、息子の白斎は義仲軍にとどまる。斎明はいまの自民党員みたいで、金のある方についていればトクだと思ったのだろう、とは佳堂さんの説明であった。寿永二癸卯年（一一八三年）のことであった。越前との国境に平維盛が打ち込んできた。義仲は六千で維盛を迎え撃ったが敗れた。息子は父親の裏切りに怒り、親子は別れ別れになる。息子は義仲について木曽の在に落ちてきた。親父は義仲の痛いところ、手の内を知っていたから、こうした情報を提供して維盛に仕えてしまう。その後、白斎は木曽を離れ、横田河原（更級）で城長茂を破り、松本・麻績にも少しいて、やがて雨の宮に入ってきた。時に足利の初期であった。この白斎には三人の子どもがいた。高橋杢右衛門・高橋彦右衛門・高橋久治である。

長男の杢右衛門は雨の宮へ、次男の彦右衛門は更埴市桑原へ、三男久治は稲荷山の湯の崎に、それぞれ別れて落ち着いた。佳堂さんの家は長男杢右衛門の子孫で、祖父の代（明治）まで代々杢右衛門を襲名してきた。小山の姓は川中島の合戦以後のものである。

川中島合戦と部落民

上杉・武田の川中島合戦が何故あのような大戦争になったのか、佳堂さんは酒の勢いも手伝って、話に力が入る。テレビ番組『天と地と』の人気に、ひと儲けもふた儲けもねらった交通公社や観光業者の右往左往は部落の人びとにはまばゆく映る。テレビの『天と地と』は何も語らずに終ったが、実は川中島の合戦をあのような大規模なものに仕立てた影には、部落の人びとの働きがあったからだ、とこの点を佳堂さんは強調する。

戦国末期、雨の宮は村上義清の支配下にあった。川中島はデルタ地帯で米がよくとれた。そこに武田信玄が、穀倉ほしさにやみくもにいいがかりをつけて攻め込んできた。当時、雨の宮部落は杢右衛門の身内だけで五、六軒だった。杢右衛門一族は、一時、戦乱を避け、小山国蔵という地頭がいた須坂の字《あざ》小山に移り住んでいたこともある。佳堂さんの小山姓は、川中島合戦後、武田から許されてこの土地から取ってつけたものだ。上杉謙信（長尾景虎）が村上氏の応援のため信濃に出兵したのは弘治元年（一五五五年）であり、この時川中島一帯で武田の軍と戦った。戦いは途中何度か休戦状態を重ねながら、冬は上杉、夏は武田といったぐあいに永禄七年（一五六四年）までつづけられた。

その頃、杢右衛門は、娘を越後高田の紫（地名）に嫁がせていた。娘婿は紫七郎左衛門影遠といい、上杉の家来で代々春日山に仕えていた。紫も部落である。七郎左衛門も紫ではお頭級の古い家柄だった。その娘婿からある日、忍びの飛脚が杢右衛門のもとについた。春日山から上杉が総勢で信濃に出向き、武田と対決するという。七郎左衛門は春日山から得た情報を、ただちに妻の実家に送ってきたのだった。当時、部落の者は、春日山から雨の宮まで二十二、三里を一日で往復した。一方、杢右衛門の方では、これを武田方に通報した。天文十五年寅年十月五日（年号は佳堂さんの記憶違いかもしれぬが、寅の年は確かという）のことである。

ここでわかることは、戦国時代に部落は間諜のような仕事をさせられていたことだ。部落の人びとは権力の情報網として活躍した。

春日山から一挙に攻めてくるという大ニュースを杢右衛門から得た武田は（当時雨の宮は武田勢におさえられていた）、それ！　というので、のろし山から三寸玉ののろしを打ちあげ、甲州武田の本拠に向けて伝令を送った。のろしは山から山へと二刻（四時間）で甲州小淵沢まで届いたという。武田の本拠には、こうして危険が知らされた。火急の事件がおきたにちがいない。武田軍は総力をあげて急ぎ信濃に向かったのである。

雨の宮部落の通報がなければ、この時に、武田方は上杉にあっさり負けていただろう。そして、大きな戦にもならずに終っていただろう、と佳堂さんはいう。間諜の働きで戦争が大きくなったのが、よかったのか悪かったのかはともかく、歴史は往々にしてその中心部での働き手を隠してきた。間諜は支配者が部落民に課した任務のひとつであり、部落の人びとがそうした任務に生命をかけねばならなかったことに目をむけたい。

杢右衛門の家では、この時、武田から忠心の礼として、土地を賜っている。年貢が二石位あがった広い土地であった。

それから数年を経た永禄四年、旧暦の九月九日、妻女山に本陣を構えていた上杉勢は一挙に千曲川をへだてた八幡原の武田の本陣に切り込んだ。霧のまく十月の早朝であった。昔の合戦では渡河した方が不利であったから、上杉も武田も、千曲川をはさんで、それまで長い歳月、双方にらみあって送っていたのだった。この上杉勢の千曲川渡河にあたって、雨の宮部落は二カ所の浅瀬を上杉に教えている。そして実際、渡河に力を貸した。部落は船頭もしていたから川の利をよく知っていた。二カ所の浅瀬は〝猫が瀬〟(猫でも渡れる浅瀬)と雨の宮の渡しである。この礼には、上杉から金を少々、また槍と刀一振・合戦旗二反をもらっている。槍と刀は佳堂さんの家に残っている。

縁組には制約があり、部落は部落民同士で縁組するよりなかったが、たとえば高田の紫部落と雨の宮というように遠方に親戚があり、一般の農民よりも縁組の範囲は地理的に広かった。従ってニュース網を広く持っており、こうした点からも部落民は権力に間諜として利用されたのだった。

このように戦争に際して、権力者の手先として、部落は非常に重要な役割を担わされていた。戦のない時は、杢右衛門という名で上杉の本陣にも武田の本陣にもおおっぴらに出入りができた。銭をもらって、小用を足したり、あらゆる雑務の他、軍事品の調達などもした。戦場の死馬などの処理もあった。戦国大名は皮屋（部落）を御用商人としてかかえ込み、彼らの仕事、武具作りを保護している。関西にはこうして御用商人として財をなした者が部落の中からでた。しかし長野県下ではあまり聞かない。高遠藩に仕えた稲持部落の〝大霜（屋号）〟くらいだろう。皮屋としての大霜は戦後倒産している。

佐久間象山の「大砲事件」

雨の日であるが、お嫁さんは畑にでも出たのだろうか、留守である。息子さんは、自転車・自動車修理の店を家の前の県道沿いに張っていた。佳堂さんの奥さんは、二人の孫の守りをしながら、菓子をすすめたり山菜の煮つけを作ったりして、私たちをもてなしてくれた。はしゃぎまわる孫にも私たちにも気を使いながら、時どき私たちの話に口をはさんだ。奥さんは佳堂さんと従妹同士で、小山家の昔をよく聞いていた。

佳堂さんは、声を急に落して、実はわれわれ部落民にとってあまり名誉な話ではないのでこれはまだ誰にも話したことがない。わしが死んでしまえば誰も知る人がいないので、あんた方にひとつ話しておこうという気になった、こういって、「佐久間象山の大砲事件」を話して聞かせてくれた。

外の雨は音もなく降りつづいていた。暮方近くの冷え込みは強い。佳堂さんはさらに酒をのみ、わたしは炬燵の火を、思い出したようにかきたてた。

松代藩は県下で最も大きい藩である。佐久間象山は藩の学者として天下に名を知られていた。この時代の学者の多くが万能であったように、象山も多くの才能を持っていた。蘭学者・化学者、そして物理学者といったように。象山は、十三センチ榴弾砲の実験を、倉科の山崎（生萱《いきがや》村）から虚空蔵《こくうぞう》山に向けて発射した。春、あんずの花の満開の頃であった。ズドーンと響く重く鈍い大砲の音に、あんずの花びらがちらちらと散ったという。のどかな、けだるい春の大気を震わせる、当時の新式兵器の実験風景である。

だが、象山の大砲は薬がききすぎていたのか虚空蔵山を飛び越して、満照寺（禅宗）の庭に落ちた。満照寺は御天領である。寺の坊主はさっそく松代藩には謀叛のくせがある、と落ちた榴弾砲を証拠品として、中の条の代官に駈け込んだ。お取調べを申し出たのであった。代官と坊主は、証拠品を種に松代藩をゆすろうという腹だった。

しかし、すでに藩は非常に財政が苦しく、それどころではなかった。謀叛の疑いありと幕府に聞こえれば、もともと外様大名である松代藩はおとりつぶし、殿様は切腹にもなりかねない。藩では買収の金策がつかず、追い込まれた。そこで窮地を脱する最後の手段をとった。雨の宮部落の杢右衛門のところに藩邸から忍びの使者が来た。代官所の物置に保管されている、例の証拠物件を盗み出させる依頼であった。証拠物件さえ消してしまえば、謀叛のくせというデッチアゲから逃がれることができる。

杢右衛門は、親戚筋である坂城の坂端部落（埴科《はにしな》郡）のつけ木売り、喜太郎を使い、代官所の物置から証拠物件を取りかえした。つけ木売りの喜太郎は、庭掃きや小用足しで代官屋敷には年中自由に出入りしていた。屋敷内の勝手も知っており、職業がら、屋敷内深く入ることができた。盗み出したわけであるが、部落民の働きがあって、この事件はぬりつぶされ、表沙汰にならずにすんだ。

杢右衛門はこの働きで、藩から古渡りの端渓の硯を贈られている。総彫刻入りのみごとな硯であった。これとは別に、象山自身からも直筆の桜の賦の軸一巻が届けられた。佳堂さんは、これはたぶん杢右衛門が象山にねだってもらったのだろうという。象山はめったに賦を書かなかった。賦は詩よりも格調が高く、詩は吟じるもの、賦は読むものである。賦は象山自身を桜の木にたとえ、日本の歴史をうたい込んであった。荻生徂徠との文通の中で、象山は「かんこう（徂徠の号）はうたえども賦は読めず」と書き送っている。自己主張の強かった人である。佳堂さんが保存しているこの桜の賦は、手織り絹に七百幾文字かを細かく書きつけてあった。すでにうす黒く黄いばんでいるが、まだ読むことはできる。

この大砲事件は、安政の頃で、佳堂さんから四代前の杢右衛門の時代であった。身分差別が苛酷をきわめた幕末であり、藩から使者が部落に直接出向いてきたということは、杢右衛門家にとって大きな出来事であったにちがいない。杢右衛門家では、十六羅漢の赤絵の九谷焼の茶器でもてなした。

佳堂さんの息子さんは、こうした話にはあまり関心がないようだ。このような歴史的な事実も、おそらく佳堂さんが話さずじまいであったら、川中島合戦の働きともども誰知ることなく消えていっただろう。たまたまこのように活字になることの方が、むしろ不思議なのかもしれない。

おともさんの青春

部落民は、二重に差別されてきたといわれている。一つは権力から、もう一つは同じ部落民同士による差別であった。つまり部落のお頭が、その配下の部落民を差別し、支配する。お頭は部落民の総取締りをし、その権力は甚大であった。

松代藩のお頭、須田孫六は、六拾俵の給米を藩からもらい、御城掃除番として、また牢守など、警察署長のような役目をしていた。配下に牢番をさせたり、与力・同心が引っぱってきた罪人に飯を与えたり、遊芸人から税を取り立てたりした。孫六は藩の方へ、鉄炮どうらん、鼻皮（火縄）、箒などを進上している。

佳堂さんの祖父は、須田家から婿《むこ》に来ていたが、家がどんな風でも（貧しくとも、忙しくとも）着物を長く着ていた。決して腰切りばんてんの労働着は着たことがなかった。

須田家の最後の孫六は幼名信《のぶ》太郎といい、信太郎の母親は小山杢右衛門の妹で、佳堂さんもまんざら他人ではない。孫六は明治四年の太政官布告を読むと、これでお頭はいらなくなるといい、何から何まで財産を整理して、東京に出奔した。佳堂さんの家にも来て、お頭だからよこせと、武田信玄実筆の勘定書まで没収して行く。ボスとしてのさばっていた、彼ら部落のエリートは、資力があったので、時代の波に乗って生きていくことができた。

杭瀬下（更埴市）に、代々瀬原田徳衛門と襲名している古い家があった。須田孫六は、この徳衛門の家とは親戚つづきであった。享保二年（一七一七年）の正月、孫六は話に聞くよくできた徳衛門の美しい娘を嫁にもらいたいと、ひそかに思い杭瀬下に出向いてきた。孫六は正月幾日も徳衛門宅に泊って、娘の立ち居振舞いを見ていた。だが徳衛門の家では孫六の本心を知らない。そこへ西長野（長野市）の親戚筋である、これも旧家の太鼓屋名左衛門がやってきた。名左衛門はあがりばな（入口）で、

「はい、こんちわ、今日はここへ嫁もらいに来やした」

と家に入るなり宣言した。徳衛門は竹を割ったような性格である。名左衛門にかえした返答も、

「太鼓屋さんなら、よろこんでくれなさるわね」

「そりゃあ、よかった」

と話は即座に成立した。座敷でこのやりとりを聞いていた孫六は、

「おれも嫁もらいにきたんだわ！」

とあわてた。他人の手に渡りそうになって、しゃにむに徳衛門の娘がほしくなったのか、

「あんた、もう三日も家にいたのに、そんならどうして早くいってくれなかったのか、あんたが欲しいといえばやったのに。だがもう名左衛門さんにくれてやった。話が早晩成立した以上、だめだわ。どうしようもない。娘は二人いないんだから」

と徳衛門がことわると、孫六は非常に腹をたて、

「おれはお頭だ。いうことを聞かねえもんは杭瀬下にいることはなんねえ！」

とたたきつけた。

お頭のいうことは、どんなに曲がったことでも何なりと従わねばならない。しかし徳衛門は、同じ配下でも少し違っていた。生一本で、孫六の強いわがままに負けぬとも劣らぬ強い気性の持ち主だったから、徳衛門はゆずらず、結果はその年の六月、代々住みなれた杭瀬下から本当に追放された。古くつづいた家だったが、孫六のひと言で居られなくなったのである。

当時、高橋文書で有名な戸倉の高橋又一は、戸倉の天領を預かっていた。孫六は上田から新潟県境まで、飯山を除く北信全域を支配していたが、戸倉は孫六の勢力圏外であった。この又一が徳衛門の窮状を見かねて、

「実はおらちで手がまわんねえで困っているから、川西百俵取りの取締りをしろ」

ということで、徳衛門一家は杭瀬下から新田へ逃がれてきた。この事件は瀬原田事件と呼ばれ、孫六配下の部落民の肝を冷やし、脳裏にやきつき、語り伝えられている。

それだけに、徳衛門の家筋は、なかなか気性がはげしかった。長いものにまかれない、理をとおす人びとだった。時代はずっと後になる。徳衛門の家から分家して楼堂（更埴市）に出た、高橋弥蔵というじいさんがいた。弥蔵さんは、棒・柔《やわら》の免許皆伝で、捕物の腕達者だった。この弥蔵さんには四人の娘がいた。どの子も美人であった。佳堂さんのそばで茶の世話をしていた奥さんも、くりかえし、

「へい、なあ、もうなんていうか、とびぬけて美しい人たちでしたわね。わしらが娘じぶん齢をとってからの姉妹を知ったが、それでも美しい人でしたにはあ……。わしが娘の頃死にさったなあ……」

と感動まじりにいう。

上の三人の娘はそれぞれ旧家に嫁ぎ、弥蔵さんは末娘のおともさんに家を継がせることにしていた。ところが、屋代小学校の先生がこのおともさんの美しさに惹かれ、恋をした。若い純情な教師だった。しかし相手は部落民の娘、こともあろうに教師が部落民の娘を相手にするなど、という時代であった。先生は夜おともさんのところへ人目を忍んで来るしかなかった。そこを弥蔵さんが〝泥棒だ〟というので、ふんじばって突き出してしまった。屋代警察署に家宅侵入罪で訴えたのである。

弥蔵さんは、部落民である娘と教師とでは、本人同士がいくらよくても、結局はまわりにぶちこわされる。どうせ夫婦になれぬ身、遊んで捨てられるならいっそ突き出して別れさせてしまえ、と気性の強いところを実行した。一般に対する、社会に対する、結婚差別への抵抗でもあった。先生は面目をそこね、千曲川に身を投げて死んでしまった。恋人を失ったおともさんは、嘆き、悲しみ、そしていきどおった。

その後、おともさんは無理に嫁に行かせられる。相手は苗字帯刀を許されていた家柄で、牟礼の浦衛門である。両親を引きとって面倒をみるという約束であった。しばらくするうちに、子どもが三人にもなったが、夫は両親を引きとってくれない。そのうちに母親は病死し、楼堂では老いた弥蔵さんの一人暮しがつづいた。父親が病気で寝ているというので、やっとおともさんが実家に見に帰ると、誰にも面倒をみてもらえずに弥蔵さんは死んでいた。なきがらはネズミに食い荒らされ、見るも無惨な姿に変わりはてていた。おともさんは深い悲しみにくれ、夫が約束を守ってくれなかったことを怒り、それっきり夫のもとへ帰らなかった。浦衛門は自分が悪かったことを詫び、幾度も妻を迎えにきたが、おともさんは首を縦にふらなかった。おともさんは、一生一人で暮した。三人の子どもたちと別れなければならないつらさに耐えても、おともさんは約束を反故にした夫を許せなかったのである。

盆踊りの輪の内と外

盆踊りは、村の若者たちの一年中で最も楽しい日にかぞえられる。とりわけ娯楽の少ない農村社会で、うたって踊っての解放感は、それに酔いしれた者でないと理解できない。若い衆は気に入った美しい娘を踊りの輪から連れ出し、豆畑などへ沈没するのも、この日ばかりは公然と行なわれ、誰もがいぶからなかった。このような風習は今日すでになくなっているが、かつてはどこの土地にも見られたことだ。古い時代の歌垣を思う。

しかし、こうした楽しみも、部落の若者たちにとっては、夢の世界のことでしかなかった。人外の人、村外の村として差別されていた部落民は、盆踊りの喜びさえも自分のものにできなかった。部落の若者は、危険をおかさなければシャバの楽しみを味わえなかった。夜になってから、村の盆踊りに忍び込む。娘たちは美しく着かざって化粧をこらし、手拭でほっかぶりをする。どこの者かわからぬように仮装して輪の中にまぎれ込むのだ。みつけられれば、

「下村（部落）が来ているぞ！」

とさわがれ、つまみ出され、必ず暴力沙汰になるのだった。一人がバレると、みつからない者も、逃げ出してくる。つかの間の楽しみを味わうのに命がけであった。

ところが明治十九年、国鉄の信越線工事がはじまり、工事関係の人夫がたくさん他府県から入ってきた。その土方が踊りに来て、村の娘たちをひっかついで連れて行ってし

まうという事件がつづいた。荒らくれ者の渡り土方で、巡査も手が出せない。村にとっては大事件で、弱り果てたあげく、そこで下村を頼めばよいということになった。部落には、捕り物できたえた腕達者がゴロゴロしている。村長が頭をさげて部落に出向いてきた。

「下村も是非踊りに来て、土方を追っ払ってくれ」

部落では「ソレ！」というところで、その晩から若者が先頭になって盆踊りに出かけた。こうして公然と部落の娘たちも若い衆の後ろからシャバへ出られるようになる。腰に薪をさすもの、尺八竹を持って出向くもの、「ソレ、土方だ！」というと、ひとまくりになぐり倒したという。これには荒らくれ土方も手が出せず、あんなせいせいしたことはないと、後々の人びとは自分がやった手柄のようにいう。

村人はへいぜい差別しておきながら、利用できる時にだけ部落との交流を可能にした。それ以来、毎年部落からも盆踊りに出られるようになった。だが、これはかえって不幸を生んだ。村の若い衆が部落の娘に手をつけて捨てる。中には真剣な青年もいたが、家、親戚の反対という社会的圧力のために、悲恋が多かった。佳堂さんの小母さんも、腹に子どもまでできながら、添われずに自殺している。部落には美人が多く、心をうばわれる村の若い衆も沢山いた。他方娘のほうからも村の青年に心をよせるのだが、どうにもならなかった。

「施餓鬼ばたをおそう」とか「むしる」などという言葉が残っている。これは雨の宮部落ばかりではなく、他にもこのような習慣はあった。

葬儀の仕事

雨の宮では大正七、八年頃までつづいた。佳堂さんの語るところによると、一般の葬儀の後、供物をさげに行くならわしで、行かぬと先方から迎えが来た。清掃もふくめて、これは部落に与えられた古くからの仕来りであった。どこの小路は誰、どこの家は誰のところが行くといったように、行く家が昔からきまっていた。おんぼう、犬神人の系譜に属する仕事である。

葬式の出る日。部落の者が、死者にあがった供物はすべて、葬式用の幕でも棺桶にかけてある緞子の掛け布まではいできても、誰も文句をいわない。部落の貧しさも手伝い、何でもひっぱがしてくるので、この仕事は卑しい人がするものと、いっそう軽蔑された。しかし、本来はたいそう厳粛な宗教的行事であった。つまり、部落民が仏の代理をしたのである。昔の人は、供物をさげることによって、死者がきれいによろこんでたべてくれたとした。部落民のこの仕事によって、人びとはその実感を味わうことができたわけだ。

この宗教的な要素が欠落して、行事だけが残ったので、まずいことになった。今日では供物を仏さまが持って行ったとは、誰も考えなくなったから。祭などもそうだが、宗教的な行事の意味が失われて、かたちだけが残ると、そこにさらに新しい今日的な意味をみつけ出す。死者のお使いをすることが忌み嫌われたのは後の世のことで、これは外来宗教の影響である。後の稿でふれるが、古い村では御先祖さまのほこらが庭先きにあることからもわかるように、死後の霊はそんな遠くまでは行かず、この国土に留まっていた。従って、死者のお使いをする人は是非とも必要であったわけだ。

他のところでだが、ある青年が、忿懣《ふんまん》やるかたないといった口調で、私に訴えた。

「自分の部落では、そんな馬鹿げたことはしていないが、北佐久郡望月町のふきあげでは、一般の死者の穴掘りを現在でも部落の人がしている。穴掘りは遠い親戚がやるのがあたりまえだ。望月の人は、穴掘りは和尚と並んで上座に坐らせられると、よろこんでいるのだ」

葬儀の中では大事な仕事である穴掘りを、軽蔑する風潮がある。穴掘りという仕事が卑しいから、その仕事にたずさわる部落の人びとが差別されたのではない。部落の人びとの生活が差別と貧困におかれていたからなのだ。

米騒動のころ

私たちは雨の宮部落に関係するいくつもの話を聞いてきたが、最後に佳堂氏自身のことを聞く。

――わしは長男で大事にされた。どこの家もそうだったように、子沢山で下には六人の妹弟がいた。父親はわしに学問をさせようとした。江戸時代の末、加賀の藩士佐藤静斎が学問で身をたてようと江戸へ向けての旅の途中、この部落に立ち寄った。一晩が二晩になり、居心地がよくて死ぬまで、とどまってしまう。そのうちに御維新になり、世の中も変わった。静斎のはじめの志も変わってしまったのだろう。わしの祖父や父は静斎に学んでいる。この人が部落の中に寺小屋を開いた。『庭訓往来』『日本外史』『四書五経』『文選』『史記』などの教材が家に残っていた。わしは小学生の時分からこうした本に親しむことができた。

子どもの頃の部落の姿は、ちょうど空気のぬけたゴムまりであった。社会的にすべて疎外され、貧困のどん底にいた人びとは、差別されても仕方がないと半分あきらめていた。製糸工場で働いているはずの娘は腹が大きくなって帰される、それも相手がわからない、息子は家出、という家もあった。屋根は雨が漏り、トボソ（壁土）が落ちる。老人は暗い部屋の病人で、医者にもかかれない。家には一種の臭いがしみつき、家族を持つ兄弟が、座敷、茶の間、台所と三戸に住み分かれていた家もあった。

一般との交際は、かっきりと区切られていた。おや町の自治体から締め出され、市民権を剝奪されていた。青年会・婦人会・消防組にはもちろん参加していない。差別は学校へあがる頃から体験する。体操の時、遊戯をやるのに一般の子は部落の子と手をつながない。席も部落だけかたまらせる。

何もしないのにチョオリッポ（長吏っぽ）といって、扱いを別にされるのはどういうわけかと、校長に聞きに行くと、チョオリはチョオリだから仕方がない。がまんしろといわれた。では〈チョオリとは何だい〉と聞くと、校長先生も〈わからん〉という。わしはがまんできない。体力、腕力にかけては自信があった。友だちも腕ずくで従わせた。小学二、三年までは札つきの暴れん坊で、クラス中を引き連れて授業をサボリ、唐崎山で遊んでくる。校長に呼び出されると〈チョオリのわからん校長と話したくない〉と、わめいて逃げてきた。四年生の時、学校の図書で大倉桃郎の『びわ歌』を読んだ。また島崎藤村の『破戒』初版本を読んで、丑松《うしまつ》の弱さに大いに憤慨した。

部落の大方は土地を持っていなかったから、米騒動が起きた頃（大正七年）は、食うこともできなくなった。米が最高一升五十銭になった時、わらぞうりは一足二銭、十一時、十二時まで夜なべして、手が早い者で二十五、六足しかできない。当時農家の日よっとり（日雇い）は六十銭〜七十銭で、重労働の土方で一日最高一円であった。

米騒動の頃、わしは少年だったが、米屋の番頭が盗み出したと知らずに安い米を買った部落の女衆が、連日警察に引っぱられて行った。家では腹ペコで泣く乳のみ子を父親が抱いて母親の帰りを待っていた。この時監獄に入れられた人もいた。真面目に働いて良民どころか餓死のみだ。同じ安い米を買っても一般の方は関係なし、引っぱられて行くのは部落の者ばかりであった。子ども心にも納得できぬ意識が腹の底でうずまいていた。青年たちは自暴自棄になって家出をする者もいた。

六年生の時、第一回農家総代に選出された父は、郡役所の会議にわしを代理として出した。わしは一言一句も忘れずに人の発言を聞いて、家に帰って報告した。わしの家は川中島合戦の時の功労で武田方から土地をもらっている。家では少しだがまだ土地を持っていた。しかし兄弟が多く、食うに事欠く経済状態で、父親は下駄の歯入れに出ていた。

高等小学校進学の時、父から〈長男だから高等科へあげてやりたいが、本を買う一円三十五銭がない〉といわれ、どうにでもなれと思った。学校の先生が進学を勧めるので、牟礼（上水内郡牟礼村）の従姉が使った本を借りて高等科に行く。大杉栄の社会主義理論や山川均の本を読み出したのもこの頃であった。さっぱり理解できず幾度も読みかえした。水平運動にも加わったが、父は仏教徒で、佐藤静斎に儒学を学んだ方だから、大逆事件のことなど話しても意見があわない。幸徳事件に対するわしの意見を聞き入れてくれない。わしは天皇さまがどうして神聖であるのか理解できなかった。

その頃、社会主義の本と一緒に、安藤昌益の『自然真営道』を読み感動する。父親と議論して対立するようになり、急に家出して上京した。安藤昌益は享保宝暦年間の人で、飢饉のおこりやすい貧しい東北の土地から生まれ出た医者であり、社会思想家である。その『自然真営道』はひとつの社会改良案だが、彼はこれまでの儒仏の教説を排し、一切の人びとの労働（直耕直織）による生き方を説き、生産の国家管理をとなえた。封建時代にあって徹底した人間平等主義を主張した孤高の思想家であった。

東京では石川島造船所に入った。その年、万国労働者総同盟の会議があり、石川島ではじめて労働組合ができた。わしは体格がよく、理屈もいうというので青年部に選ばれた。第一回メーデー（大正九年）に上野の会場へ行ったが、友達はみな警官につかまった。わしは四、五人の巡査を蹴飛ばして逃げて帰ってきた。おもしろかった。全国から千人位は集まったと思う。

その後、家に帰り、まもなく小山薫の水平社運動がはじまった。人間はいつまでもみじめな生活にがまんしていない。米騒動を契機に立ち上がった。米騒動は、これではわれわれは殺されてしまう、ということだった。こらえにこらえていた感情が一挙に爆発したのだ。死ぬ前に闘おう。人間の心を持つ者はそう感じ、実行した。小山薫が大正十一年三月三日、京都での全国水平社創立大会に単身出向いたのは、新聞の記事を読んでのことである。京都から帰った薫は、感動のさめやらぬその足で長野県での水平社発足を準備した。

雨の宮での水平社発会式は、大正十一年十一月十日だった。この日、長野県における

部落民による部落民自身の解放運動の第一声が、この地にあがった。招待されて壇上にあがった村長の平林氏が、

「天神五代・地神七代の国体は……」

と話し出したとたん、十九歳の青年であった小諸の朝倉重吉氏が、突然壇上にとびあがり、

「反動だ！」

と叫んだ。朝倉氏は小山薫と共にこの日の司会者であったが、村長のこれまでどおりの同仁会的融和主義の演説に憤激したのである。会場は一瞬いろめきたち、村長の演説は中止され、急きょ糾弾演説に変えられた。朝倉氏は叫んだ。

「この村長さんは神さんの話をするが、おれは人間の話をする！」

こうして社会の最下層で差別と屈辱に幾世代にもわたってあえいでいた人びとは立ちあがった。真に人間のための解放運動の曙時代が、ここ雨の宮部落からはじまった……。

この年、佳堂さんは十六歳であった。水平社発会式は、少年であった佳堂さんの胸を打ち、心をふるわせたのである。

＊

明治二年廻文

上高井郡小布施町唐沢は、松代街道（小布施―松代）の街道筋にある。清さん（六十歳）

の家は街道端なので、自動車が、のべつまくなしに家を揺り動かしていた。一英さん（六十六歳）喜作さん（六十四歳）まことさん（四十四歳）の方がたに集まってもらった。唐沢部落は現在十三軒で、戸主の職業は、靴屋一、兼農（五〜六反）三、あとは日雇と勤めである。一英さんが話してくれる。

「この部落は寄せ集めで、方々から来ています。大昔は、ここに唐沢という豪族が大きな堀をめぐらして住んでいたそうです。これは伝承で文献がない。堀と思われるところがずっとのびていて、そこはいくら掘っても石が出てきません。寄せ集めというのは、墓がばらばらにある。高原が一番古くからここに住んでいた。庄屋の家と呼んでいます。松代から来たものだといわれている。五、六年前に、庄屋で仏壇をぬりかえるため、仏壇屋に見てもらったら、二百年位前のものだといわれたそうです。中村は小布施の林の内からきた。福沢は山王島の牢屋橋で牢番をしていたものです。棒の朝吉といって、棒術の免許皆伝がいた。朝吉は殿様の指南役とやりあって勝ったという程強かった。金田と林は小布施の押羽から来たもので、向うでは二軒並んでいたもんです。

道が開けてにぎやかになり、庄屋だけでは手がまわらなくなって、方々から集められたんでしょう。昔、この辺の道路わきには大きな石がごろごろおいてあった。捕り物をする時、その石に隠れていて槍で突いたんだそうです。江戸時代は長吏の御役をしていたんです。十手は朱房で、ここは中野藩に属した御天領だった。わしの家には六尺棒・袖がらみ、みなあったが売ってしまいました。よその家にもありました。また置いておいても自然に鞘《さや》から抜け出る刀がありましたが、気分的によくないと処分してしまいました」

古い行李に入っていたといって、一英さんはボロボロにほつれた布で巻いた文書を持ってきた。「明治二年廻文」（資料13）である。貴重なもので、和紙に書かれた墨跡はみごとな筆走りであった。

高井水内両郡　廻文
　今般
御一新ニ付　御牢番勤方御改正之儀　御役所より被仰渡　御仕法左之通り
　　本番人　万四郎
　　　　　　三九郎
　一本木村加番人　権平
　上条村加番人　新兵衛
　金井村加番人　重左衛門
右之通り五人組江御牢番勤方被仰渡是迄郡中より出張勤番之儀は御廃止之趣　是

又被仰渡候間、其旨可被心得事
一、御役所ニ於而御召捕方御探索方等ニ而、非常何方江御出役被為在、於出先ニ穢多共江御用向被仰付候節ハ、早速罷出、御用大切ニ相勤メ可申旨、前以申聞ヶ可置様、是又被仰渡候間、可被得其意事
己巳五月廿八日
中野御牢元本番人
万四郎
三九郎
（以下四十八名略）
此廻文、早々順達、留り村より可被相返候。以上。

これは己巳五月廿八日とあるから明治二年のもので、まだ新体制になっていない。しかし旧体制の中でも御維新の嵐が進んできており、司法制度の末端まで変わってきていることがわかる。つまり、これまで各部落からの出張牢番勤務が廃止になった。新しく五人の牢番がおかれるようになった。だがなお出張先で召捕方・探索方の御役人から申しつけられた時は、御用大切に勤めるように、と命じている。命令を出すのは上役人で、下働きは部落の人びとがした。実際には部落の人びととの協力がまだまだ必要とされていたのだろう。

だが気をつけたいことは、新しくなっていく警察機構から、部落の人びとがはずされてきている姿でもある。天皇制政府の名によってだされた解放令は、新しく身分制度を再編成したにすぎない。部落は封建制度下の非人・エタを改称され、新平民になった。新平民は新しい社会体制下でも生活状態は封建時代と何ら変わりなく、そのうえこれまでの公の仕事を取りあげられた。解放令とは紙の上のこと、差別はゆるむどころか苦しさはます一方であった。

高井水内両郡に出された廻文であるが、両郡の部落の頭すじの家々がわかる。牢元本番人というのは本当の番人で村役人である。加番人は本番人に事故があった時の仮の番人である。私たちの行く先き先きで、ここにしるされている人の名が話題にのぼった。部落の当時の様子がうかがえて面白い。例えば金井村（中野市）の角之丞さんの話によると、金井村の加番人重左衛門は、金井部落四軒の親方であった。その先祖は中野の西条から派遣されてきたものである。西条には非常に広い土地を持っていた。一町歩以上という。その土地は重左衛門の息子の勝衛門がちびりちびり使ってしまった。勝衛門の妻も働かずにうまいものをくっていたから重左衛門の家はつぶれたのだと、角之丞さんは聞かせてくれた。野沢村（下高井郡野沢温泉村）の七十郎は、野沢の金四郎さんの曽祖父で、金四郎さんの話に登場してくる。

明治二年、この廻文書が出た頃は、唐沢は九軒になっている。一英さんは、小布施村の幸蔵が誰の先祖か、年寄りにたずねるのを忘れてしまったといい、どうしてこの廻文が自分の家でつっかえてしまったのかなあと、首をかしげて笑っていた。

唐沢部落と信仰

唐沢では明治三十五年、当時の国有地にいまの白山社を建てた。この時部落は十一軒になっている。いまでこそ古くなっているが、当時、白山のお宮は、部落の者が住んでいた家よりはるかに立派だったという。江戸時代はお役を持っていたから、一般からの寄附をあおげた。しかし明治になって、わずか十一軒でこれほどのお宮を建てられたのは、この村の信仰心があつかったからだ、半失業状態で土地もなく差別がつよかった当時なのによくできた、昔の人はしっかりしていたものだ、と一英さんはいう。北信地方は同仁会の運動で、ほとんどの部落が白山社を一般の氏神と合祀しているが、唐沢部落ではそうしていない。

「世間での風潮は知っていたが、あえて合祀しなかった」

という。信仰のあつさ、白山に対する誇りを持っていたのだろう。同時に、一般の氏神である合瀬神社の氏子でもある。祭は白山も合瀬と同じ日にやっていたが（十一月十一・十二日）、最近は忙しいので、えびす講の時に一緒に祭をしている。

五間の長さがある大のぼりは重くてたてるのに大変な労力がいる。昔は桑畑にたてた。

このの、ぼ、り、をたてるのが一日がかりであった。昭和三十年来、のぼりをたてなくなる。のぼりを書いた人は昭和町（小布施町）の部落の書家、北沢鴻山である。祭の日神社には御嶽教の行者が来て、祝詞をあげる。白山社の幕は、弘化三年（一八四六年）とあり、御神体には文政五年壬午（一八二二年）と書いてあるから、唐沢の部落は百五十年位前に何軒か集められて、できたのではないか。庄屋の家は仏壇が物語るように、それ以前からつづいており（西条で）この地に来てから親方として、数軒をとりもったのだろう。はじめは庄屋の一軒だけだったかもしれない。

この部落では、祭には酒をのまないという約束が守られていた。そのかわりにぶどう酒をのむ。この習慣は大正十五年までつづいたが、その後、昭和に入って、酒をのむようになった。これは祭の世話役の記録に残っている。

一般的に部落は共同体精神が強い。唐沢では白山社に、信仰の強さと団結心の固さを見たが、すでに明治二十七年に唐沢には井戸があった。当時、飲料水は大変貴重なもので、千曲川からくみあげ濾して売って歩く商売があった。また井戸は、一般のどの部落にもなかった。小布施は井戸の少ないところで唐沢部落が一番はじめに掘ったのである。深さ十一間半で、非常に良質の水が出た。他が涸れてもこの井戸は水がたえたことがない。白根山の水路がこの地下を通っていて、普通では掘ってもなかなか水が出ないが恵まれた。

涸水期になると、一般の人が列を作って水をくみにきた。井戸端の家では、夜などねむれないにぎやかさであった。水道は昭和二年に引かれたが、この時まで五十年近く唐沢部落の井戸は近在の人をうるおしてきたのである。いつもは差別されていたが、あるものだからと、快く水をふるまった。せいぜい〈こぼさんように汲んどってくれや〉という位であった。

明治二十七年という年代に、他の村ではなし得なかった井戸掘りが、何故できたのだろう。そうとうの犠牲（質素・倹約・労働）をはらって作ったものと考えられる。明治初年の九軒がこの年十一軒になっていたかどうかはわからないが、大変なことである。部落全体がひとつになって、物心ともども力をあわせなければこうした公共の事業は不可能だったろう。

消防組も、人数が少ないのに音楽隊があり、そろいの近衛兵そこのけの金すじ入り制服をつくり、日露戦争の時は豊野駅まで部落の者が兵士の送り迎えをした。一般の方には音楽隊はなく、消防の人数は十一人で各戸一人は出ていた。

「金は残さんだったが、この部落は結束力があり、みな助けあって生活してきた」と一英さんはいった。戸数も小さい部落だったから、共同していかねば、はげしい差別をのりこえてこられなかったろう。信仰心が深かったのも、部落の団結を生み出すために必要だったのかもしれない。いずれにしても、唐沢部落の先祖たちは、賢い人たちだったと思う。彼らは自分たちの一族がたえないように、また時代からおしつぶされて終らぬように、さまざまの工夫と考慮をし、習慣を残していることに注意したい。祭りに酒を飲みすぎて、無駄な金を使い、祭りの目的を忘れさせないように、ぶどう酒でとどまらせるという堅実さである。これと共に、庚申講の行事と風習にも、先祖の智恵を知ることができる。

唐沢部落の庚申講は面白い。昔からいまもなおつづいている。庚申講は農村地方には必ずみられた、一種の社交機関のようなものだ。今日ではほとんどなくなっている。唐沢では二カ月に一度、講日をきめて庚申さまの掛軸をかけてお詣りする。軸が入っている箱には、安政六年己未（一八五九年）とあるから少なくともこの頃から百年以上もつづけられている。

講日には次のような約束があった。この日ばかりは何でもいいたいことをいう。どんなことをいってもよい。だが決して翌日に持ちこしてはいけない。翌日はすっかり忘れることだそうだ。仲間同士の結束力を保つ生活の智恵である。唐沢の今日の問題は、十三軒という小さい行政区だから、経済的にも、労力においても負担が大きすぎることだ。一応ひととおりの役を全部出さねばならないし、それに伴う義務も果たさねばならない。一番近い福原区に合併したいという希望を出しているが、それがなかなか思うように進んでいない。他にもこのような例は多い。現在大きい区は百七十前後の戸数である。二十〜三十戸ないと行政区としてひとつの仕事がやっていけないのが現実である。同じ小布施の昭和町の部落も十七戸だ。一般は一緒になることをはっきり正面からいやだといえない。一応賛成はするのだが、何となくいやだということらしく、合併は進んでいない。

力石（更級郡上山田町）では、一組から七組までの行政区に分かれていたが、部落は全部、六組であった。七組は新開地で新しく家を建てている人たちである。部落の人が七組に家を建てても、区ははなれている六組に入れられていた。不自然なことだが公然と行なわれている。こうしたことは中信の光（東筑摩郡明科町）など方々にある。

明治・大正の頃、唐沢ではどんな仕事をしていたのだろう。女衆のほとんどは、大多数の部落と同じで、冬期はわら細工、男衆は日よっとりが圧倒的だった。庄屋の高原では江戸時代から土地を持っており、明治時代に高原一族のうち二軒は、選挙権を持っていた。日よっとりは、百姓の手伝が一番多く、あとは季節労働である。冬になると毎年松川が氾濫して土手くずれがあり、堤防なおしの日よっとりに出たという。庄屋は下駄商を大きくやり、下駄の材料も卸していた。家具屋に簞笥の材料もおろしていたが、町の方におされたのか、いまから二代前でやめている。

白山社ののぼりを書いた北沢鴻山は、本名は北沢弥衛門といった。長野県で著名な書家・高井鴻山と見わけがつかぬ書をかいた。絵もかいている。高井鴻山より北沢鴻山の方が少し若い。いま生きていれば百二十歳位だという。部落出身のために世に名をなさなかった、社会的に不遇の芸術家を私たちは何人か耳にしたが、鴻山もそうした一人だったのであろう。

上水内部豊野町本町四丁目の高橋半治部は、生きていれば百歳近い人で、絵かきである。子どもの頃すでに横山大観なんていうものではなかった（中村要さん談）。天才的に字も絵もうまかった。十七、八歳の時リュウマチにかかり、全身が不自由で、歩くのもやっとであった。貧乏と部落出身で師匠にもつけず、生涯絵をかいていたが、自分の絵としては世に出ず、晩年は名画の模写をしていたという。

海外移住の希望と幻滅

唐沢部落からは右翼の指導者を出している。後に大日本愛国青年党党首になった中村軍治である。一英さんの話では、軍治は唐沢では食っていけないと思ったのだろう、独学でスペイン語を習い、二十歳で外務省の海外移民に応募、大正の初めにフィリピンに移民で渡った。その後二回も行ったり来たりしている。以下は唐沢部落の人たちからの話である。

最初は須坂市の滝沢という人と軍治と二人であった。軍治はもう二度と帰らないという堅い決意で、横浜港から出帆した時、貧乏人ながら一番よい背広を着ていった。だが、聞いたと見たとは大違いだった。フィリピンの港につくと、大尽公（金持）はすぐ上陸できたが、貧乏人は上陸できない。三日間も移民収容所に缶づめにされた。理由は、貧乏人には寄生虫がいるからだそうだ。収容所では立って歩くことも出来ない、天井の低い小さな部屋に詰め込まれ、蚊がうなるほどいても蚊帳《かや》をつってくれない。三日間で軍治の一張羅の洋服もよれよれになってしまう。そのあげく、男も女も全裸にされて調べられた。死ぬまで帰らぬつもりで行ったのに、やっと上陸する時には、もういや気がさして、金をためたらすぐ帰ろうと決心したという。しかしもとより資本のない身、なかなか金はたまらない。軍治はパン屋、滝沢はヘビ屋（蛇やワニをつかまえて皮を剝ぎ、細工物の材料として売る）をした。

日本の外務省は意気地がない、宣伝と実際とはまるっきり違っていた、と軍治は憤激していたそうだ。それでも三回も出かけているのは、どうしてだろうか。日本にいてもはかばかしくないので、二回目は仕事も覚えたし、どうにか暮らせるのではないかという淡い期待と、何とか一旗上げたいという気持だったのか。軍治はあまり自分のことを話す性格ではなかった。三回目に帰ってきた時は、金持は行くところだが、貧乏人の行くところではないと、ハッキリいっていたという。新天地を求めて海外に出ても、つまるところ天下は金持のものということを、身にしみて感じてきたようだった。

軍治は、移民での屈辱的な経験から、郷里で青年道場を開き、叛骨の精神を広めるのだといって、青年たちに剣舞を教えたりしている。

三回目にフィリピンから帰国した後、養鶏をやり、百羽以上も飼っていた。大正八年頃のことである。次に苗木屋、主に野菜・うり・なす・桑類であった。どれもうまくいかなかった。その後、軍治は梅谷県知事や伊那の教師である八木敬介、後に岡山の県知事をした三木喜蔵などと共に、菅平開発に乗り出す。軍治は実際に菅平に住みついて、開発に力をそそいだが、これも金がなくて長つづきはしなかった。

彼は非常な堅物で「曲っているのはキセルの曲っているのもきらい」な性格だった。言い出す前によく考えるが、言い出せばぜったいに初めの意志をまげない。村の役員もしていたが、役場に行って自分の意見がとおらぬと、すぐやめてきてしまう。

菅平開発では、県知事も乞食も同様に軍治に取扱われた。自分の使った食器は県知事といえども自分で洗う。洗わないと次の食事の時、またそのままで盛るといった徹底ぶりだった。貧乏人、金持、地位の上下等いっさい問わず、そうした差別を許さなかった。長い間結婚しなかったが、四十歳を過ぎて晩年になってから結婚した。

大日本愛国青年党の支部は全国にあり、会員は三千人以上ということだった。山梨、長野、神奈川、長崎の支部が大きかったようだ。軍治は、警視庁の嘱託にもなっている。神奈川では山を開墾して百姓もしていた。昭和二十九年に川崎市で死亡したが、開墾した広い土地はゴルフ場に売るように妻に言っていたという。

軍治は、世の中に無料でつくす人間が偉いのだと常々言っていた。彼は体格はよくなかったが、意志の強い人間だった。自分で自分を鍛えていた。順天堂病院で胃潰瘍の手術をした時の話である。手術の時、麻酔をかけるのを頑固に断わった。麻酔をかけると体が弱るからだという。医者の方が折れ、麻酔なしで手術をしたが、痛みをがまんして、手を固くにぎりしめたために爪が肉にくい込んだ。

軍治は、自分が部落民であることを気にしていないようだった。少なくとも他の者の目には、そのように映った。だが、彼の叛骨の精神は、移民となって海外に出たときにうけた、屈辱的な体験からだけだったのだろうか。本人はそのように言っていた。では彼は、何故移民という道を、執拗に三回もくりかえしたのだろう。そして結局帰国してしまう。結果的には彼の叛骨は、移民に破れたのである。幼少からの差別と貧困は、海外移民による、彼の植民地主義思想からも、直接的に打ち破れなかった。軍治は、貧乏と部落民であることを、自己の精神の上でのみ抹殺できただろうが、その根元的矛盾に立ちむかうことをしなかった。彼は矛盾のうえに腰をすえ、日本民族の名のもとに、他民族に対して、自己の炎をたぎらせたのではないだろうか。

同仁会青年連盟

中村軍治が右翼の指導者として、警視庁との結びつきも持って全国を歩きはじめていた頃、部落解放運動も各地で明けそめていた。こちらは差別と真正面から取組んでいたのである。

長野県同仁会は大正九年九月に発足し、水平社は大正十一年十一月に発会式をあげている。そして、それぞれに独自の活動をはじめていた。金田一英さんは同仁会青年連盟幹事および会計として活躍している。この地方、上高井郡は同仁会が盛んだった。同仁会は融和運動として、知事や華族といった支配階級の手によって、国家的な意図のもとにはじめられたが、運動のダイナミズムはそうした当初の意図をよそに個別性を持ちながら展開される。信濃同仁会の発足もまたそうであった。

上田市の西沢梅雄さん（六十六歳・同仁会会計）は、先年亡くなられたが、そもそも同仁会発足の端を次のように話していた。

「大正九年頃、上田市柳原部落で牛馬商を営む成沢勇氏は、部落の有産階級であったが、そこに青木村の青年がたずねてきました。彼は明治大学二年生の塩沢好文といった。好文は部落問題をこのままにしておいてよいのかと情熱的に訴え、勇氏をたきつけて立ち上がらせました。塩沢なる学生は、その後消えてしまって同仁会には姿を見せません。奮起した勇氏は、近在の部落を馬で走りまわり、これぞと思う人に渡りをつけた。信濃同仁会の発足にあたった幹部は、勇氏を除き、全部一般のインテリと有産階級でした。信濃北信毎日の記者中野節、本陽寺住職の小根沢義山、後の上田市長・上田信用金庫理事長成沢伍一郎氏らです」

インテリ・リベラリスト・宗教家の、人道主義による融和運動であった。思想的・理論的には一般のインテリによって指導されたが、運動の手足は部落の人びとであった。同仁会は上田市を中心に、北信一帯に活動を展開している。同仁会きっての論客小根沢義山と、水平社の一匹狼小山薫とが夜を徹して論戦を闘わしたということもあった。また小山薫がその時、ピストルをふところにしていた、などという話も残っている。しかし、同仁会も水平社も双方の運動方針の違いによって部落大衆を引き裂いてしまうようなことは長野県下ではなかった。縄張りもほぼ決まっていた。同仁会は上田市から北信、水平社は佐久地方を中心に、東信地方で活発であった。個々の糾弾も、同仁会指導と水平社指導と、はっきり分かれている。しかし双方とも相手をよく知っていたので、臨機応変であった。同仁会の方は糾弾闘争がうまく進まぬと、水平社を呼ぶぞ、と応じぬ相手をおどかすといった具合である。

同仁会青年連盟ができたのは、昭和八年八月であった。この頃すでに水平社は、政府のきびしい弾圧で多数の犠牲者を出し、活動不能になっていた。またそれに加え、指導層のボルとアナによる内部抗争から、事実上解散状態であった。同仁会青年連盟は活動層が部落青年であったため、力を失わされた水平運動にとってかわった感じが強い。

金田一英さんはいま六十五歳であるが、まだまだの働きざかり、話題のポイントをわきまえて実に闊達である。四十年近くも昔のことだが、青年連盟の頃の話は生き生きとしている。一英さんは青年連盟を作った中心メンバーの一人であるが、運動のきっかけについて、次のように語った。

「同仁会があることは知っていたが、内容については知らなかった。水平社の方は新聞で読むだけでした。わしが二十八歳の時で元気さかりの時分です。竹前政道さんと東山範明さん（ともに同仁会幹部）が、わしのところに前後三回説明にきた。上高井でも同仁会をやっているから入らぬかということでした。

わしは、あんたがたは部落でもないのにそんなことをどうしてやっているのか、商売でやっているのか、それとも一身を投じて本気でやっているのかと聞くと、われわれは差別撤廃のために一生懸命やるつもりだという。同仁会の運動が、さっぱり効き目のないお役所仕事になってきて、部落の者たちにそっぽをむかれていたから、ひとつ青年を結束して運動をもりあがらせようとしたのでしょう。青年連盟は五十の同仁会の支部を土台に昭和八年八月に発足しました。幹事長古川縫治、副幹事長小山清次郎、会計がわしで、上高井郡が最も盛んにやりました。結成当時は四、五十人で、組織は部落青年幹部で固めていた。

わしも元気がよかったので、差別言辞の糾弾など勇ましいものでした。青年連盟が発足する前で、最初に出ていった会議は須坂の地方事務所です。小布施・川田・高井・堀内・山田・保科などから十五、六人集まっていた。いま聞けば笑い出すだろうが、当時は大真面目で、会のはじまりには必ず、まず五カ条の御誓文をうやうやしく読みあげるんです。続いて一同礼を正して皇居を礼拝。やっと会議がはじまるというわけ。語るのは東山範明さん（僧侶）でした。差別の言葉を取るのは君たち自身だ。三月十四日は五カ条の御誓文の出た融和記念日だから、この日を期して集会を持とうということをいっていた。

中央融和事業協会のパンフレットを駅前と学校の前でくばるんです。これには五カ条の御誓文が印刷してあった。お祭の時や女学校の前では、ちょっとテレくさかった。みんな若かったから、年に四、五回集まって話し、帰りにイッパイやる、これがまた楽しみだったわけです。差別糾弾に最初に出かけたのは、幹事長古川縫治さんの妹が働いていた須坂市馬場町の昭和製糸工場でした。現在は明治製菓の工場になっています。ここの寮で部落出身の女工を差別して二つの部屋に集めて入れておくということがわかった。青年連盟では緊急会議を開いて、女工を全員引きあげさせるという戦術をとった。昭和九年の春のことです。

〈明日を期して、全員家へ帰る〉

翌日女工さん達は、二、三人を残して全員職場を放棄して帰宅しました。部落の娘は十五、六人働いていた。工場側はあわてて呼びもどしにかかりました。寮監督の女教師と、工場で女工管理をしている悪名高い見番が迎えにまわったが、女工さんたちは工場へ帰らない。逆に青年連盟が会社におしかけて行った。

〈見番を出せ！〉

とせまる。いつも威張っている見番は、恐れをなして仮病をおこしちまった。一人は腹痛、一人は頭痛という。会社側が折れて
〈見番はクビにする。もう絶対にこのようなことのないようにするから〉

と謝罪してきた。

〈いやそんな必要はない、ただ差別扱いは止めてほしいだけだ〉

といって話はつきました。二カ月後に新しい部屋割りが実現した。

わしらは祭・青年団問題などでよく走りまわった。小さな差別事件は山のようにありました。『須坂新報』に差別言辞を書いた山崎英太郎を糾弾した時は、おりからの会議を中断してかけつけました。差別は累積されており、何かキッカケはないかとみなうずうずしていましたから。はっきりした形で表面上にあがらないと糾弾できませんからね。

〈新聞の差別言辞を取り消せ！　さもないとこの家はぶっつぶしちまうぞ〉

とおどかすと
〈もう配ってしまったので無理です。これからは決してやらないから、どうかかんべんしてくれ〉

というので、引きさがりました。その後はむしろ、よくつきあうようになった。だが時には暴力団と思われることもありました。現在問題化している二睦（須坂市）、当時の井上村の入会権闘争では、交渉決裂と同時にゲンコツが飛んだ。実力行使に出る時もあったが、われわれが荒っぽいのでなく、相手がわからないからでした。

一番はなばなしかったのは、南条（埴科郡坂城町）問題です。昭和十一年三月、寒い頃でした。午後二時頃、幹事長のところへ一通の電報が舞い込んできた。〈オウエンタノム〉とある。何の応援かさっぱりわからないが〈ソレ！〉ということで、古川縫治さんが小山清次郎さんと二人で上高井郡を二つに割り、自転車伝令をとばした。こうして四時半には須坂の山田屋肉店二階に十三人ばかり集まって、ここで作戦をねりました。青年連盟の息の荒い応援部隊を三つの班に分けて出すことにした。途中検問を突破するために分けたのです。藤本君は先きに汽車で行き、南条の受持ち（巡査のこと）に、〈オラホの者がくるから案内しろ〉と事前通告をしておくことにした。警察にはへり下っていたんじゃあだめで高姿勢の方が強い。朝七時に出発する。途中で受持ちが文句をつけたら最後の者がかたづけるということで、みな前進、前進あるのみでした。この自転車部隊は、全員〈信濃同仁会青年連盟〉の白だすきをかけ、同仁会上高井青年連盟の旗を自転車の前後になびかせたデモンストレーションでした。自転車の荷台にはそれぞれ兵糧も用意しての出発です、坂城までは無事に来たが、ここで巡査にストップをかけられた。

〈何ごとだ〉

〈おらたちは何も悪いことしに行くんじゃあない。おとがめがあるなら帰りに又よるから、その時にしておくんなさい〉

〈それじゃあ困る〉

〈南条では受持ちさんが案内してくれることになっているんだ。悪いところへ行くんじゃあないから〉

〈そうか、それじゃあええんかな、まあ帰りに寄っておくんなさい〉

というわけで、通過することができた。南条には昼近くに着く、上小や他の青年連盟も応援にきてました。上高井の若者たちも意気揚々と乗り込んで行き、

〈一体何事だ！〉

というと、上小の木藤岩雄君が
〈話合いに応じないんだ、家から出てこないんだ〉

と説明してくれた。

〈そんなら火をつけてしまえ、消防にいっておいて、ぐるりを囲み、火をつければ出てくるだろう〉

とわしがいうと、

〈それはいくらなんでもまずいよ〉
と木藤君が答えた。鼻息の荒い上高井の若い衆は、
〈やれ！　やれ！〉
とさわんで火つけ案に賛成でした。二時間ばかりすると本部の人がきて、
〈上高井は帰ってくれ、ごくろうさま〉
という。火をつけろといったので、過激分子と見られたらしく、同仁会本部から敬遠されたんですな。わけがわからぬまま、この時はおとなしく引きあげてきました。南条の部落の小母さんたちは、たき出しをして、にぎり飯をふるまってくれたが、
〈婆婆中から応援が来たわい〉
と非常に喜んで、活気づいてました。わしらは勇んで応援に来たのに、本部の命令は面白くなく、いつものように帰りにいっぱいやって、おそくなって帰りました。事情は、南条部落の消防団、青年団の加入問題がこじれて事が大きくなったのです。部落・一般・権力をまき込んだ同仁会としては大きな闘争でした」
　金田さんの、同仁会青年連盟時代の思い出である。部落民の独自のエネルギーを完全におさえ込むことはできない。青年連盟は、同仁会の参謀にとっては、かなりの圧力集団であったようだ。水平社が特高に追われ、弾圧の下に解消したのに反し、同仁会はその後、政府の融和事業十カ年計画が出され、これに沿って動いていく（昭和十一年）。皇

族・華族・社会事業家からの下賜金もあった。

長野県でも民間団体が運営していた同仁会を、県の仕事として官制にしようという動きが生まれる。もともと国家主義の事業であったのだから、自然の成り行きであった。ところが信濃同仁会の内部はこのことで移管説と移管反対説の二派に分かれ、大もめにもめぬく。結局、昭和十二年四月に県に移管された。全国各地の融和団体も、この頃民間から官製へと切りくずされ、全体主義の流れにあわただしく流されていくことになる。信濃同仁会青年連盟も、昭和十六年、皇紀二千六百年記念集会を最後として消滅した。

＊

部落の行者たち

若宮の弁左衛門さんが、折悪く上京中で留守ということで、隣あわせの中野市平岡金井に住む古老、角之丞さん（八十二歳）をたずねる。母屋横の別棟の二階に、角之丞さんは自室を持っていた。うす暗い裸電球の下で、角之丞さん自ら茶を入れてくれる。もう外は暗いが、母屋の方では畑から誰も帰ってきていないようだ。角之丞さんは大柄で、骨格のたしかな老人である。背筋もシャンとのび、棒（六尺棒）を持たせたら、まだまだなかなかの腕をふるいそうである。年のせいか発音がはっきりしないので、私は話の内容を聞きとるのに苦労した。

「わしは部落ちうもんを、部落のもんは食えないんで、お大尽公の家にやっかいになっていたと聞いてやす。そこの家の用心棒や下働きの仕事をしていたで、そのお礼に米などもらっとった。不幸や、泥棒なんちゅう悪いこんがあれば、すぐ走ったもんですい。わしが子どもの頃から金井は四軒で、ふえも減りもせん」

金井は全体で百六十二戸、そのうち部落は四戸である。隣の若宮の方は全体で百九十戸のうち、部落は十三戸だ。金井と若宮は幅三尺の溝のような小川で区切られている。各々の行政区では部落を端においたので、金井と若宮の部落は、小川をへだてて隣あわせになっている。唐沢部落で見た明治二年の廻文に出てくる、金井村加番人金沢重左衛門が四軒の本家で、ここの親方であった。重左衛門について、角之丞さんは次のように話す。

「親方の金沢重左衛門の家は、わしの家の裏にあったが、この家は絶えてしまったですい。金を借りては返さないため、十年、十五年という長い月日のうちに、複利計算されるから、土地をすっかり取られちまったですい。最後の重左衛門の息子の勝右衛門は働くのがきらい。ちくりちくり借りて財を失っちまった。連添いのばあさんも遊んでいてうまいものを食うのが好き、親父は酒のんで働かない。ぜいたくで身を滅ぼした。重左衛門の先祖は、中野の西条から、ここへ派遣されてきたと聞いていやす。西条にはでかく田んぼを持っていて一町の余あった。勝右衛門は思い切って使わなんだが、計算することを知らなんだ。金は新井広江から借りた。

重左衛門の裏に佐野庄太郎という一般の大尽公がいやした。部落のもんちはみなここで働いたでやす。この人が非常にわしどもを圧迫した。何を言われてもいいなりで抵抗できんかったですい。わしどもに対しては、ぜったい腰をかけず、立ちんぼでものを言った。低いところからものをいわなんだ。わしどもの家の敷居は決してまたがん。外でものを言ったですい。わしどもの姿を見さえすれば貧乏野郎、貧乏野郎と言った。馬鹿にしよった。

ここは飯山街道筋で、中野藩に属してましたですい。袖がらみ・六尺棒・刀・十手は鹿造さんの家にたんとあったが、貧乏して売っちまったに。わしの祖父の金沢又蔵は剣術の師匠で、弟子を五十人ほど持っとったですい。又蔵の免許は巻物であったが、紙屑と一緒に若宮の弁左衛門の家に売っちまったですい。じいさんは婦人に縁が薄く、早く妻に死なれ、他府県をまわってあいんだ。又蔵は信心があつく、とくに摩利支天第六天を信仰してたですい。この神さんは、負けるのが大きらいっちうこんで、剣の神さんで神通力があった。又蔵じいさんはこの家の三代目で、わしが五代目ですい」

角之丞さんは、祖父の又蔵が使っていたという木剣を見せてくれた。〈嘉永四年　亥年　先祖正真流六代　金沢又蔵為氏〉と刻んである。江戸も終り頃である。又蔵の剣は免許皆伝の腕前だったというが、角之丞さんは、

「わしが聞いてるもんでは、四つほどありやす。居ながらにして半道（二キロ）先きの深沢を歩いていた馬を止めさせ、ころばせた。近所の人が大がかりで起こそうとしたが、馬は動かなんだ。又蔵が弟子をおくって、術を解いたらすぐ馬は起き上がって、歩きはじめたちうこんですい。またじいさん、いつでもおれをはたいてくれろと言っているので、夜おそくじいさんが遊んで帰ってくるところを、何人かが待ち伏せした。又蔵は誰がどこに隠れているかちゃんとわかってる。隠れているところへ逆に羽織を投げてよこす。じいさんはこちらに現われたかと思うと、あちらに現われ、自分の姿を幾人にも現わすことができたっちうこんですい。

　御祭礼の時は、部落の娘だけではあぶなくて歩けなんだ。又蔵は用心棒になって女衆を連れて行ったちうこんですい。ある時、観音坂の入口で、一般の男が娘を貸せとたてついてきた。又蔵はふてえ野郎だちゅうて、二十人の一般の若い衆を相手に、一人でみなほおり投げたちゅうこんですい。柔の達人でもありやした。

　又蔵は体格がよく、妻に先立たれた後は一人息子を連れて諸国をあいんだ。又蔵の息子の八重作（角之丞さんの父）も妻に先立たれて、わしを育てたんですい。この家は五代男が一人ずつでしたに。八重作が死んだのは八十三歳だが、御嶽《おんたけ》教の行者であったですい。八重作は若い頃、狐に取っ憑かれた。お座をたてて拝むと、庭にお稲荷さんを建てろ、何と何をあげて祭れという。それを実行したら癒った。これがキッカケで八重作は信心を深めたちうわけですい。八重作は易もみたが、こっちは易の本を借りてきて独学ですい。

八重作は部落、一般をとわず、病気をなおし、漢方薬まで出していたですい。人だすけで金はいっさいとらなんだ。拝んで癒したり、易をみてやったりした。八重作は『命《みこと》』までもらってる。命というのは神さんの階級で一番上ですい。命・坊・霊神・行者となる」

一体誰から神さまの階級をもらうのですかと問うと、神さまからいただくのだという。神さまが人間に位をつけたり与えたりできるのか、と不思議がると、御嶽から霊がのりうつって、お達しがあるのだそうだ。角之丞さんも御嶽教の信者で、昭和二十九年から毎年一週間、断食して修行している。八重作じいさんの頃は、わずか四軒の部落に行者が二人もいた。若宮の部落にも一人いたという。行者には先達、中達がいる。神を呼び出すのが先達で、神のかわりに口をきく人が中達である。

「わしが子どもの時分、毎月十五日・二十八日には、回り番でお経をあげていやしたな。行者が二人いて、それに霊がのりうつって賑やかなもんでしたに。六尺棒ふりまわして、危なくて近寄れなんだったに」

東信や中南信にくらべ、北信ではこうした民衆信仰が盛んだったようだ。とにかく行者が多い。そして行者になるのは一般より部落の人が多い。北信では高山村馬場の上野平新七じいさん、長野市大室のおこばあやんなど、私は行く先き先きで行者の話を耳にした。

部落にこのような信仰がはやるのには、それなりの理由があるように思う。それは部落の者の不幸になる率が、一般に比して非常に高いということだ。病気になっても銭がなくて、でかい医者にかかれない。困るからなおるものならと神仏にすがる。そのうち何人かが救われる。それから信仰に入っていく。必要にせまられて信仰に入るのだ。長野市保科の矢原のおこばあやんは、自分の目が見えなくなってから、八重作じいさんは狐に取り憑かれてからである。

大室の市末さんの義母（叔母）須田こよさん（通称おこばあやん）は、一度結婚して長野市の妻科へ出たが、潔癖な人で夫婦生活をきらってすぐ戻ってきた。子なしであったので、甥を養子にして家を継がせた。気の強い生活態度にムダのない人だった。経済のことも、ある時はある時、ない時はない時というのが、その頃の部落の人の生活態度であったが、几帳面なおこばあやんはちがっていた。

彼女は五十歳位の時、目が悪くなって次第に見えなくなった。日蓮さんを拝めばよいと誰かにすすめられる。はじめのうちはそれほどでなかったが、次第に信仰が深まり、水ごりをとって、生命を投げだして信心した。ある日、坊さんのような人が夢枕に立って、目薬をつけてくれた。それから不思議なことに薄紙をはがしていくように、目が見えてきたという。

日蓮さんへの信仰のあまりの熱心さに、日蓮さんがおこばあやんにのりうつったと評判になり、近在にひろまった。保科、大豆島など二里四方から、みてほしいという人が訪ねて来るようになった。それが不思議にあたるという。縁談・なくし物・方位・家相などの相談が多かった。おこばあやんは、新七じいさんや八重作じいさんのように易の本を読んで勉強したわけではなく、もっぱら霊感によっていた。お礼に五銭、十銭とおいていくので、彼女は年をとっても若い夫婦の世話にならず、小遣いや身のまわりのものは自分の力でそろえることができた。

南無妙法蓮華経という掛軸をかけ、太鼓をたたいて、長い数珠を持って拝むと、仏が乗りうつる。行は一時間位かかり、終るとくたくたになっていた。戦争中は兵隊に行っている息子の御加護をお願いしてほしいとか、また信心に凝り固まった人は、明日味噌をたくから風が出ないように拝んでほしいといってきた。日常生活のよろずの不安に答えていたわけである。

一般の人も沢山みてもらいに来ていたが、信仰と実生活ははっきり区切られていた。末市さんの長男嫁の叔母（一般）がよく来ており、この人とは親戚づきあい以上であった。飲み食いも一緒にし、拝んでもらいに来た日は、一日遊んでいった。だが縁談がもちあがると、この叔母さんが最後まで一番強く反対した。結婚すれば縁を切るという強気だった。

ここでもわかるように、部落の者でも一般の者への影響力があれば、そのかぎりでつきあいは成立し、交流があったわけだ。一般の者も、自分の利益になることでは、つきあいを求めたのである。

百円の対等金

角之丞さんは、白山社について、次のように話してくれた。

「白山社は合祀したちうても、一般の氏神さんのわきへ持って行っておいてきただけですい。わしが二十一歳の現役で兵隊に行く時、金井の氏神伊勢神社にお参りさせなんだ。おめたちは別にお宮があるから来なんでいいという。ムカッとした。祝にきた親戚が怒って、そんな馬鹿なことあるか、同じお国のために出征するのに縁起が悪い。そんなら兵隊にやらんと抵抗したですい。

大正九年に、わしと若宮の孫作の父親市五郎とが融和運動（信濃同仁会）をやりやした。金井の中に一般と一緒に労働会ちゅうのを作ったが、三、四年であまり進展せなんだ。白山社は大正十二年に一般の実力者田尻左蔵の力で合祀しやした。一般からは、むこさん（部落）を連れて来ては困るっちゅう声が出やした。合祀には約束を四点とられた。
1　葬儀のやり方は今までどおり別々。

2　おかんばん（酒の準備）は部落にやらせない。
3　総会に出たら部落は発言をつつしむこと。
4　白山社のけやきの財産を伊勢神宮に合併する。

この四点をのんで印をおせば、対等な区民としてやるということですい。この時仲に入った人が、一般の方へ百円の持参金を出してくれっちゅう。四軒は雁首そろえて相談した。百円という金はでかいことだったでね。結局、一般区民と対等にしてくれるならどんなことでものもうということになり、一軒二十五円ずつ出すことになった。これさえ果たせば差別から逃られると思い、もう一所懸命でな。もちろんそんな金はあるはずない。高利貸しから借りたですい。わしは四項目を認めた印をつき、酒五升さげて総会に出かけていきやした。わしの持って行った酒を受け取るか受け取らんかで、一般の中に悶着が起きてもめやした。

百円を用意するのに十日間の猶予をもらって工面したですい。本当かどうかは知らぬが、この四項目の覚え書きは、不浄で汚ないものだから、わらでふんじばってあるというこんだったに。そういうふうに噂されていたで。わしはこうした誓約書を残すと末々の代まで響く、何とかして取り返さねばと、その時を待っていたですい。十二、三年たって総会の席で、これまで乱暴したこともない、葬儀も今までどおりしている。覚え書きを返してもらいたいと、田尻左蔵から取ったですい。

〈さあ安心しろ、みんな永久にこれで大丈夫、孫子の代になっても心配いらない〉と四軒の全員を集めて喜んだ。覚え書きはこの時火にくべて燃やしたでやす。昭和七、八年、この村が真二つに分かれて大騒ぎがあった。警察まで出てきた騒ぎだったですい。竹原・深沢・金井・若宮の四カ村で持っている高社山の共有林の木を切って売った金をどうするかというこんだった。お大尽党はこの金で水道を引くという。貧乏党は各戸にわけろという。お大尽党が三に対し貧乏党が七でやした。わしらは貧乏党です」

帰りの汽車の都合で、私たちは話の途中だったが、角之丞さんと別れた。さして広くもない庭に、お稲荷さんのお宮、摩利支天の碑などが、思い思いの方角を向いて夜空に浮かびあがっている。農家の庭にはふつりあいなほど大きく立派な碑石は、進歩と混乱の世の動きをとどめて、はだ冷たく月光をあびていた。

その後、角之丞さんに、例の百円をどのような方法で高利貸に返済したか等を、もう一度出むいてたずねたいと思っていた。その矢先き、今度は角之丞さん御本人が、狐に取り憑かれてしまって話が通じないという。

＊

小諸の城下部落

小諸市加増荒堀（旧北佐久郡北大井村大字加増字荒堀）部落は、中条にも西条にも広がっているが、荒堀区が圧倒的に大きい。小諸の加増といえば、まず藤村の『破戒』を思いおこす。加増部落は県下一の大部落である。市役所の届けでは、百八十二戸、区の方へ行くと百四十八戸となる。区費の支払いをのがれているのは、一軒に何世帯も住んでいる現われという。関西には大きい都市部落が多いが、関東には関西のような都市部落はない。わずかに加増部落が、急速な都市化の中で小諸市の中心地に入ってしまった。そして、蛇堀川に渡された差別の橋も切って落され、先頃商店街路になった。

部落解放同盟長野県連の役員であり、小諸の市会議員でもある中村寧さんのお宅まで村の古老たちに御足労をお願いしてあった。私が加増に来るのは、いつも寒い時のように思う。浅間山の麓にひろがるこの町は、夏は爽やかだが冬の寒さはきびしい。中村寧さんは東京の人で、学校を出てからすぐ新潮社に勤めた。社では島崎藤村の弟子加藤千代蔵氏と同僚で、加藤氏の世話で結婚した。奥さんは加増部落の酒屋の一人娘である。戦争で奥さんの郷里に移り、以後住みついた。寧さんはいろいろ部落内の相談役を引き受けているうちに、部落のひとびとにとってなくてはならぬ存在になる。その間、娘さんの結婚問題など、中村さん自身、現在の部落問題の根の深さを身をもって体験された。

高橋国松さんは七十一歳で、荒堀生まれである。現在は奥さんと二人暮し、雨日曜（雨の日が日曜、と国松さんはいう）以外は建設現場の土方仕事に元気よく出かける。国松さんは古い話に関心を持ち、記憶力のよい老人である。こうした老人たちは、子どもの頃から年寄りに可愛がられた気持のやさしい、考え深い性質の持ち主、という印象を受ける。

国松さんの話は、荒堀部落の成立からはじまった。

「この部落がどんなふうにしてできてきたかと申しますと、小諸城を作るにあたって近郷近在から人を集めたわけですね。年代ですかね。それは歴史の本に書いとりましょう。わしのは年寄から聞いた話でね。江戸時代がはじまった頃なんだそうで、文書には寛永とあるそうですな。城といってもその頃のこんだ、山城で小さなもんだったろうな。

部落の元は四軒だった。わしらはそこからふえたもんですね。まあわきから来たもんもたんとありましょう。四軒がいたところは、現在の新町で、蛇堀川のところに砦があって、城にとっては東南の門ということで重要な要塞でやした。昔は橋むこうの駅寄りだったわけだに。町に広がって谷ひとつへだててこちらまできちまった。延宝年間にできた地図には、部落を牢守として記入してあるそうだ。

四軒の一軒は、庄吉さんの先祖で、明治まで高橋弥右衛門を襲名してきた。弥右衛門は城の西北のはずれに住んでいた地侍だった。城ができて招かれたんですな。この家が代々部落の頭をつとめてきた。この家が本家筋だに。

二軒目は、敬之介さんの先祖です。この家は代々高橋半衛門を襲名してきたですね。

信州の者でなく上州高岡の御家老の二男か三男かだったが、お家の御法度の不義をおかし、打ち首になるところを母親が金を持たせて逃がしてくれた。息子は佐久の与良平の与良家に食客として滞在していた。そこに小諸の城ができたもんで、武士として立身を強くすすめられたが、武士はもう沢山だコリゴリだと断わったそうですに。家老の息子は百姓になりたいと希望したですね。よっぽど侍がいやになったんだね。すると今度はお頭になれといわれたが、それも辞退したんでお頭は弥右衛門の方へまわったちゅうこんだ。

三軒目は和志夫さんのところで、この家は数年前に苗字をかえました。佐久市中里の赤岩から来たといわれとる。何をしてたかって、まあ地侍か百姓か、平凡に暮していたんでしょうな。誰の先祖もたどっていけば、みなそんなこんですよ。この家の屋号は面白い。トメ屋というんです。後々の人たちが問屋とよぶようになって、書いたりもしたが、問屋ではないに。トメ屋だ。江戸のいつ頃のことか、末に近いと思うが、この部落に八人衆と呼ばれる免許皆伝の腕自慢の連中がおった。和志夫さんの先祖もその元気もんの中にいたんです。

ある年、加賀の殿さまが参勤交代で北国街道をあがって来なすった。この加増もお通りになる。あの行列は決して止まらないんだそうな。お泊りの時は別だが、止まるようなことがあってはいかんのだ。腕に自信のある豪気な八人衆は日頃のうっぷんもあいまって、ケツをまげていたんだな。行列を止めてやれということになった。山から油の強い松葉を沢山取ってきて和志夫さんの家のまえで積み上げ、さあ行列が部落に入ってきたところで火をつけて、さかんにいぶしたてた。行列の道中、警護は固くあらねばならん。火をたくことなんか、ぜったいに許されぬことだった。ところがどうだね、いぶるわ、いぶるわ、煙にまかれてとうとう行列も止まらざるを得んようになった。それでトメ屋というんだそうな。なかなか勇気のある叛旗をひるがえしたもんだな。意気地無しではできんこった。お調べをうけたが、首謀者は気違いにさせられて、ごまかしたちゅう。

四軒目は明さんの先祖で、わきから来たほうげん（神主）さんで、この人は旅から旅へまわって歩く人だった。

　この四軒の先祖が、小諸城ができてから部落として落ち着かされたわけなんだ。

わしが若い頃、耳取（小諸市）というところから、なす売りに来ていたじいさんから聞いたこんだ。このじいさん、商いの帰りには、いつも荒堀の下の清水屋で酒を一ぱいのむ。じいさんは商いであちこち歩いてるから、世間が広いんだな。ちょうど水平運動がはじまった頃で、世間が騒がしくなっていた。塩田（上田市）の前山の慶称寺のお施我鬼に行ったら、あんたらの系図が出てきたと言われた。なす売りのじいさんのいうには、その昔は長吏のことを、長者といったらしい。取締りの役をしていたらしいが前山の寺を調べたらわかるわねってな。

慶称寺というのは、小諸の城主と近しかったことは確かだに。ここの和尚は年に何度だか、よく城に遊びにきた。この時寺までの往復の案内を勧めたのが、わしどもだった。取締りや警護、牢番、城の掃除なんぞをやったらしいが、その他にわしらは城の消防も受けもってた。よそでは、同仁会や水平社運動で、一般の消防に入れてもらっているが、わしらの部落は、はじめから消防はお役目だった。

城下では加増の消防の機動力は有名だったに。火事の時使う竜吐水と呼んどるポンプが残ってたが、それには牧野遠江守から高橋某に預けると書いてあった。わしは覚えとるよ。わしの若い頃にはまだ残っていて、七郎さんの家にあった。八角形で五尺四方ぐらいのポンプだった。

城の近くに火事があると、騒動が起るとこわいので、城門は固く閉ざされちまう。身分の高い人、たとえ御家老さまが、火事見舞に駈けつけても門を開けなんだが、われわれだけは自由に出入りでき、火事の時だけはひどく威張っていた。明治時代に入っても、消防は部落で引き受けてたに。三十人位の組織があって、火事があると出動した。一回ずつ金一封をもらっている。みんなそろいの手ざしのずきんをかぶっていたね。

牢屋は現在の小諸病院のところにあった。赤坂やっこがいた赤坂町と、本町との境にあった。牢屋の上には弥右衛門の屋敷があってな、稲荷さんが祀ってあった。ここは事務をとるところで、自宅は荒堀にあった。牢指南に出張していたわけだな。

最初は牢番は近在の百姓が交代でやっていたんだ。首斬り場は荒堀の下にあり、今でも石地蔵が祀ってある。小源太という首斬り人がおった。この人は始終笑っておった。生まれつきの笑い顔だったんだな。罪人の首を斬るとか、百はたき（竹の笞で百回叩けば放免される）を実行する時にも笑い顔なんで、監督しておる武士が気にくわない。ついつい数を間違えて、百回のところを百回前で放免になってしまう。そこで小源太には百はたきの役はさせられないということになった。こういうお役はいやなもんだ。小源太は笑い顔だったので、たすかったわけだな。

こんな話もある。御影は御天領で、罪人を追って行っても、御影に入ったらそれ以上は藩では追えなんだ。だからわざわざ御影の方へ追って行って逃がしてやった。そんなこんが何回もあったと年寄りから聞きましたわね」

荒堀部落の話

国松さんは私たちの質問を待たずに話を進める。饒舌ではないが、語って聞かせるのが得意のようだ。

「あんたさん方は、一把稲のこんをどんな風に聞いてますかえ。だいたいみなの衆は、わしらは百姓衆から一把稲をもらっていたから頭があがらなんだと、言われてましょう。

だが最初はちょっと違うわね。わしは一把稲のはじまりをこんなふうに聞いとります。はじめ牢番は近在の百姓の仕事でやした。とうど（義務労働）ですな。百姓は一日の牢番のために、最低二日は仕事を休まねばならんかった。遠くのもんちは、前の日から歩いてきたから。百姓衆は秋の取り入れ、春の植えつけ時のとうどには、仕事にならんと大変弱ってました。人手不足でね。わしらの方はそれほど忙しくなかった。きっと四軒より部落と呼ばれる者がふえてたんだろうな。はじめのうちの仕事は、廻り役と消防だけだったんだから。そこで、部落で牢番を代ってやるかわりに、その礼として、秋の取り入れ時一把ずつ稲をくれるということで、話がきまったわね。百姓衆は忙しいさなかに牢番に出されるより、その方がよっぽど楽だと喜んださ。

こうして、そのはじまりは、百姓衆がお礼にというこんで、稲を持ってきたもんだに。そのうち遠くから持ってくるのは大変だろうと、こっちから集めに行こうということになった。どうせまわって歩くついでだからとな。それがだんだん差別政策がはげしくなって、百姓衆はわしらに〝取られる〟と考えるようになったわね。恵んでやるんだという考え方になっちまった。

明治に入ってから、この一把稲をめぐって、荒堀部落はまっ二つに割れての騒ぎがあったさ。一把稲をもらう権利を持っていたのは、古くからここに住んでいた連中で、村では古い裕福な家ですに。分家筋はありつけなんだ。解放令が出て、一把稲をもらいに行くのはやめよう、あんなもんをもらっているから差別されるんだ、という声が分家筋やわきから来た連中が言い出した。こっちは多数派でしたに。古い家の方は今までもらっていたんだから、いいじゃないかという。こっちは少数派でやした。長い間の習慣だったから、明治に入ってからも、一把稲をもらっていた部落は多いと思う。加増では議論した結果、もらうのをやめようという多数派が勝った。権利としては無くなったちゅうこんを理解したわけだに。わしかね、わしらんところは分家で多数派でやした」

国松さんの話は、ますます油がのり、昔話へと進む。

「蛇堀川の上に、熊が出た時のこんだ。その熊をとらまえるようにと、柔の名人である清一郎のところへ、お城から迎えがきた。彼は熊と取っ組んで二、三回投げた。清一郎は熊を殺さずに生け捕りしたいと思ったんだ。お役柄だろうな(長吏のお役は、命令がなければ殺すことも、捕えることもできない)。熊は海応院(禅宗)の竹やぶに逃げ込んじまった。今度は寺侍が騒いで熊を追い出しにかかったと。熊は蛇堀川の土橋の下に逃げ込んだ。そこへ鉄砲指南役の星野寛左衛門がとんできた。寛左衛門はたちまち鉄砲をぶっぱなして熊を殺しちまった。

この話を耳にした殿さまは、星野寛左衛門に〈何で鉄砲など撃った。熊を撃つために鉄砲を持たせているわけではないわ〉と大そうお怒りになったんだ。寛左衛門はこの時三日間の閉門、寺侍は八日間の閉門を受けたですに。これに反し、熊を投げた清一郎は褒美をもらった。そのうえ、殿さまは熊を投げた時に負った清一郎の傷の手当てのため、御典医をさしむけられた。昔の家は表の街道から直接出入りができないようになっとった。街道側には出入口がありません。賊から守るためかどうかしらんが、入口は横にまわったところについておる。清一郎の家は、御典医が来るちゅうんで、この時にわざわざ街道側に入口を作ったそうです。この家はいまの市治さんところで、玄関が街道側についとります。市治さんのおじいさんのおじいさんの時のこんです。まあ荒堀の手柄話でもありますに。

この村（部落）は、江戸の末期から謡がさかんでした。謡は北信の方がさかんで、東信ではめずらしく、ここ小諸だけでしょう。剣術の指南役で高橋重平という人がいました。この人は道場を開いていて、沢山の旅の浪人が出入りしていた。ある時、加賀から来て泊まった浪人がおった。この浪人が宝生流の謡を教えていきました。高橋重平も非常に声がよくて、剣術もさることながら謡の師匠もつとめるという器用者で、この村にさかんになったちゅうこんです。今日でもつづいており、わしも少しやっとる。

庄屋の高橋弥右衛門の子、鉄郎には、子どもがいなくて、弟の好郎を養子にしました。好郎の子が現在の庄吉さんです。弥右衛門の屋敷の裏には、くず屋根の間口十二間、奥行き四間の大きな家があった。いまも残っとる。庄屋では明治初年に、そこを学校場として解放した。みんな学校場と呼んどった。部落の子どもばかりが行っとった。先生はわきから来てましたな。自由な教育をしたというこんです。当時の生徒はふとくて〈元気よく〉あまり勉強しなんだ。わしのお袋は明治八年生まれだが、お袋の兄こたちは学校場へ通ったというこんです。お袋は女だから行かなんだ。明治二十九年、大井小学校ができるまで、ここが学校でした。明治の初めから学問をする気風があったわけで、この村は進んでいたわけですに。

荒堀の部落は、六十戸までは栄えるが、六十一戸になると必ずといってよく火事になるちゅう。六十戸の時代が長かったというこんです。江戸の終り頃に大火事があった。わしのばあさんが父親から聞いたこんです。この大火事から後は六十一戸が二戸になってもても火事はおきなかった。この時の火事では、部落全部を焼きつくしたというこんです。

またいつの頃か、村に大へんひどいはやり病が起こりました。生きとる者も埋めてしまうという騒ぎで、わしのお袋から聞いた話です。この部落でも大方の者がかかってしまった。はやり病で死んだもんちは焼き場で焼くのだが、それがまにあわなくなっちまった。そして生きている重病人までも他の者にうつるといけないというこんで埋めてしまったというどえらいこんです。

生意気なのが一人いて、一芝居うってやろうと重病人の真似をした。そんで埋められそうになった時ひょいと元気になって、〈わんだれんとこも、こおして埋めてくれるわ！〉と、穴掘り人にとっついて、おどかしたそうです。芝居をうって生き埋めに抗議したわけだったんだな。

　徳川の後期は世も乱れ、飢饉や災害も多かったんでしょうなあ。この蛇堀川の由来は、いつの頃か大水があって、その時浅間山から蛇が掘ってきたちうこんです。それが蛇堀川で、それ以前はまたいで歩く位の小さな川でした。蛇は浅間の一の鳥居あたりからぬけ出てきた。この時蛇がかぶって来たちゅう石が、半分は落ちてしまったが半分は残ってますに。蛇は山に千年、川に千年、海に千年生きるといわれている。蛇が山から降りてくるのを見た人の話ですが、蛇は薄暗い顔しとったそうです。きっと浅間の岩石を押し流した、鉄砲水のことじゃあなかったかと、わしは思っとります」

「わしは十三歳で東京浅草の靴屋に小僧に出ました。わしのいたのは、亀岡町一丁目一番地でした。店で小僧をしている時に聞いた話でやすが」

と、国松さんは、江戸時代の関八州「穢多頭」として部落の差配にあたってきた弾左衛門にまつわる話をしてくれた。

「弾左衛門の本宅は、その当時、吉野町から亀岡町の間にかけてありやした。七つ土蔵があり、長い長い塀でかこまれた屋敷で、立派なもんだった。最後の弾左衛門には二人の息子がいた。弟の方ができがよく、弁三郎といって、財産を十万円わけてもらって、荒川区の三河島で革屋をはじめてました。

　弾左衛門が山谷堀小学校を寄附した時、政府から男爵をくれるといわれた。弾左衛門は、男爵なんぞもらっても弾左衛門は弾左衛門だからと断わったんです。どえらい財産を持っとった。庭の石燈籠を売ったら、燈籠の下から小判が出てきたというから、花咲爺さんのような話ですに。

解放令が出た後、弾左衛門は亀岡町の村中の者を屋敷によばった。その時、玉子とじのお吸物を振舞った。おかわりのお吸物を新しいお厠の中に入れて出したそうです。みんなはやだがって、おかわりをしません。そうしてから弾左衛門がいうのに、

〈先きに出した玉子とじより、後の方が味がよいのだ。お厠に入れて出したから、まずいと思うのだ。この亀岡町はお厠である。そこに住んでいる者、中身は外に住んでいる者と変わりないのに、枠がいけない。枠のためにきらわれる。ここから出ていくのが一番よい。今なら金をやるから、よその土地に出ていくように〉

とすすめたそうですに。この時、亀岡町の三分の一の者が、弾左衛門から金をもらって外に出たそうです。弾左衛門は政府のやらねばならぬこんを、自分の力の範囲でやろうとしたんですな。やっぱり人物ですよ。

大震災の直後、一度亀岡町をなくせと部落のもんちは騒いだそうです。わしは親父の目が悪くなって、十七歳で東京からこっちへ帰ってきました。それから親父の手伝いで靴屋をずっとしとった。おうらやさん（邑楽郡からきた）では、靴づくり六十年の祝を戦争中やったから、明治の中頃に靴を作りはじめたんでしょうな。わしは子どもの頃、差

別はあたりまえだと思っとったな。何故差別されるのか、考えてもみなんだった。大人になってやっと、おかしいじゃあないかと思うようになったわね」

藤村の『破戒』はかたき

小諸といえば「小諸なる古城のほとり」の藤村の詩と、有名な『破戒』が思い浮かぶ。浅間山の懐に広がる古城の町は、千曲をいだき、美しい自然にめぐまれていた。藤村はこの地を舞台に『破戒』をはじめとして『千曲川スケッチ』など、沢山の文学を世に送った。国松さんの話もやはりそれにふれる。

「『破戒』は明治三十九年に出版されたが、この辺の人はずっと後になってから『破戒』のことを知ったな。こういう純文学は格調が高いからわしらの生活には縁がない。文字や文学に親しむちゅうこと少ないもんでな。藤村は『破戒』を書くにあたって、何回か荒堀に来ていたそうだが、書いてしまったら一ぺんも足を向けたことがない。部落調査にくる学生さんみたいなもんで。こういう衆には腹が立つ。

わしは若い頃、『破戒』を読んで、藤村のことをかたきのように思ったさ。ざっくばらんに〈橋むこう〉なんて、書かなくたってよいじゃあないか。われわれを踏み台にして名をなし、いい生活をしていやなやつだと思ったね。部落ではえらい関心を持つもんはいませんな。その後、この小説から部落のことがはやって、小諸の懐古園に来た人に

〈橋むこうはどこだ〉とたずねられたことが何度もあった。わしは癪にさわったので、ぜんぜんそっぽの方を教えてやったもんだ。この村はなかなか盛んなので、小諸では向町といった。この言葉がいつのまにか差別言葉になっちまったです。

荒堀では、『破戒』のモデルは三味線屋の高橋弥文次さんの息子の弥文太さんだということになってます。弥文太さんはたいそう頭がよかった。学問があり、慶堂という号で書家として世間を歩いてきました。甲府・佐渡・越後をまわって字を教えている。越後に行った時、酒屋の番頭になったことがあった。男ぶりもよし、できた人で人物でしたから尊敬されたんですわ。酒屋の主人に、是非娘の婿になってくれとせがまれたが断わって店をやめてきたそうです。

弥文太さんが誰に書を習ったかは知りませんが、当時は御一新で世間も不安定で、下級武士の浪人や学者などあちこち渡り歩いていたんでしょうな。この部落にもそういう人達が来たんでしょう。わしらの寺にも江州彦根藩の学者の墓があり、長九郎さんの寺には尾州春日井郡大曽入道という坊さまの墓がある。この坊さまは明治十二年歿とある。

弥文太さんは、書の先生をしてまわって歩いている頃、部落の人間だということを隠していた。隠すということのなかで差別の苦しみを知った、と家に帰ってきてから父親の弥文次さんに話したそうですに。そのことを藤村は父親の弥文次さんから聞いたり、弥文太さんにも会ったり、加増の部落を見たりして、『破戒』を書いたんですな。藤村は三味線屋には何日も来ていたそうです。

弥文太さんも旅から家に帰ってからは、三味線を張ってました。この人はもともと手が器用で、義太夫三味線の名人でしたね。東京からわざわざ張りに来ていた人もいたくらいです。七つか八つの時に書いたものが、信毎（信濃毎日新聞）にのりました。ここの白山神社ののぼりも弥文太さんが書いたもんです。弥文太さんはむっつり屋で、静かな人でしたわね。だまって人の顔をじっと見る。わしら子ども頃は、とっつきにくくて、こわかった。おしゃべりでなかった。謹厳居士でした。村会議員もやり、六十四歳で死にました」

どこの部落の古老にも『破戒』に対する評判はあまりよくない。丑松《うしまつ》に対して意気地がない、もう少し元気を出して差別に立ち向かってほしかったという声が圧倒的である。雨の宮部落の小山佳堂さんも、『破戒』は文学作品としては住井すゑさんの『橋のない川』よりすぐれていると思うが、部落差別を取りあげる姿勢が問題だと指摘していた。

戒名にも差別

加増荒堀の庄屋高橋弥右衛門の子孫である庄吉さんが、

「先頃わしの家で台所の改築をやったら、屋根裏の梁にこんなものが乗っかっていました」

といって持ってきた文書が「代々建地普請控帳」であった。長禄二年（一四五八年）ヨリ嘉永二年（一八四九年）迄此内ニ控置候、とあるが、嘉永元年十二月十四日以前ヲ永脱、とある。この時の弥右衛門は、上田の長治良方より養子に来ていた者。

嘉永元年十二月十四日夜四ツ時（十時頃）に弥右衛門宅が火事にあった。居宅八棟が焼失し、のこらず建て替えたとある。屋敷内に八棟も構えていたとすれば、相当に規模の大きい屋敷であったわけだ。この普請のために御上様（城主）から御手当銭二十貫文と縄百房を下賜されている。その他にも名主はじめ地域の住民からたくさんの協力を得て普請を行なったことがわかる。明細がこまかく記載されていた。また、明治四年八月の解放令が出た当時のことも書かれている。文書には、明治四年十月とあって、御布告によって平民に加えられ、屋根普請を瓦にしたとある。それ以前、部落に瓦屋根は認められなかったのであろう。また、この年の御領分御手当が二十三カ村までもらっていないと記されていた。

「菩提寺は現在浄土宗の光岳寺です。明治四年まではずっと海応院で禅宗でした。海応院の本坊が死んだあと、後妻が部落をとうてもきらって、わしどもをことごとく差別しました。お詣りに行ってもろくな扱いをしない。海応院には部落から太鼓その他、昔からたくさんの奉納をしてきているのに、こんなもんみな持って帰ってくれといった調子だったそうです」

庄吉さんの話に、国松さんも強くうなずく。

「本坊が死んでっから悪くなったな。光岳寺の三代目、遊閣上人（水沢氏）が仲に入って仲裁にあたってくれたが、全然だめだったな。箸にも棒にもかからなんだ」

「遊閣上人が、それではオラホに移ってもらってもいいかというと、そんなもんちはくれてやる、という調子で、光岳寺に移ってきた。この寺に来ても、十二、三年前まで檀家総代は出していない。荒堀は後から来たもんちだから総代にはなれないとケチつけられたから、それならお布施はどうかとおたがいに開けてみるところまでいったんです。開けてみたら、荒堀の者はみな五十円百円で、一般の古くからいる連中は二十円、三十円ではないですか。荒堀は生活が困っているが、寺のためになるというこんで総代を出すことになった。以後、わしらの方は檀家総代は区長が兼任してきた。今年から兼任制をやめました。

寺では、位牌堂も一般とわしらとでは、仕切りがついている。部落の位牌は悪い場所で、御本尊に向いていないんだに。北向きになって、物置のようなところにある。今年からやっと位牌堂もまともになったわね。文化元年（一八〇四年）からの宗門帳が光岳寺にあるが、移る時に海応院から持ってきたものと思う。故人の戒名が全部のっているのだが、わしらのは海応院庭掃きと記されていた」

寺による差別は、非常に多い。宗教の世界でもと思うが、かえってきびしく、はっきり現われる。差別は死んでもつきまとうのだった。生きている人たちに対する寺の仕打ちは、さらにむごいものだった。

中野市平岡の金井部落も、はじめは禅宗の本水寺であったが、加増と同じように浄土真宗の正翁寺に変わっている。いまから二代前の普山式の差別事件が発端となっていた。普山式のおふるまいの時、一般は座敷にあげたが、部落民は台所の土間にねこ（むしろ）を敷いて坐らせたのである。あまりにも歴然とした差別待遇に、部落の人びとは憤然とした。こんな寺にはやっかいになれぬというので、隣の地区にある正翁寺に移ったのだった。部落の過去帳は焼いてしまったのか、寺にはなかったという。墓の石塔には、朴男、朴女が多いと角之丞さんはいっていた。

戒名のことであるが、一般は四字の戒名なのに、部落はそのほとんどが二字であった。そのうえ、戒名自身も戒名といえるようなものではない。朴男・朴女・革男・革女・僮奴・僮僕・僕男・僕女・草男・草女・陀男・陀女・禅男・禅女・孩女・孩子などはまだよいほうであった。上山田町の力石では、墓は五明にあったが、四、五年前共同墓地がせまくなって、現在地の力石新田に移した。その時、畜男・畜女という戒名がきざまれていた墓石があった。これにはみんな非常に憤慨し、またこのような戒名しか与えられなかった先祖に涙したという。そして、その場で墓石を打ち砕いた。

宗派や時代あるいは場所によっての相違はあるが、だいたい戒名には次のような段階

（階級）がある。

禅宗門――信士（清信士）――居士（大居士）――庵号――軒号――院号――殿号。

故人におくる戒名に階級をつけること自身、おかしなことだが、戒名は故人やその家の社会的身分・役職・経済力・菩提寺への奉仕の度合によってきめられてるようだ。先にあげた朴男以下の戒名は、正式に戒名といえるものではない。江戸時代に部落民は人間以下ということで、寺でいい加減につけたものか。明治以後、こうした露骨な戒名の差別はさすがにないが、朴というのは椋（むく）ともいい、皮（革）を裂いたり、剝いだりすることを生業にした者の戒名だろうか。部落の人間に対する賤業・賤民観がまざまざと示されているのである。こうした戒名は山窩《さんか》にも用いられていたという。

私の見た墓石で、年号がわかっているもので最も古いのは、元禄・宝永時代であった。それ以前、墓石は建てなかったものらしい。部落がだいたい歴史的にこの頃できたという歴史家の言をも実証している。

小諸の加増荒堀の部落の墓は数カ所に分かれている。荒堀では他の部落には見られなかった非常に沢山の石仏があった。その数は百体を越すのではないか。石仏にはほとんど文字が刻まれていない。素人が刻んだのではないかと思われる素朴な野仏である。何故このように、荒堀にだけ石仏があるのか、理由はわからない。浅間や千曲川に近く石材が豊富だから、誰か器用な者が死者の供養の意味で石仏を刻んだのが、ここでだけ流行したのかもしれない。やさしく、あどけない顔をもつ野の仏たちである。

墓石といえば、松本平の神林区町神では、石材が少なく墓石を建てるというのは大変なことだったようだ。ここの墓石は秋になると漬物用の重しに利用されている。ここでは大正の頃に掘りおこしたという天文二十三年（一五五四年）の銘のある墓石があった。四百年以上も昔のものだが、郷土史家はもう少し後になってから作ったものではないかといっている。しかし、神林の部落も古く、鎌倉時代の伝承を持っている。天文といえば戦国時代だから、誰かすぐれた先祖の供養でもしたのであろう。直接その墓にまつわる話は聞けなかったが、神林の先祖は佐々木四郎高綱の子孫といわれ、高綱が入門したという寺が、部落から六百米位離れたところにあった。

＊

家筋の誇り

上田市秋和の幸太郎さん（七十二歳）のお宅は、国道十八号線から少し山の根よりにある。新しい立派な屋づくりだ。納屋の方からは、グーン・グーンという騒音がたえまなく聞えて、静かな田園にひろがっていた。幸太郎さんは瘠せてはいるが上背があり、終始笑みをたたえている。やさしさの中にも威厳がある。

私たちが秋和をたずねたのは、この部落が非常に古いということを聞いていたからだった。秋和は現在上田市に入っているが、以前は塩尻村秋和であり、明治初年は秋和村であった。このあたりは養蚕が盛んなところだったが、戦後は養蚕をしなくなり、土蔵や納屋が不用になった。大きな家もいらないので、どこの家でも、上田方面の工場で働く農家の二・三男に部屋を貸している。戦前二百戸の秋和が五百戸と急増したのもそういう内容だ、と幸太郎さんの話だった。

だが、部落はこのうち四戸にすぎない。幸太郎さんが子どもの頃は三戸だというから、ふえていない。明治の終り頃、多くの者がおもに東京に出て行った。なるべく外に出てこの土地に落ち着かないこと。土地がなく、食っていけないということもあるが、この場所にいれば、終生部落民としてあつかわれるということが、何よりもの理由だった。部落に生まれてきたということ、ただそこに生まれ、生きているということだけで差別を受けねばならない。人は誰でも自分の生まれ、育った土地を愛し、そこを離れて生活するようになっても、なつかしくいとしく思うものだ。だが、差別に追われ、逃げるようにして出奔して行かねばならなかった人達にとって、郷里とは何であったろうかと思うと心がふたぐ。

「すぐそこ、みなさんが入っていらしたところは、北国街道です。わしらの住いは街道ばたにあるわけですが、道が開ける前、江戸以前はむこうの山のわきにおりやした。山のわきに権現という地籍がありますが、そこにわしらは住んでいたものです。ずーっと昔の街道は、そこ、山の根の方にあった。三尺もない道幅でやしたね。大昔はみな山に住んでいたものです。それが次第に平野におりて住みつくようになった。江戸時代になって、北国街道が開かれ、こちらに移ってきたものでしょう。権現地籍の頃は一軒でやした。ここに出た時、村は全部で五軒だったそうです。わしらは一軒でやした（一軒の時からすでに屋敷神として白山権現さまを祭っていたものと思う）。

　権現地籍一帯約一万四、五千坪を、わしらの先祖が持ってやした。わしらの先祖は武士です。南北朝の戦争に負けて兄弟で逃げて来たということでやす。命をまっとうするため、いまいう権現地籍に落ち着いたのでやす。鎧・兜などありましたが、明治の初期に貧乏して塩尻の藤本質店に入れたと聞いていやす。子どもの頃には、九尺のせんだぬき（胴田貫・大太刀）が長押にかかってやした。

　とにかくひどく貧乏しやして、金になるものはみな売りとばしましたから、とことん残っていません。小諸（高橋弥右衛門家とは親戚）に残っていた文書によりますと、わしの先祖は、何でも殿さんに敵対したため、首を斬られた者があったそうです。上田城の仙石さまでしょう。

　わしの家は武士の出で、部落のお頭級よりも気位を高く持っておりやした。わしは自信をもっている。おら方が一般よりよほど古く身分も上で、差別されるどころじゃあないです。わしのひいじいさんは、それでもまだ名主をしてやした。熊吉と申しますが、金貸しをしていたほど力があったです。あんまり若い衆(息子)の使いが荒くて、ぬかの中に銭を隠して入れておったそうでやす。じいさんの太郎七は棒の名人で、逃げていくはあるか先きの犯人を、棒を投げてころばしておいて捕まえるのが上手だったと聞いてやす。

このじいさんの壮年期に御維新がありやした。その後、解放令が出て、職業を失った。腕が強いというほかは取り得がなく、その使い道をなくして、べらぼうに遊んで歩いたというこんでやす。とにかく遊廓に一カ月も入って帰ってこないという人でやした。遊ぶ方もでかかったでやす。つれあいのばあさんも働くことを知らなんだ。その息子、わしの親父幸助が死んだ時には千六百円の借金がありやした。じいさんの太郎七が馬鹿というか、好きなことをしたやつで、まあ今日でいう与太者ですね。ひいじいさんの熊吉が貸した金の証文が沢山あったのでやすが、お調子屋で馬鹿ですから、いいようにごまかされて、取られてしまいやした。わしの親父も教育を受けずじまいで、字も読めませんでしたから、証文の保管もかいもくわからなかったわけでやす。

それでこの二人して、貧乏しいしい道楽しいしい身代をつぶしちまいました。しまいには喧嘩しても、投げるべと(土くれ)もないほど貧乏したのです。わしは若い頃はずっと旅(働き)に出てやした。わしの長男は屋根ふきの瓦屋ですが、会社がつぶれてから、現在はU字溝(道路の排水溝などに使うブロックのセメント瓦の中に入れる鉄パイプ)の会社に勤めてやす。嫁は半日だけ仕事場（納屋）でU字溝の内職をしていやす。あとの半日は裏の家のかみさんが使っていやす。百姓もほんの少しやってやす」

先ほどからの、グーン・グーンという音は、U字溝の内職作業の音だったのだ。現在の四軒のうち、他の三軒は、一軒が教師、一軒は勤めに出て、妻君はU字溝の内職をしているという。もう一軒も農業をやりながら、U字溝の内職をしている。

「わしのところが本家でやす。分家は敷地内に家を建てて出しました。もとは山のわきまで自分たちの地所でしたにね。いまこの一部だけですに。白山さまもお墓も権現地籍にあったのですが、宮野鉄工ができる時、お宮もお墓も移しやした。この時お宮は村の方に合祀したのでやす。わしは合祀には反対でやした。自分たちの先祖に誇りを持っていますから。

お宮には大きな桃の木、墓にはあんずの大木がありやしたな。権現地籍の向こうに宮原地籍があった。わしらの苗字はその地籍の名を明治になってから、つけたものでやす。昔は宮原地籍も、わしら先祖が持ってやした」

お宮の合祀については、どこの部落でも年寄と若い者では気分の違いがあったようだ。若い者たちは一般に受け入れられている中での差別であったから、合祀にはもろ手をあげて賛成である。だが、年寄からの反対がある。年寄は、はじめから一般に受け入れられていなかった。もともと相手にされなかった差別である。だから、その差別のなかの精神生活の支えであったお宮さんがなくなることを、淋しく思った。身近によりどころがなくなるからだ。

「はあ、上塩尻の宮原ですか、あれはここから派遣されたものでやす。こちらが本家だがつきあいはしていません。わしらが区域をまわりかねて、わきからつれてきたもんでやす。そして上塩尻に住まわせました。今ではむこうの方がずっと多い、十五軒ですか、はあ、そんなもんですか。どこからって……どうも申しあげなきゃあいけませんか、……上田の三つ角の宮原は塩尻から出た者たちです。昔は主従関係があったが、今日では縁組もつきあいもしていません。上塩尻の芝切りといわれる種屋の藤本善衛門は大正時代に会社をたて、この一派がほとんど種屋をしてやした。上塩尻の土地半分を持ってましたが、部落は藤本が流れつく前からいたもんです。わしらの先祖はみなこの藤本に借金の担保に土地を取られてやす。

わし等が縁組をしているのは、部落のお頭筋だけでやす。小諸（高橋弥右衛門）・諏訪（成沢庄衛門）・松本（井の根）などと縁組をしてやす。関八州の『穢多頭』浅草の弾左衛門に子どもがなくて、熊吉じいさんの弟の銀次をもらいにきたそうでやす。大変名誉なことでしたが、すでに銀次は小諸に養子にやることになっており、断わりやした。結局、弾左衛門はあきらめ、松本新家町の井の根からもらって行きやした。わしの祖母も嫁も弥右衛門から来ていやす」

親鸞上人の軸

幸太郎さんは、私たちのいろんな質問の一つ一つに、古い伝承や記憶をたぐるようにして、ゆっくりと穏かな口調で話してくれた。また幸太郎さんは、仏壇の中に飾ってある親鸞上人自筆という軸を取り出して見せてくれる。幅十五糎・長さ五十糎ばかりの巻物で、もうすっかり黒ずんでしまっていたが、「南無不可思議光如来」という文字はやっと読めた。そのすぐ横には「建暦元年十一月十九日　行年三十九歳　愚禿美信」と、親鸞上人の署名がある。

「家にはたくさん古いもんもあったが、貧乏しやして、学問もなく字も読めんもんで、古い日本紙は丈夫でいいと、ふすまの下張りになっちまってます。ほとんど残っていません。ちょっとした証文の書きつけと、わしらの先祖のことを書いた系図と、この親鸞上人さまが書いたといわれる軸もみんな人手に渡って方々歩いていたもんですが、わしが買い戻しやした」

と、幸太郎さんは目をほそめて言う。

建暦元年（一二一一年）といえば、七百五十年以上も昔のことだ。愚禿美信というのは、親鸞の若い頃の名である。鎌倉時代だから、すでにこの頃に宮原さんの先祖はこの地にいたことになる。南北朝の戦争に敗れて兄弟で逃げて来たという伝承とは、少し話がずれるようだ。

親鸞上人は建暦元年十一月に、越後に向かう途中、秋和の宮原家に一夜の宿を求められた。師法然の念仏停止に連座して越後に流された時のことであろう。親鸞はこの間、愚禿と自称し、名を親鸞とあらためている。宿泊された翌日、宮原家では上人を柿石の城まで御案内したと文書（宮原家系図）にしるされていた。上人はその礼に御題目を書いて宮原家に残した。

この「南無不可思議光如来」というお題目の字とはまったくちがう見劣りのする字で、次のようなうたが書きそえてあった。

シナノニハ海ハナケレド塩尻ノ　諏訪辺ノ里ヲ浜トヲモヒシ
親鸞上人がうたったのだという伝承があり、また系図にもそうある。幸太郎さん自身も、村の老人たちも、親鸞上人の詠んだものと思い込んでいる。郷土史家の意見では、軸は本物かもしれぬが、このうたはどうも……ということだった。室町時代に御伽草子などの中でさかんに流行した歌の類であるという。後から書き入れたのではないか。海を持たぬ信州の庶民が、このはやりうたをなかなかよい歌だと感心し、親鸞上人がうたったものと、創作したのではなかろうか。流行歌の格づけをしたわけだ。山国の者にとって、海はあこがれであったろう。ありがたい上人さまの詠んだうたとして、後世の人びとに伝えようとした。軸としては台なしになってしまったが、その心がほほえましい。

宮原家の系図は二本あった。一本はすでに焦茶色になり、乾燥したカンナくずのようにバリバリとしている。手にするとくずれてしまいそう。方々破損している。あまりいたみがはげしいので、もう一本は複写させたものという。系図によると幸太郎さんの先祖は南北朝の戦乱で、大和から移ってきたことになっており、ここに落ち着いた頃は桜井の姓を名乗る源氏であった。奥州にまで戦に出向いている。

桜井勘由左衛門
奥州富岡に佐藤四郎衛門と討死
満快文行の年三十歳
二男　桜井三郎左衛門（源満秋）
建久元庚戌三月信濃国蔭取之里住居ス
元久二　八月　大水　本家宿引こし……。
建暦元　霜月一九日　柿石ノ城まで御案内仕……。

古い時代のところは、大きな事件ごとに、たとえば火事とか大水なども書き込まれている。代々の当主の名前をつらねてある家系図だ。武士の系図を示すもので、長吏の仕事をいつ頃からはじめたかその方面のことは書いてない。私たちは、いくつかの部落に伝わる系図を見たが、そのほとんどが長吏由来記で、家系ではなかった。宮原さんのは武士の家系図であり、これらとは趣を異にしている。これに似たものは、南信の伊那市手良の旧家（同じく武士の系図）にあった。

もとより私の目的は部落の伝承と口碑に反映された被差別民衆の姿をつまびらかにすることであった。幸太郎さんは自分の家系に誇りを持ち、まわりがどう見ようと、背筋をのばして今日まで生きてこられた。宮原家の家系図が本物か偽物かということは私にはあまり関心がない。

＊

東前山と別所温泉

小県郡塩田町東前山（昭和四十五年四月一日から上田市に編入）をたずねたのは、八月の暑いさかりであった。ここは養豚が盛んで、解放同盟の支部活動も充実して行なわれている。汗を流し流し、照り返しの強い県道を急いでいると、砂煙をあげて小型トラックが急停車した。窓からひょっくら顔を出したのは支部長さんだった。私たちを迎えに来たところだという。さっそく乗せてもらう。

一年前に新築した同和会館は、なかなか立派なものだ。すでに何人か集まっていた。何回か会ったことのある、婦人部長をつとめていたあや子さんが、にこにこして、

「うちの彼氏よ」

と御主人を紹介してくれた。娘を嫁にやるほどの年齢だが、あや子さんは若々しい。

東前山では最年長の孫市さんが、ぶどうの荷造りをしていたところだと、手拭で顔の汗をぬぐいながら入ってきた。明治二十年生れというから八十三歳である。跡とりの長男を昨年亡くし、孫にも先立たれた。

「この齢で一家の柱なもんで」

孫市さんは、歯こそ完全ではないが、まだまだの元気いっぱいである。頭はすっかり禿《は》げて色よく陽焼けしていた。好々爺といった感じだ。

「年寄りから聞いた話だが、わしらの村（部落）のはじまりは、美濃の国から侍が落ちてきたっちゅうこんです。落ち人の侍は兄弟で、七右衛門と太郎兵といった。七右衛門の方が兄貴だと聞かされたが、どうもわしが思うに太郎兵の方が兄貴らしいわね。年寄りはおらほが古いわといいたがるもんです」

孫市さんは笑いながらいう。このことは、後で菩提寺の竜光院の過去帳を見て、太郎兵の方が兄であることがわかった。

「ここには北条氏の塩田城があり、北条氏が鎌倉時代に亡びると、村上氏の代官である福沢某が入城してここを治めたわけだに。だから東前山は城下町で、山の上に行くと、本町とか横町とかいう名がありますな。町の上の方にあった村の入口を部落が守っていたんではないかな。そうすると鎌倉時代からわしら先祖はいたわけだに。たまたま侍をやっていたこんがあるっちゅうこんで、長吏の仕事をさせたんじゃあねえか。わしはそう思う。

江戸の末は十五戸か十六戸で、大正には三十戸位になっていたっけな。現在は五十戸ですに、一般は百三十五戸。

ここと別所（別所温泉のあるところ）の関係はだな、文書があったけえが、いまじゃあ行方不明になってんじゃあねえか。わしどももみんな見てますに。江戸の末頃と思うが、この部落から別所に新兵衛という湯番を出しておった。ここから派遣したわけだに。別所と塩田（東前山は旧西塩田村前山）とは主従関係が成立していた。新兵衛は毎年盆暮の顔出しを主人のところにする習わしだったんだに。何代目かの新兵衛に腕達者がいて、こんなことは馬鹿馬鹿しいと思ったんだな、顔出しをしなくなった。そこで塩田の主人の方が怒っちまってごたごたになり、文句が出て、八木沢の割判（庄屋）が仲に入って、新兵衛に二両出させて別所との主従の縁を切ったんです。この時に新兵衛がこちらの部落に出した証文には、太郎兵・七右衛門・紋之丈の三人宛になっていた。紋之丈はわしの先祖だが、二つ名前を持っていて、紋之丈の方はお上用の名だろうに」

湯番の仕事は、最後の古い湯を落し、風呂場を洗い、新しい湯を入れる。他の部落でもそうだが、派遣されて出た方を譜代と呼んで、親部落は少々威張った感じである。別所の方が塩田より格が下だという向きが、現在でもかなり強く残っているようだ。特に縁組はしない傾向が強い。

「今じゃあ、別所の方が景気がいいんじゃあねえか、ハッハハ……」

と支部長さんが笑うと、みな同感だという顔だ。

保野からわざわざ来た富次さんは次のように話してくれた。

「わしのところの保野も東前山から出たもんです。わしは別所の下野で生まれたが、保野のことを、東前山の部落から一軒、お宮について出たと聞いています。東前山のお宮は塩野神社で保野のお宮は塩之入神社ですに。神社の庭掃きだったということです。保野は現在七軒になってます。

祇園祭には、わしらが太鼓をしょった。太鼓免という地籍があります。白山社は同仁会の初期に合祀したです。二人がかりで抱える大きなひもろの木があったが、それを切って、池の土井の枠にした。保野には貯水池がなかったのを、部落の力で作ったわけですに。明治以前は竹之内という名字でしたが、明治になって苗字をとどける時、竹内に略したんです。竹之内はよすぎるっていうこんです。

わしらん方では示談講とも報恩講ともいってますが、十四小会からなっていますに。八部落（裏里・川辺・御所・中之条・川西・せいじ・田中・保野）が寄って作っています。東本願寺の二代前の御聖人が書いた『南無阿弥陀仏』の掛軸をかけて念仏を唱え、京都から招いた坊さんの説教を聞く。毎年一回やってますに。耶蘇教の御禁制がやかましくなった時、菩提寺をきめなきゃあならんかって、それ以来ずっと上田の向源寺だったんですが、長い間きらわれ、差別されて、とうとう明治の終りに小諸の応興寺に移りましたに。遠くてかなわんです。向源寺は千軒寺（檀家千軒）と誇ってました」

村の教師と部落の子ども

孫市さんが、子どもの頃の話をしてくれた。つい昨日のことを聞くような気がしてくる。

「わしは一人子で、親父は文盲だから学校には出したわね。部落の子どもは四年の尋常科を卒業するのがやっとで、まあ満足に出たもんは少ないに。家で使われる。また口減らしのために子どもはどんどん百姓家に子守りに出されたでな。一般のもんでもわしらの頃は、尋常四年の時四十人だったが高等科へは二十七、八人しか行かない。それが卒業の時は十八、九人になっていた。

わしゃ高等科に行くと旅行があるんだが、心配してな。部落のもんとは一緒に寝るのをやだがるちゅうこんを聞いてたもんでな。だがわしにはそういうことはなかった。たぶん勉強もできたし、腕力もあったからだろう。

校長は上田の士族で佃元次郎といって、話のわかる人格者だったわね。しかし差別をする教師もいたな。わしの家の裏に大きな柿の木があって、秋口になるとみごとな実を沢山つけた。旅行には組の子がみんなで柿を取りに来て、それを持ってくのが習慣だった。この頃は旅行といっても、柿でも持ってけばいい時代だったからな。旅行に行って、みんながその柿をくっていると、担任の宮沢加八郎が〈わしにもひとつくれろ〉といってたべた。〈これはうまい、どこの家の柿だ〉というので、友達が〈孫市のとこのだ〉というと、たべかけた柿を投げ捨ててな。友達も一瞬変な感じになったわね。その時、この教師はつまらんやつだと思って軽蔑した。わしの経験からいうと、立派な人間ほど、そういう態度はしないもんだ。

高等科二年で昔の中学に受験できる。京都大学を病気で中退した、愛知県から来た中根好美先生が非常に理解ある人だった。面倒みてやるから中学受けてみろといわれたが、親父が首をたてにふらずあきらめたこんだ。中根先生は変わった人で、後に手風琴を弾いて、日本薬堂の薬を売って歩いんでたに。

わしは学校では特に歴史が好きで得意だったに、子どもながらにも部落の歴史が知りたくて、先祖は何であったか勉強したもんだ。ある者の話では、帰化人だという。帰化人ならすぐれているじゃないかと思ったりした。子どもの頃の勉強だが、帰化した者はあるが、それが部落民の先祖であるかどうかは、わかろうはずがないという結論だったに。それでも特別に差別される理由はないという自信は持てたな。

妻のとみは、この部落の出ですに。親父は禰津《ねつ》の種屋成沢与右衛門の娘を嫁にと取りきめておった。来年には結婚させるといってた矢先き、わしが二十三歳、とみが十九歳で、まあ駈け落ち結婚ですな。子どももできちまっていて、好いたもん同士の結婚が一番いいとなった。親父とはしばらくまずい間になっちまったがね。当時、種屋といえば肩で風を切って歩くほどの大尽でしたに。わしの家は父が放漫で借金もあり、種屋とは釣り合いがとれないと思ったですに。わしはうんと貧乏人から嫁をもらおうと、親父に反発していたですに。

　子どもは男が三人あったが、戦争中に二人は戦地、一人は徴用に引っぱられ、人手に困って田を少し手離したわね。現在は田を七百坪、畑は千二百坪耕作してますに。昔と今といちばん変わったというのは、やっぱり食い物がよくなったこんでしょうね。それに労働時間が短くなった。昔は十二時まで夜なべせな食えんかったでな。仕事の内容も、わら仕事から日よっとり、そして今じゃあ工場へ行くようになったでな。昔は田畑もなかなか貸してもらえなかったで。それ以前の大昔はどうだったんだろうなあ……」

お仲間一揆

「青木の百姓一揆かね、青木村から一揆が起こって、上田まで乗り込んだっちゅうやつな。佐久から来た方の暴徒が焼き打ちなんぞして強く荒したちゅうこんだ。明治二年だったかね、江戸の終り頃かな。

部落は差別されてたから、一揆の仲間に入れてもらえんかったじゃあないかね。何かおっかないもんちが通るちゅうくらいのことでな。酒屋、種屋、庄屋が焼き打ちにあったわね。生糸が盛んになって、藩に金がなくなって、百姓をけしかけて、やらねえと首だぞとおどして一揆を起こさせたというこんだ。

これとちがうが、わしらの方の〈お仲間一揆〉ちゅうのを聞いてますね。これは部落民の一揆のこんです。上田の坂下、諏訪部の部落はこの辺のエタ頭で、横暴をきわめていた。年貢取立てのピンハネをしたり、割当てを強要したり、とにかくわがまま放題でエタ下を苦しめたそうな。

ひとつにこんな話がある。坂下の部落の者だけは羽織を着てよいが、他の部落の者はいけない。それでエタ下の部落の者は、羽織を着て上田に行くのに、上田橋の手前で羽織を脱いでふところに入れ、隠して坂下を通っちゅうこんだ。そして上田の町に入ったら羽織を着て、帰りには坂下を通る時だけまた脱いでくるといったふうだ。

坂下のエタ頭の横暴に対して、エタ下が一揆を起こした。起こしたもののどのように抵抗したんかはわからねえわなあ。一揆は浦里あたりから出て、中之条あたりでチンプンカンプンでわからなくなったちゅうこんだ。みじめも度を過ぎると、あれですなあ、抵抗する力にならんですわなあ。よっぽどの元気もんがおらんとなあ。
この部落は、大正七年の米騒動の時も、直接的には立ち上がらんかった。生活は苦しかったが、この部落は仁心ですからに。穏かで、騒いでみてもどうしようもないという、あきらめですわな。米はなかったけえが、まあ麦ぐらいは自前であったですに」

孫市さんの話し方は、淡々としていた。

「戦争には負けてよかったと思っとります。勝っていたら領土が広くなって、それでうるおうのは軍閥に財閥で、わしらが楽になるわけでなし、かえって鳴り物入りで引っぱり出されて、満州とか支那とかで働かされるのではないかね。

戦後は農地解放で、はじめて自作農になりましたに。不在地主がいたですから。それでも地主の取り上げがはげしく、それと闘わねばならんかった。彼らは高給とって楽な職業についていたから、戦争中は人手不足で部落民にも小作に出していたわね。それより前の時代は、部落民は小作にもなれんかった。だからもう、ひどかったわけだに。

差別はねえ、六十前後の人までが、かたづかなきゃあ、なくならんだろうと思う。非常に親しくしている人で、飲み食いも心やすくしているが、わしがある日その家に行った時、煮豆を手塩皿に取って出された。お茶が終って家族のもんのは残りを元のどんぶりにあけたが、わしのは別にされたに。そこのばあさんがやったんだがな。ああ、口ではいいこと言っとるが、まだまだだなあと思ったわね。時の力を待つよりなあ、仕方なしだわね。

楽しみねえ、子どもの頃は盆と正月、何よりも魚と餅が食えるからでやしたなあ。若者になってからは、女買いが楽しみで、上田の遊廓に行ったわね。おそくなって、客がいない頃だと、三人で一両持ってけば遊べたでな。学校を卒業してからは、部落のもんは部落のもんとしか遊ばなんだ。一般のもんとは口もきかなんだわね。遊廓には差別はない。金さえ出しゃあ、何でもオーケーでしたわね。こんなうたがはやったでないかね。

ちょ・ちょ・ちょでごあす
り・り・りでごあす
なんでもいいでごあす
金さえ・あれば……」

孫市さんは、最後にせつないことはやはり子どもや孫に先立たれたことだという。現在の楽しみは短歌を五、六年前からはじめた。動機は町報に出ている短歌を見て、これならわしにも作れそうだと思った。生活の実感を下手でもうたっていきたいという。

貧しさに、こらえがたきをこらえきて茶をしたしむ齢《れい》となりぬ

八十三歳の孫市さんは、これから出荷に出かけるのだと、紺の股引姿の足どりも軽く帰って行った。腰は少しまがっているが、その後姿に、私は労働している者のみが持ちつづける精気を感じた。

水平社三人組

孫市さんに代表される、仁心の気風を持つ東前山部落に、三人の型破りの元気者がいた。竹内万之助、登一、音治さんの水平社三人組と呼ばれた人たちである。その中の音治さんからも、同和会館で話を聞くことができた。音治さんは明治三十三年生れで、孫市さんからは一世代後輩にあたる。

「この部落は、わしの子どもの頃は〝藤ノ木〟という区だったわ。部落にある碑の前に大きな藤の木があったからだ。わしが水平社を知ったのは十七、八歳の頃だったか。気のあう同年輩の若い衆に、万公（万之助）がいて、やつはわしより二つ年上だった。登一は同級生で仲がよかった。万之助は七年前に中風で先に死んじまったが、こいつが一番最初に水平社に関心を持った。佐久の方に親戚があったし、何せむこうが水平社は本家だからな。そっちの方から感化されたらしい。朝倉さん（長野県における水平社の指導者）とも遠い縁続きで、女房は武石（小県郡）の人だったわね。

大正八、九年ね、当時消防に入っていたのは、万之助と登一とわしぐらいだった。大部分の者は入ってなかったわな。わしら部落の者は、三人とも現場桶（水を運ぶ車）の係だった。他の係は部落の人間にはやらせなんだ。いつまでもこんな仕事じゃ面白くない。馬鹿馬鹿しいので、三人して消防組の責任者をやってた部長の滝沢明さんとこに乗り込んでいったわね。

〈どうも面白くねえ、明さん、おら悪いけんどな、明日は出初式だが、現場桶ひくのなんかまっぴらだ。明日は消防に参加しねえから〉

〈そりゃあおい、困るわ、おまえがたの要求があれば後で何でも聞いてやるからとにかく明日は出てくれ〉

〈ほんとに聞くか〉

〈聞く〉

〈それじゃあ現場桶を先頭に立たせろ〉

〈そりゃあ困る。わしの意見じゃあできねえ〉

〈困るんだらあとでいい。そのかわり、明日出初式が終ったら、すぐ消防の寄りあいを開いて、小頭などは別として、あとの小役はいっさいくじ引きにする。そうすれば現場桶だろうと梯子だろうと、さっぱりかまわない、なんでもやる〉

とまあ、こんなこんで話し合いをつけたんで、小頭など役の方は器量器量でやるより仕方がないが、ほかの小役は、平等にしろというわけなんだ。

出初式の前日に話を持ち出したのは、うまい手だったわね。そういうことは三人して考え出したわね。何せ元気もよく、気もあう仲だったでね。水平社運動の戦術から学んだわけだ。深川武さんという人が東京から本を送ってくれていたんで、各地の実践活動がわかってた。わしが水平社に共鳴したのは、団体が大きければ応援してもらえると思ったからで、日頃持ってる問題を団体の力を借りて解決しようと考えた。

塩野神社の御神体は大黒さんということで、六十年に一度のお祭がある。消防じゃ花火の警戒にあたったが、終って一杯飲むんだが、わんだれ（お前達）は酒持っていってあっちでやれ、という。場所を別にさせられる。面白くねえ、これはどうにかしなけりゃあいけねえと思ってた。いつか困らせてやれと腹にすえかねてたからな。それが出初式の要求になったわけだに」

山林伐採権の平等を闘う

「西塩田の山問題が持ち上がったのは、昭和二年の秋十一月だったな。子どもの頃から山のことは気にしていたわね。藤ノ木の行政権は認められていない。山というのは、この同和会館の前にある向山のことだ。昔からの官有林で、部落の者はそこへ薪取りに行ってた。これが払い下げになった。部落の者も苦しい思いをし、夜なべで草履づくりをして資金を負担した。この時に区からやっと山の一部を部落のものとして与えられた。一般の十分の一位、それも石の多い、悪い場所だったに。

ところが時代がたって、人数がふえても、割り前は昔と変わんねえから、薪《たきぎ》が足りなくなった。一般と部落の持ち分が不平等なんだ。そこでわしら水平社三人組が、やらねばならんと考えたわけだに。山の権利を平等に認めさせねばならん。

当時、藤ノ木は三十戸だが、水平社に入ってるのはわしら三人きり、他は全部同仁会員だ。勝てる見込みはあるとは言えなかったでね。ぜったい勝てるという確信はなかった。昨日の誓約書が今日破られるといった、きびしい連続だったからな。

万之助は水平社の執行委員をしていたがな。万公は強情者で、どんな者でも喧嘩の相手にしちまう。なりは小さいが、がむしゃらで腕ずくでいく方だった。それで友情がとうてもあつい方だった。登一はふだんはおとなしかったが弁が立ち、誰を相手にしても交渉ではおくれをとらなんだ。説明の内容はまあ若かったので乏しかったと思うが、口がまわったな。わしはその中間派で、仲間のブレーキをかける役割をした。なだめ役だったわね。まあ三人三様の役割をもっていたわけだわ。

まず差別を取除くには水平社に入ることだ、といって歩いたわね。同じ部落でも、〈野郎ども、そのうちひどい目にあうぞ、あんな運動しているうちに監獄へぶっこまれるぞ〉

という風潮があって、わしら危険思想の持ち主と思われてたな。山問題を取り上げることになって、一戸一戸、

〈おら馬鹿げていると思うが、お前どうだ〉

と相談かけたが、すぐ応じる者はいなかったな。一応相談かけたんだから、水平社にた

のもう、それで応援得られなんだらそれでも結構じゃあねえか、やるだけやろう。おらたち三人はまだ若いし、死にたくはねえから、だめになったらかかあ連れて夜逃げしよう、ということで腹をきめた。わしはかかあ持ったばかりでしたがね。わりあいと協力的だった。かかあの方は夜逃げにはなるまいと思ってたんではねえかなあ。

三人はまず区の評議員十人の一人一人に、このような不平等はよいか悪いか毎晩のように聞いてまわった。どいつもまずいこんだという。だがおれ一人ばかしじゃあどうにもならんということだ。そのうち、藤ノ木青年会もわしらに応援してくれるようになった。闘争は約一カ月つづいたわね。

白山社の庭で篝火《かがりび》を焚いて野外演説会をしようとしたら、外は寒いので寛次郎さんが、おらちを貸すからというこんで、お世話になった。これは同仁会の人が積極的にやってくれて、満員の盛況だった。集まったのは部落の人ばかりだが、二十五、六人じゃあなかったか。六畳間をとっぱらってやった。水平社三人組の馬力より、寛次郎さんの顔だったと思う。わしも演説した。

〈山はなあ、おめたちの知ってるとおり、昔の人が草履作ったり、わらじ作ったりして、兎のような目して、夜を明かして、山の資金を出し合ったもんだ。だから当然おらにも平等の権利がある。十人いれば十人分あっていいはずだ。奪還しようじゃあねえか〉

ってな。奪還かね、こういう言葉は本で覚えたね。こういう言葉を使うで、警察のやつらは、つまらねえ野郎どもだ、らっちもねえ（無駄なこと）本なんかみて小理屈ぬかしやがってと、文句つかれたわね。ハッハッハ……。

集まった人の四分の一位は協力してくれたかな。他の者は、〈わんだれと協力することはできねえ、そんな敷居の高くなることはいやだ〉ちゅうこんだ。部落の衆は一般の百姓家へ日よっとりに出ていたから、こんなことい出したら行きづらくなるっちゅうこんでねえ。不平等の取扱いには反対には反対でしたよ。反対と、それをはねのけるっちゅうこんとはべつだからな。

それからまた三人が中心になって、先へ立って、毎晩、区の評議員のところをまわった。昭和三年十一月十七日の信毎（信濃毎日新聞）に、十六日の晩の集会のことが出てね、〈夜の枯野原に悲壮な叫び〉とかいう見出しでね、これは雨の宮の小山薫さんが書かせたって聞いてる。

小山さんは、山問題では最初の段階から応援に来て、指導してくれた。わしは今でも小山さんを尊敬してる。あの人のおかげで、わしら三家族、夜逃げせんですんだからなあ。山も返してもらったし。小山さんは当時四十二、三歳だったか、大柄でたのもしい人だった。四日に一度ぐらい日帰りで来てくれてたわ。

小山さんは、はなやかな戦術がうまい人だったわね。一人で百人分も二百人分もの力を出した。その小山さんも水平社という団体からはずれて、一人で立っていた。本当は

内心では心細かったと思う。小山さんは、はじめ電報戦術でおどした。古い電報だかを持ってきて
〈そうら電報が来たぞ、今どこそこからトラックに米を積んで応援にむかっている。応援がつく前に解決しないと大変な騒ぎになる。どうする？　一時間後までに答を出せ！〉

といった調子だった。

部落の指導者層は、同仁会の力を借りるといい、水平社の力を借りる借りないで、だいぶもめたわね。結局、水平社三人組が先頭になって闘いを展開したんだがね。当時は佐久で水平社の焼き打ち事件があったりして、みんな水平社を恐がってた。

「一般」のボスのはぜかけ（刈り取った稲を干す支え木）の稲に水をかけたり、特にガンになっているボスの家のものをねらってやった。春に新植した桑を引っこぬいたり、桐や柿の木を切り倒したり、いやがらせをしましたわね。早朝か夜のうちにやるので誰がやったかわからなんだ。若い連中はづく（マメによく体を動かす）があったでね。革新的な人でも協力を得られなかったボスは困らせてやった。

小山さんのやり口はドスがきいていて、何でもいいから警察を呼んでおけというので、別所の桑沢という巡査に電報を打って来てもらう。小山さんは巡査にのしかかるようなかっこうで、どうだ、一部始終若衆からきいたかね、それで差別があった内容がわかっ

たろう、という。桑沢が、多少なあというと、多少だけか！　というぐあいでしたな。あの人は喧嘩に強い人だわ」

同仁会と水平社

「問題解決の発端は、宣伝ビラを全戸七、八十戸に入れたことだった。文章は三人で考え、印刷は万之助が引き受けてやったわね。夜、寝静まってから、戸の前にビラを小石で重しをしておいた。朝起きると、白い紙が霜をかぶってヒラヒラしておる。みな驚いて手に取って読んだ。これは非常に効いたなあ。青年たちが手わけをしてくばった。座敷の戸を開けて投げ込んでくるかという意見もあったが、喧嘩の最中なのでことを荒だてではいけねえと思った。また住居侵入罪ということもあるのでひかえた。

批判大会が十一月十六日の夜で、解決したのは十二月二十一日だった。闘いは勝利した。山の権利は完全に平等を認めさせた。だが依然として水平社員は三人だった。

「一般」の衆は、あんな野郎どものこんだ、いつか棒ぶち（棒で打たれる）にでも合うかもしれねえといって、わざわざわしどもの家を遠まわりして通ったこんだ。わしらは手出しはしなんだ、暴力はおいとけよとお互いに戒しめ合っていたからな。三人の覚悟はきまっていた。とことんまでやっちゃおうというこんだった。

闘争中の生活はくうやくわずだったたな。ここにいる孫市さんのじいさんの桑畑のすみを借りて、野沢菜を作ってたが、かかあに洗っとけといったものの、塩を買う金がなくて、お菜をつけることができなんだ。菜を枯らせて黄色くさせちまってなあ。そのくらい生活は窮してたわね。活動で明け暮れて仕事にならんかったから。兄こおに塩買うから金をくれと言ったら、われみたいなもんは塩の銭ないのは当然だわ、と断わられたで。同じ兄弟でこうでしたからなあ。他の衆は、野郎どもやったわな、ということぐらいでした。はじめから積極的な協力は得られなんで、仕方なかった。

それでも勝利の手打ち式はうれしかったな。一般も部落もみな集会所に集まって、酒を飲んで祝った。家に帰って、われも喜べ、村にいられるようになったと、かかあと喜んだこんです」

孫市さんは、当時、同仁会員であり、音治さんらの若い衆に突き上げられて動いた側だった。一般との調停に部落側として印をおした中の一人である。同席していた孫市さんは、水平社について次のように語った。

「ここの部落の人が水平社を避けた理由だが、何よりも官憲の弾圧がひどくて部落民はおびえていた。腹の中ではいいことやってくれると思ってたが、水平社にはついていけないという気持だった。さわらぬ神にたたりなしというぐあいだ。佐久の竹槍事件（第三部・沓沢闘争、参照）などがあったからな。

同仁会の改善事業、つまり金に魅力があった。また一般が一緒にやってくれるというのが有難かった、誇りに思ったのではないか。しかし大半は、後々に同仁会にはいや気がさしていったわね。われわれの問題を踏み台にして、指導者は偉くなっていく。お役人やボスの売名行為に気づいたからな。結局、他人の手をかりて解放運動をやるというのは本物ではない、自分のこんは自分でやるという姿勢が大切だというこんがわかった」

音治さんは、今は運動から離れているのでわからないが、昔とくらべて見ると、今の解放運動は同仁会の運動に似ている、というきびしい批評だった。しかし現在はこれ一本しかなく、これでやっていくより他はないだろうが、もっと若い人が参加できる運動にしなくちゃならぬという。

私たちは帰り道、前山の人たちと一緒に、菩提寺の竜光院、宝珠山に出かけた。竜光院は部落からずっと山の方へ登って行く。かなりの坂道だった。竜光院の和尚さんは、なかなか気さくな人で、他では見せてもらえなかった過去帳を、かなり古いところから見ることができた。この寺は北条国時によって開基されたが、その後衰微し、慶長六年（一六〇一年）曹洞宗として開山した。過去帳は延宝六年（一六七八年）から整理されて残っている。今から二百九十年位前である。

当時は、一般と部落は一緒の過去帳になっていた。例えば、天和三年（一六八三年）壬戌（マヽ）年　妙鑑禅定居　竹之内庄ゑ姉　といったように、差別はない。苗字は竹之内になっている。その後、享保十四年（一七二九年）六月から、一般と分けてある。「穢多過去帳当座控、宝珠山副」となっていた。この頃、幕府からのお達しがあったのだろう、差別行政が強化されてきたことがわかる。例えば、天保五年四月三日　生道男　というように、戒名といえるかどうかわからないものだ。禅定門とか信女とかとつけられた戒名はない。

明治九年からは戒名も四字になっていた。しかし、過去帳は一般とは別で、これが太平洋戦争中までつづいていた。戦争中、満州開拓などの義勇軍で戦没した者は、部落民でも最高の戒名がついている。昭和二十九年まで「穢多過去帳」は活用され、事実上は三十一年から一般と一緒になった。

＊

浅間温泉の人びと

温泉町は夜のふけるのがおそい。幾つかの共同風呂の湯けむりが、夜のネオンをくもらせていた。丁度えびす講で、町はにぎやかである。湯の中へかけ込みたくなるような、冷え込みのきびしい夜だった。

信州の人は、どうしてこう寒さに強いのだろう。外も内もあまり変わりない温度である。もちろん、ストーブなどない。私はオーバーを着たまま、炬燵に入る。筆記する右の手首の神経痛がうずき出す。だが、この家の御主人操さんは、裕一枚であった。半纏も着ていない。

東筑摩郡本郷村浅間堀道、浅間全体は千二百戸、堀道は三十戸、うち部落は十一戸である。離れたところに新宅で四戸でている。ここの部落は松本市岡田から分かれてきたものという。

「浅間の温泉が出てにぎやかになり、派遣されてきたんでしょうな。はじめは二軒で、又佐衛門川成といい、わしの先祖で、家号を東といいました。もう一軒は助三さんの先祖で、西という屋号の家です。岡田から分かれてくる時に運んだという古い墓石が二基ありますが、何でも元禄以前の年号が刻まれとります。二軒が各々の先祖の墓を運んできたんでしょうな。本家の岡田よりこっちの方が盛んになったんですわね。

岡田の方は、善光寺とその脇街道の宿場でした。松本領と天領の境で、重要な場所に宿場を作って、わしどもをおいたんですなあ。浅間にいつ派遣されたかわかりませんが、はじめは岡田から通っていたらしいですに。

私どもの姓は、江戸時代から持ってましたに。昔あしの田に大蛇が住んでいて、附近の人たちに迷惑をかけた。これを武士であるわしどもの先祖が退治したんです。その恩賞として松本の殿さまから、苗字と小笠原の紋と蛇切丸の銘一刀をいただいたちゅうこんです。その文書は岡田の方に残っとるそうです。わしの家は川成を代々襲名してきているのですが、一説には松本城の堀の清掃にあたったとも聞いています。家紋は松本の殿さま、小笠原の紋と同じです」

操さんはこういって、高張提燈を出してきて、小笠原家の紋と同じという紋を見せてくれた。

「伝承では、わしらの先祖は小笠原の家老をやっていた時、小笠原の奥方と密通したのが明るみになり、追放されたのです。打ち首になるところを逃れるために、下層の人たちの中へもぐり込んだというこんです。他の一説は、小笠原分流赤沢氏（豪族）の家来浅川氏で、ある時、殿さまの勘気にふれて下層身分に落とされたともいわれとります」

操さんは、筋肉質で上背のあるがっちりした背筋をシャンとのばし、自分たちの先祖が高貴な人たちであったことに力を入れて語る。部落の人たちは、こうした伝承を心の底から信じている。由緒ある家だったが、身分を隠すために下層の人たちの中に入ったという伝承は、他にもたくさん聞いた。

岡田から浅間に派遣されてきて、昔はどんな仕事をしていたのだろう。操さんの説明である。

「昔は長吏の仕事をしていましたに。それから温泉の清掃をやったり、人の出入りが多いから、警護の役をいろいろとしてました。行き倒れの病人の始末などでしょうな。当時、浅間には豪族の別荘があったから、警戒にあたったんですな。わしら先祖には諏訪流の木刀の免許皆伝がいて、その目録がありましたが、この家が火事になって古いものはみな失ってしまい、惜しいこんです。

わしら本家筋で、田んぼが三反ありました。他の者は持っておらず、もともと土地はわずかしか持っていなかったもんでしょう。その田んぼも明治に入って失業して、税金が払えなんで手離したということです」

部落の人たちは、江戸時代まだ浅間に住みついた者がまばらな頃から、この土地に住んでいた。一番古くからいるのに、浅間の名湯が穢れるといわれて、共同風呂に入れなかった。部落は別に湯場を建ててほしいという要求が出て、差別のもとに部落だけの湯をもらった。江戸時代のことで、これが疝気《せんき》の湯である。

「一般もふくめ、浅間中が十六軒の頃、部落は二軒でした。当時はまだ方々に湯が豊富に出ていましたに。この頃、浅間の湯の区割りをした。部落はこの居住地より二百メートル東上の疝気の湯を自分たちのものとして権利を持ちました。この時からずっと部落の者だけで入ってきたんです。今では浅間中で一番熱い湯で、疝気(神経痛・腰の痛み)によくきくよい湯ですに。

権利をずっと持ちつづけたのですが、明治に入って差別にたえられなく、わしども自分の方から権利を放棄しちまいました。このことをわし、今問題にとりあげてますに。明治になって、迫害はさらにきびしくなりました。一般から、乞食の湯、エタの湯と呼ばれてつらかったです。そんなにいわれるなら、一般の人も入ってもらって、解放して人間扱いしてもらいたい。変なふうに見られたくないというこんでした。そこで自分たちの方から、自発的に〈一緒に入ってもらいたい〉とへり下ってお願いしたわけですに。

そうして一般も入るようになったが、差別は終りませんでした。この時区に管理してもらうようになりました。現在一回二十円です。一時は部落も二十円ずつ払って入っていたが、それはおかしいというこんで、区に交渉して無料にさせました。

現在解放されている共同湯は九つ、疝気の湯以外は、昔から住んでいて持っていた人が株主になって、株式的に営業してます。しかし部落が所有権を持っていた疝気の湯だけは、区が所有権を持っています」

操さんは、所有権が部落に帰ってくるまでは、差別であるから、解放運動として闘うのだと言った。

「疝気の湯は、一分間に一斗六升湯が来ることになっているが、土・日になり、旅館に客がいっぱいになって湯が不足すると、いつのまにか一分間一斗ぐらいしか来なくなる。わしなどうるさく何回も文句をつけるのだが、月曜ごろまでつづく。湯元の蓋は重箱の蓋のようで四方にかぎがかかり、四人が鍵を持っている。四人が一緒にあけないとあかないことになっているのだが、しかし三人いれば一カ所が蝶番のようになってあいちまう。四人のうち三人が旅館主で、一人が区の人だから、よく旅館の方がごまかすんですに」

「明治時代は、農業はいまより小さい面積で小作でした。ほとんどの家で蚕を飼っていましたわね。小作だから三反作っていても一反五畝分しか自分のものになりません。一反五俵の籾《もみ》を地主に納めていました。とても苦しかった。自分のところで食べるに不足していました。日よっとりとか、旅館の仕事がいつもあり、そういう点では恵まれてました。旅館では客用の米も自分で作っていたから、畑仕事・庭仕事・建て替えの職人の手伝い・雑用がいつもありましたで。

地主は旅館の人が多く、現在、旅館は大小八十軒です。部落の者は一番古くからいるのに誰も経営にあずかっていません。その日暮しでも何とか仕事があり、平凡に暮せたから、土地への執着もなく、金を残した人もありません」

差別されたくない。ただそれだけで、持っている湯の権利までも放棄し、その日暮しを余儀なくされてきたわけである。

「春のお彼岸には東と西の二つのブロックが、日をずらして別々に先祖さまの法事をしてます。御坊《ごぼ》さまは、松本裏町の長称寺（真宗）からくる。おとりこしもやはり二つのブロックに分かれてしていますに。現在は当家をきめ、順番で一軒ずつまわる。お経があがり御坊さんのお説教を聞きます。夕方五時半頃からです。米五升を集めて、餅をついて仏壇にかざり、それを各家庭に持って帰ります。どの家でも一年一回ぐらい、御坊さま呼んで、お経をあげてもらい、お説教を聞いているようです。信仰心はあついですに。御坊さまに〈浅間は数が少ないがよく来る〉といわれとります」

まだまだ話しはつきなかったが、私たちは最終列車に乗りおくれまいと、しんしんと冷え込むネオンの温泉町を後にした。

＊

民話を生んだ人びと

十一月の松本平を吹く風は、切るように冷めたい。昼は南安曇郡豊科町真々部へ、夜には東筑摩郡明科町塔ノ原へむかう。

次の部落から次の部落へ、そして最終の汽車で長野市まで帰らねばならない。明朝には解放同盟の仕事が中山さんを待っているからだ。二時間に一本位のバスの時間ぎりぎりまで話し込むので、移動しているときは非常にスピードを要求される。

中山さんの足は、おどろくほど早い。バスを乗りついで、真々部から塔ノ原の旧家、忠五郎さん宅におじゃまする。

忠五郎さんは六十七歳、入婿である。妻のきわえさんは六十四歳という。若い夫婦は店の方（食肉店）からまだ帰っていなかった。私たちの来訪を待っていたきわえさんは、さっそく炬燵の火をさかんにして、熱い茶を入れてくれる。

「わしらの家号は〈デエ〉ですに、光の部落（塔ノ原から一番近い部落）にも〈デエ〉という家がありやすわなあ。何代か前に、兄の方の彦十郎と弟の彦四郎がこの家に境をして一緒に住んでましたに。はあ、兄の方は台所の方に住んでいたから〈出〉といったんじゃあないかね。弟の方の屋号は山福ですい」

ときわえさんはいう。〈デエ〉というのは、正室、天皇が正客を出迎える部屋のことで、本家のことだ。この部落の屋号は、この他に北屋、新屋、板屋、茶屋、久保田屋などである。

忠五郎さんの家は、明治になるまで、代々彦十郎を襲名している。天保七年三月二十一日に八十歳で死んだ彦十郎は、生きているうちに自分の位牌を作っていた。自分で命名した戒名は〈彦十郎久清剣術居士〉である。逆算すると宝暦六年（一七五六年）に生まれたことになる。この彦十郎は剣術の腕ききであった。佐賀の鍋島家の宝剣を盗んだ大泥棒が信州まで逃げて来て、犀の宮の縁の下に隠れていた（塔ノ原から七、八百メートル離れたところにある）。この大泥棒を彦十郎が捕えた。褒美に松本の殿さま、松平さまから白岩という苗字をいただき、同時に二本差しを許されたという。明治まで白岩と名乗っていたが、明治二年に苗字を変えている。裏面に明治二年までは白岩と申すと書いてある位牌があった。

「何故変えたか、わかりませんなあ。大泥棒を捕えた彦十郎じいさんの頃は、部落はせいぜい三軒か、多くて五軒ぐらいだったと思いやす」

と、忠五郎さんはいう。忠五郎さんはその昔、水平運動にも参加した古強者である。今は血圧が高く、静養しながら、近所の人の世話をやくのを隠居仕事としている。

「この彦十郎じいやにまつわる話は、いくらもありますに。彦十郎は常に家を空けて、旅に出てやしてな、剣術の達人だったから、腕をみがいて、渡り歩いていたわけですに。このじいやんは御嶽教の熱心な信者で、易もみていたですちゅうに。信心のあつい人で、生きものを憐み、家にいた猫をたいそう可愛がっていましたですい。

あんた方、猫が化けるっちゅう話をよく聞きますなあ、うちにいた猫が化けた話なんですい。この猫を、〝おば〟と名づけ呼ばってました。彦十郎は、〝おば〟を可愛がっていたから、彦十郎が腹を病むと腹をさすってくれる。大変賢い猫だったですに。彦十郎の方も常々、この猫は利巧すぎてあやしいと思っていたでやす。ある晩〝おば〟の様子がどうもおかしいんでやす。変だと思って〝おば〟の後をつけたですい。〝おば〟は潮のお宮（潮神明宮）へ入って行った。お宮には近所中の猫が集まって、猫の芝居がはじまるところですっちゅうに。

〈みんな集まったようだから、さて芝居をはじめようや〉と一匹の猫がいったら、〈ちょっと待ってくれ、まだ彦十郎が来ていない〉と一匹の猫が答えたですと。猫は飼い主の名で呼ばっとります。この時うちの猫〝おば〟は座元でしたと。一番おくれて〝おば〟がついた。その時〝おば〟がいうことに〈早く来ようと思っていたのだが、今夜はお客が来ちまって、早く来られなんだ〉といいわけをしてますちゅう。まるで人間がしゃべるように猫がいうんだそうですい。化けてますからになあ。猫は一番最後に残りものをもらってごはんになるから〝おば〟はおくれちまった。〝おば〟は一番上座に坐ったというこんですい。これを見とどけた彦十郎は、どうも賢すぎると思ったが、もうこれ以上家においておくわけにはいかないと思ったですい。家に帰って翌日、彦十郎は〝おば〟によくよく言いきかせたですい。〈お前は出世したのだから、今日かぎりで出ていってくれ〉とな。

〝おば〟はニャオ・ニャオと鳴いて淋しがったが、そのまま彦十郎のいうことを聞いて消えていったですい。この時から三年して、彦十郎が犀川の向こうの押野の山へ、きのこをとりに行った時ですい。この時ニャオ・ニャオというので見ると、藪の中から〝おば〟が出てきて彦十郎の足になつかしそうにまきつきますに。彦十郎が〈〝おば〟ではないか、よく達者でいてくれたな〉と頭をさすってやると、しばらくして、ひとっきり姿を消したですい。そして今度は大きな雉子《きじ》を一羽くわえて現われた。彦十郎が〈お前は恩を忘れていないな〉といってやると、それっきり〝おば〟は姿を消して、現われることなかったんですい」

きわえさんは、とぎれなく話す。忠五郎さんが話し出すと、家つき娘だったきわえさんは横から口をはさみ、話を取ってしまう。子どもの頃から年寄りに幾度も聞かされながら育ってきた、親しみのある話だからだろう。

「おからこさまに魂が乗り移ったちゅう話もありますに。おからこさまというのは、昔よくあった二尺ぐらいの箱に入った日本人形ですに。彦十郎はおからこさまを大事にして、夏には浴衣、冬になると袷を着せ、三尺帯も結んでくれていたそうですに。巾着なんぞも作って持たせてあった。まあ生きている赤子のように可愛がったんですわなあ。

　彦十郎はおからこに、〈どこそこへ行ってくるから番してろよ〉といって出かけていたです。そのうちにおからこに魂が乗り移っちまった。ある日、六部さま（行脚僧）がノノさまを背負って、彦十郎の留守に戸を開けたですい。するとおからこが〈いない、いない、来ちゃあいけない〉と手を横にふったんですに。もう六部さまはびっくらこいちまって、逃げて出てきたそうな。そして彦十郎のおからこは生きていると、よそにふれ歩いたですい。方々で評判になっちまった。

　またある時、彦十郎の留守に、おからこは流しに水のみにおりてきた。そして台所でころんで、額を打って血を出してたそうですい。気味が悪くなって、光の寺の金仏さまにあげときやした。今でもこのおからこを金仏さまだいていやす」

信心のあるじいやんだったのだろうと、忠五郎さんもきわえさんの話に言葉をそえた。

この部落では氏神を白山さまとはいわない。大神宮さまと呼んでいる。三月十日が祭で、この時庚申さまも一緒に祭る。合祀をしろとすすめられたが、部落の方が断わったという。部落の方が信仰があつく、同族の神さまとして大事にしていた。

「川のそばにいるが川で死んだ者もいず、鉄道のそばにいるが鉄道で死んだ者もいやせん。大神宮さまの信仰のおかげですい」

とわきえさんは熱っぽく話すのだった。

塔ノ原の菩提寺は光の宗林寺(浄土宗)である。例のおかこを抱いた金仏がある寺だ。忠五郎さんの話によると、戒名は一般と一緒に過去帳に記帳されているが、「穢多」としてあった。水平社時代、光の部落の人が行って、赤線で消してきたという。水平運動は中信では光が活発だった、と忠五郎さんは語った。

「犀の宮神社の御遷宮の時、寄附があった。その記念に寄附した人の名が石に刻まれたんですに。ふつう、名前は金額順に彫りつけてありますなあ、それが部落の者は一般より金額が高い者もいたのに、かためられて最後に金額と名前を刻んであった。明らかに差別ですに。これも水平社時代に書きなおせと糾弾しましたわ。石に刻んであるもん、どうしようもないという。全部彫り直すわけにいかない。それで頭に順序不同ときざみ込むことで了解したですに」

川筋の仕事

塔ノ原は郡境であり、川筋の部落であるから、十手をあずかりながら船頭もした。現在の職業は、商業五（食肉四、呉服一）、養鱒二、家畜商（馬喰）三、兼農三、土建とその下請十六、勤め人（日通など）四、蛇籠屋三。

土建の平土方の賃金は一日千五百円位である。蛇籠は石工ともいい、川の土手や堤防に使う籠の中に石が入ったものだ。腕のよい者は一日二千円から五千円は稼げるという。

この他に、通船の船頭と、犀川相手の漁夫がいた。発電所が出来、時代の流れと共に川も自然の川でなくなり、蛇籠屋を残して、これらの仕事は大正時代になくなった。船頭や漁夫は、海の場合と同じで、板子一枚という暮しだったから、宵越しの金を持たないという気風が強かった。銭使いが荒く、酔っての喧嘩が毎晩のようだったという。貯蓄心にうすく、結局、船頭も漁夫も、その日暮しに追われていた。百姓は一、二戸しかなかった。土地持ちは本家筋だけだった。

当時、明科は犀川にのぞむひとつの港で、下は信州新町、上は松本との物資の運搬が盛んだった。

忠五郎さんは、通船の船頭も漁夫もやった人だ。

「春の雪どけには、岩魚、赤魚、冬になると鰍、一年中獲れたのは鯉、うなぎですに。

魚を獲ることを殺生するといいます。わしは通船で昼は商売（主に雑貨を運んだ）、夜は殺生した。川にはたんと魚がいて、鍋かけておいて、川で足洗ってる間に魚獲ってくるというぐあいでしたからなあ。今頃は農薬の関係で一匹も獲れませんですに。

鮭、鱒は十月中旬から十二月初旬まで獲れたですい。ダムができるまで獲れたな。昭和のはじめで終ったでやす。千本鮭が獲れると、のぼりをたててお祝した。わしは川をせしきって、ハッパをかけて獲ったもんだ。河原に鮭小屋を建てる。掘立て小屋ですい。火鉢を持ち込んで、ランプかローソクですわ。昔はモッコ褌《ふんどし》ひとつで川に入った。そりゃあ冷たかったわね。上は半天、胴着、魚をあげる時はビショビショですい。一時間おきに網を打つ。一回一本から三、四本とれましたな。

おとりには種魚（雌）をつけておく。下の方に雄がにおいを嗅ぎつけて集まりますい。雌より雄の方がうまいでな。卵を産んだ後の雌鮭は、ゴンボといって尾がすれてふやけたように馬鹿になっていて、パクパクやって岸にあがって自然に死にます。雄は三〇〇～三五〇グラム、雌は八〇〇グラムあるからな。四〇〇グラム位のが一番うまいんですい。一晩で十一本獲れたら、そりゃあ大喜びでした。

雌鮭は、はるか日本海から信濃川・千曲川・犀川とのぼってきて、丁度この辺で産卵期に入るんです。自分で気に入った場所をさがして雌は卵を産みつけますい。尾をふって体をすりへらし、苔など取って産みつけるところを作るんでしてな。子をするといってますに。場所が出来ると卵を産み、そのあとから必ず雄がきて白っ子をふきつけますい。雌は自分の体をおやして産卵をし、同時に生命をまっとうする。自分を犠牲にして、子どもをつくるんですなあ」

忠五郎さんは、感慨深げにいう。昔は自然に産卵は行なわれたが、今は人工的に孵化している。松本に鮭の宮があるから、その辺まで鮭は日本海から遡ってきたのだろう、明科あたりはよい漁場だった。獲れた魚は松本から毎朝仲買人が買いに来る。仲買人の上に川魚専門の問屋があった。

話をしていた時、近所の若い衆がドカドカ入って来て〈酒貸してくれえ〉と台所の方へ行く。勝手知ったる他人の家というが、米びつの中までわかり合っている気安さだ。こうした部落内の間がらでは、貧しさで一軒だけが取残されて餓死する、などというようなことはないだろうと思った。

私たちは泊っていくようにすすめられるのをふり切って、駅へ急いだ。厳冬の切りつける風に向かって走るように歩く。もっと時間に余裕があったらと、残念に思いながら。

＊

部落の良寛さま

上伊那郡高遠町稲持は三峰川を見おろす屏風のような崖に沿って、家並みを重ねている。屏風からはみ出した部分は、河原にも進出していた。遠くから見る屋造りには、新築の立派な構えもある。高遠の城とこの三峰川と共に生きてきた稲持部落だ。稲持全体で十三戸、全部が部落である。

この部落の姓は、この地に移封された東さま（殿様）についてきた先祖が西の入という沢に落ち着いたその地籍をいただいたものという。

従って、明治以前から姓を持っていたことになる。明治三十二年生れの知一さんは、

「西の入り時代は二軒でした。その後、常盤町から新町に移り、現在の稲持に来たので、新町で火事にあったと聞いています。明治初年には八軒になっていたということです」

という。明治二十六年生れで、今年七十八歳になるいちさんは、まだまだ元気で、先祖のことを話してくれた。

「わしらは木曽義仲の末孫とも聞いていやす。高遠で一番古いのは、部落の西沢と番所の村上だということだ。大本家は中和手という屋号で、十手をあずかっていた時、表役をしただに。殿さんの前に出て挨拶するんだなあ。関八州の穢多頭の弾左衛門と親戚になっていた。この家には〝関の孫六〟という名刀があったでな。裏役はわしの家で、大和手といっとります。ほかに屋号のある家では、大霜・小霜・中霜・大北・中下があった」

「表役の中和手の弥市さんは、大正五、六年頃、八十一歳で死んだいな。江戸の終りに

活躍したもんで免許皆伝の腕達者だったそうです。体格もよかったです。おっかない大罪人を一人で名古屋まで護送して行ったという度胸のあるじいさんでした。御家老さまの息子が気が狂って刀を持ち出し、乱暴をしてまわって困った。その時、弥市さんは摑えてくれと頼まれ、逃げて芝平の倉に隠れているのを、とりおさえたんだそうです。

ある時、弥市さんは、殿様に入の谷でとった熊の皮をなめしてくれと頼まれました。弥市さんは酒好きで、殿さんからあずかった熊の皮を酒にかえてのんでしまったそうです。まことに申し訳ないことをした、腹を切ってお詫びをすると申し出たそうですが、まず待て、命を絶つのは早すぎる、とお助けしてもらったそうです。殿様は、弥市さんのような器量者を殺しては惜しいと思ったからでしょう」

いちさんの話の後をつづけたのは、小林とみこさん（五十八歳）である。小林というのは、東京神田神保町の嫁ぎ先きの姓だという。

「ええ、嫁に行った家は、左官屋で士族の家でした」

とみこさんは、念をおすようにいう。

大霜は太鼓屋で、三味線なども作っていた。明治以後は皮問屋として、高遠最高の多額納税者であった。戦後、米国のバイヤーにごまかされて、輸出した品物の金が取れずに破産したという。

知一さんは、大本家中和手の分家である西沢弥三郎について、この部落の良寛さんみたいな人だったと話した。

「弥三郎さんは大正十年頃、六十歳で一人淋しく死にやした。一生独り者で、まあ変人と思われていたが、部落のためにつくした人ですい。どうして入れたもんですか、金とそれだけの器量があったからでしょう。士族の学校である高遠の進徳館で勉強をしたんですい。頭のよい人だった。進徳館では後に朝鮮総督になり、内務次官もやった伊沢多喜男さんと一緒に机を並べていたそうですに。弥三郎さんの方は、陽のあたるコースを行かなしたですい。伊沢さんは偉くなったが、弥三郎さんと一緒に朝鮮に渡りやんだ。酒が好きなんで酒で失敗したんだということもいわれていやすがどうかわかりません。朝鮮から方々歩いて、結局、部落に帰って来たですい。どこかで婿にも入ったが、そこも出てきたですい。ここに帰ってきてからは、部落で寺小屋を開いて勉強を教えたり、八卦をみたり、俳句を読んだりしてたですい。晩年は郵便脚夫を長いことしとりました。この部落の子の名はほとんど弥三郎さんがつけた。手紙を書いたり、読んでやったりの用をたしてやっていたでな。蘭学にたけた人で、旧河南村の小松忠雄村長とか、近くの村々から、力のある人が勉強を教わりに来とったですい」

「とにかく酒好きな隠居さんでしたわな。静かな、穏かな人で、酒飲んでも乱暴するわけでなし、騒ぐわけでなしなあ。即興詩人でしたわ。ついつい句が生れる。酒屋の酒の名なんかもつけてました。言葉づかいのきれいな、欲のない上品な人でした」

と、とみこさんがつけくわえた。

才能があって部落から出て行った人は沢山いる。しかし、その才能を部落の文化に貢献して生きた人は少ない。それはむずかしいことだからだろう。良寛といわれた無欲の弥三郎さんは、部落が生み、部落と共に生きた知識人である。彼らは、ゆりかごから墓場までの世話をする。世間ではこうした人びとを無名の人という。しかし無名という言葉は、有名を気にした言葉で、彼らを呼ぶにはふさわしくないように思う。有名とか無名とか呼ぶことからさらに縁のない人びとである。

稲持では〝川狩り〟という、山から切り出した材木を三峰川の上流から運ぶ、荒々しい仕事の話を聞いた。この仕事もダムが出来て消失してしまったが、知一さんなどは人生の大半をこの仕事に従った。

「運送をやりたかったが、金がかかるんですに。馬一匹五百円の資本がなかったから、部落の者のほとんどはこの川狩りに出やした。いちさんのつれあいは、わしより先輩でやすが、仲間でしたに。この仕事は夏は田用水の水をあげるので、できない。夏中切った木を秋になって流すんですに。切る人は別の人でやす。切った材木を三峰川の上流から筏で流してくる。十月から四月までの仕事でやす。庄屋に雇われて一日七十銭から八十銭もらうと最高ですに。家の近くまでおりてきた時は家から通いますが、大半は妻子をおいて山の飯場に泊ります。食事いっさいは庄屋持ちでやすが、粗末なもんで、味噌汁と飯ぐらいですい。

朝六時から夕方六時までの仕事ですに。道具は長さ七尺のとび（竹竿）一本で、筏に乗ったりおりたりして流して来やす。こおかけにわらじでやすが、寒中は水に落ちると凍って上下《カミシモ》になっちまう。火を焚いてもすぐ乾かんから、みな薄着をします。まあ落ちるっちゅうこんはめったにないですが、一本乗りは、くりんとひっくり返るから滝なんかむずかしいですに。子どもの時から川で鍛えているから、めったなこたありません。小さい時から傷ができても川に入れば癒るといわれてるほどですに。

材木はここの少し下の弁財天の河原まで運びやした。そこから運送で伊那に出し、伊那電で名古屋方面へ送ったですい。材木が着くと木場着祝といって大したにぎやかさで、芸者が迎えに出てきました。一万石着いた時は、清水港から六十人の材木かつぎが来たほどですい。

わしらの方を西沢組と呼んで、頼みに来ればどんなことでも引き受けてやってましたに。しなかったのはおんぼうだけですい。土方でも何でもしやした。働くということについては骨惜しみをしなかったですい」

「男がよく働いたから女衆はらくだったになあ。土地がないので、家で使うわらじ作って、子ども育てるだけでしたでな。ここでは仕事がなくて困ったことないでないか」

といちさんもいう。

「大水が出ると川へ流木を拾いに行く。山へじゃあなくて、薪木は川で拾うだけで充分でした」

と、とみこさんは元気よく話す。最後に知一さんは、この村には解放同盟がないということを、

「正直に生きて暮すことをモットーにしていますに。お国のお世話にはなりたくないと思うでな。この問題（差別）はほじくらない方がええ、つきあわないという人には、頭をさげてつきあってもらわなんでもええと思う」

と、静かにひかえめに、だがきっぱりと言った。

＊

相楽総三処刑の地

諏訪には中村以外に部落がない。一郡一カ所はめずらしい。番犬がいて長吏の指図で用を足したのではないかと、京次郎さん（六十歳）はいう。中村は湯の脇とも呼んでいる。中村が昔からの地名で、若い者はこの地名を出したがらない。中村の地名と姓をいえば、部落民ということが決定的になるからだと京次郎さんの話である。

部落は、高島城の平城ができた時、殿様と一緒に移ってきた。それ以前は茅野の永明に山城があって、そこにいた。永明五山といわれ、永明には五つの寺があり、そのうち

の大学寺が殿様の菩提寺であった。大学寺の三代目の和尚の時、諏訪に来たという。商人もそっくり移ってきた。

この時、部落は温泉寺のそばに住まいした。温泉寺は現在地より五百米位離れている。温泉寺のそばに湧き出ていた温泉は、古くから中村が権利を持ち、昔は温泉寺の坊さんも部落の者と一緒にこの湯に入っていた。数年前に、現在地にこの湯を引き、立派な共同風呂を建てている。

最初部落は三軒で、家号が〈山一〉〈下〉〈南〉である。山一が表役、下が裏役であった。

「表役は、殿さんの前に出てあいさつしたり、書きものしたりしやすわね。裏役は首を斬ったりする役だわね」

山一の子孫であるあやのさん（八十一歳）の説明だ。表役をしていたあやのさんの舅は、筆が達者で、明治になってからも役場勤めをしていたという。あやのさんはつづける。

「ほかに新屋で〈はずれ〉という屋号があったわね。この家はなくなっちまったがなあ。相楽総三の首を落としたのがこの下の多左衛門と、はずれの好太だちゅうに。相楽総三かえ、この人は幕末の壮士でえらい人ですになあ。江戸の富裕な家の息子で、えらい学者ですわ。もう二十代で門弟が何百人だかたんとおったちゅうことですわなあ。えらい人を殺しちまったもんだ」

　京次郎さんも、相楽総三には同情的だ。

「相楽は官軍の犠牲になったわけですよ。新政府は利用するだけ利用して、あとはニセ官軍だとお払い箱にしたんですな。鳥羽伏見の戦の後、徳川を倒すため官軍が京から千代田城に向かいました。その先兵として、相楽総三が官軍より先に江州から信州に入り、武器や兵を集めたんだが、だいぶ強制的にやった。相楽その人は人物だったが、部下が火事場泥棒のようにだいぶひどいことをして、各藩から苦情が出たんですな。それを口実に新政府は相楽をとりおさえたんだが、なんでも相楽が年貢半減を百姓に約束したちゅうのが、お咎《とが》めのほんとうの理由だといいます。相楽は頭クラス七人の同志と一緒に首をとられたんです。下諏訪の刑場でやられました。官軍の本陣で御用になった。ひどいことに官軍は自分の手では斬らず、このいやな仕事をわれわれ部落にさせたわけです。冷たい雨の降る夜だったそうですが、一晩中、松の木に縛りつけておかれたそうです」

「わしは、あまり昔のこんは知らなんだが……。下の多左衛門は総三の首を斬り損じたちゅうこんですなあ。多左衛門は三日後に急に死んじまいました。世間から総三のたたりだといわれたこんです」

　京次郎さんの話に、あやのさんはしんみりという。

　昔からこの部落は、こうした長吏のお役とは別に、温泉の掘削にあたっていた。上総掘りを伝えていて、現在の温泉も上総掘りで行われている。

掘削で一代を築いた人もいる。後藤久吉さんである。生きていれば九十歳位という。彼は若い頃に上総の職人から上総掘りを習得した。久吉さんは沢山の職人を使って仕事をしていた。掘削が本格的にはじまったのは、自然噴出がだめになってからのことで、明治時代からである。久吉さんの弟子が、現在矢島組を持って、温泉の掘削を一手に引きうけていた。部落の人はこの下で働いている。

中村では、国鉄に勤めている人が多い。上伊那郡辰野町平出でも、国鉄・日通に勤めている人が多かった。部落の人の職種の中では安定したサラリーマンである。平出も鉄道に近く、ひと昔前では車引きが圧倒的に多かった。部落の人の仕事には交通運送関係が多いように思う。例えば、トラックの運転手などだ。中村では、昔、国鉄は給料が安くて入り手がなく、部落出身者でも入れたのだという。

最近、国労松本運転所支部で、六月に予定された役員選挙にからむ、悪質な差別事件があった。

この差別事件では、K支部の組合役員選挙に立候補した部落出身者に、次々と数回にわたって、差出人不明の差別投書が出された。

部落出身者は、その投書の中では、当局の犬とか手先と呼ばれていた。内容は、①部落出身者だから組合執行部になる資格はない。②支部のフロに入るな。③身分を考えて行動しろ。水平社執行部をつくる気だな、というようなもので、文面には新しい差別用語を創造して、知能的であった。

国労中央は、六九年秋の処分者のしわざではないかといっていたというが、民主的であるはずの労働組合内部におこった差別事件として、各方面にかなりのショックを与えた。部落の人びとは、自己の可能性を伸ばそうとすると「一般」からたたかれる。戦闘的であると知られている天下の国労の質を問われた事件であった。

少し話がとんだが、中村では掘削の仕事と共に、明治から大正の初め頃まで、諏訪湖の氷切りの仕事があった。冬期に切り出しておいて、夏使うのである。この仕事は夜明けの二時頃からはじまる。厳寒期の戸外での重労働であった。

＊

車善七のこと

「網掛（埴科郡坂城町）は、旧六カ郷といわれとります。上平・五明・力石・上山田・下山田・網掛で、この六カ郷の用水（水田の）の水口がここ網掛にありました。村上義清が治めていた頃からのことです。天保年間、何年か知らんけど戌年だったそうで、戌年の満水と呼ばっとりますが、千曲の大水で川原が流されたそうですに。その頃、わしらの先祖は川原に住んでおったものらしい。船頭だったんでしょうなあ。

この満水で川原には住めなくなったもんで、てんでんに山の根に向けて散って行ったですに。この旧六カ郷はもとは一緒に住んでいたもんです。わしらの先祖は網掛に残ったが、昔はもっと川原に近かったそうです。ここから二、三町離れた千曲川ぞいに五十坪位の白山神社の跡がありますが、そこが先祖がいたところでやす。明治時代に、網掛の氏神（大国魂神社）に合祀したですに。ここには、くるみ・梅など、おとな二人でも抱きつけぬ古い木がありやしたわね」

老人の話はどこでも、先祖の話と白山さまの話からはじまる。八重作さんは、若い頃、同仁会で活躍した。家で食べるだけの百姓だが、若い者は仕事が他にあるので、自分一人で耕作しているという。八十四歳とは思えぬ元気なご老人である。奥さんの方はリュウマチで家の中でも杖がないと歩行できない。

「白山さまの五十坪の土地は、近所の百姓が八方から少しずつ削り取ってしまったです。これは六カ郷の者たちのものですに。網掛には天保の満水で二軒残ったんでやすが、二軒だけが所有するわけにはいきませんでして。取られっぱなしで、現在は五坪しか残っていやせんですい。残った五坪を和好のババ（一般）どもが長いもを作ってますわね。わしは言ってやるだに。お前ら、そこはおらの先祖の神さまの土地だ。寝るだけの場所でも神さまの土地を取ると死ぬというに。ババは〈そうですかえ、おら何でも知らねえです〉と言ってやすが、本当に和好の家では、家の主となった人が、みな若いうちに死んどりますわね。

わしの父、文四郎は話し好きの人で、仕事中でも食事中でも暇さえあれば、話を聞かせたですい。わしも小説が好きで好きで、本を買ってきて、親父に聞かせたですに。親父はわしの読む小説を聞くのがたのしみでしたわね。非人頭の車善七や、エタ頭の弾左衛門の話は、みな親父から聞いたもんですに。

車善七は車丹波守の息子でやした。車丹波守は石田三成の家来で、関ケ原の戦のあと、三成と一緒に徳川に磔《はりつけ》にされやした。善七はどうかして親の仇、主人の仇をとりたいと乞食に姿を変え、箱根の十国峠の木の枝に身を隠し、今日こそ撃ってやるぞと、家光将軍の行列を狙っていた。三百年ちゅうほど長くつづいた徳川だから、そんなに簡単に鉄砲ダマもあたるもんじゃあない。八方から追われてつかまった。善七も天下の徳川に刃向かうほどの者だから、堂々と名乗ったんですなあ。

家光公は、その度胸のよさに、たすけてやれとのおぼしめし、そして関東の非人頭におさまったというこんです。関東中の乞食が、善七に税金を納める。善七は黄八丈の着物を着て、一日火にあたってゆうゆうと暮しとったちゅうこんです。金をため、金貸しを二、三代にわたってやり、羽振りをきかせました。また親父は、源頼朝の弟源頼兼弾左衛門の話もよくしてくれたですに」

八重作さんが父親から聞いたという、関八州のエタ頭弾左衛門は、源頼朝の弟になってしまっていた。浅草の弾左衛門も、車善七も、歴史家は、共にその出生は伝説であるとしている。

油屋甚兵衛の話

「親父はオサ売りをしてやしたわね。昔はほとんどの者が作男でしたわね。百姓の日よっとりが多かった。家では小作を五反してましたが、それだけでは食えんから、蚕を飼ったりもしてやした。わしが若い頃は、米が一升十六銭、日よっとりが二十銭からだんだん上がって五十銭になったわね。

戦後は解放されて、米を買ってたのが売るようになったですね。アメリカさんのためにいい世の中になったわね。アメリカに解放してもらって、世界で二番目だか三番目に経済は向上したっちゅうに、その兄弟国のアメリカが、自分の国で黒人を差別しとったのがうまくいかんようになり、外ではベトナム戦争をしてるのだから弱ったもんだわね。わしはこの部落の差別については、内々の運動はしてもよいが、寝た子を起こすようなことをせんでもええと思う。われわれのところは部落だなんて旗あげをしちゃあいけない。かえって恥をさらすことになりやすから」

八重作さんは、つい先頃に、この部落の娘さんが結婚差別で自殺未遂をしたことを言外にふれているようだった。部落解放同盟でも、この問題を公にして相手を糾弾するか、どうかということになったが、結局、事を荒立てぬようにという、身内の希望で糾弾しなかった。さいわい娘さんは命をとりとめたが、生きることそのものを否定してくる、この重たい深刻な問題を、どのように乗り越えてくれるだろうか。このような結婚差別は、年々ふえてきている。このために生命を落す部落の若者が後をたたない。

網掛は、かしわっ葉の問屋が多く、経済的には豊かなほうである。暮しむきはよいが、これと差別とはまた別であった。生命をとられるような、差別に追い込まれていても〈寝た子をさますな〉という考えは変わりにくい。こうした考えの根は、非常に深いものだと思った。しかし、そっとしておけば差別は忘れられていくのだろうか。結婚にまつわる部落の若者のたくさんの事例は、むしろのしかかる差別の重みを推測させるものである。怒りや苦しみは、内に内に深く沈澱して容易に爆発しない。

八重作さんは、結婚差別ということについて、江戸時代にこの部落から出た、御用商人油屋甚兵衛について話してくれた。甚兵衛が、自分の出生を一生涯ひた隠しに隠して生きた物語だった。

「わしの裏の家の先祖のことですが、江戸の御用商人油屋甚兵衛（代々甚兵衛）のところに小僧にやられた。江戸に出される時は、ヤダがって柱にしがみついて泣いたというこんですに。ここにいてもおまえの将来のためにならんと、よくよく言い聞かせて無理矢理に出されたということだ。この子は気立てのよい、よくできた子でした。おとなしくてよく働くので、この子が来てから油屋は身上を持ち直したこんです。油屋はこの子にすっかりほれ込んじまって、一人娘の婿にしました。夫婦仲もよく、婿の代になると店はますます繁盛しました。

何年かして、夫婦で善光寺にお詣りに来やした。甚兵衛は、妻に夫の故郷に行ってみたい、一度行ってみたいとせがまれていたんでやすなあ。しかし部落民は人間でないとされ、一般との結婚は認められていなかった頃のこんだ。自分の出身を隠しての結婚ゆえ、妻の頼みも聞いてやることができなんだ。バレたらどういうことになるかわからん、お互いに不幸になることは火を見るより明らかですに。御用商人という商売もダメになり、一族の者にもかかわってくる。

甚兵衛は、坂城の宿屋に妻をなだめて寝かしつけてから、夜中にこっそり実家に帰って来たんですに。立派になって、両親兄弟と涙の対面をしたこんです。なつかしい故郷に帰っては来ましたが、つもる話もできず、ゆっくりもできずに、つかの間の対面で金をおいて、甚兵衛はその夜のうちに妻のもとへ帰っていきました。それからずっと後になって、実家に位牌が送られてきたです。とっても出世して、士族になった先祖だといって、この家では大事にお守りをしていますに。位牌には徳川様の葵の御紋が入ってます」

甚兵衛の素性がばれてしまえば、西鶴の小説にでもなりそうな話である。甚兵衛の位牌は後の子孫に大切に守られてきていた。甚兵衛夫婦の戒名は、葵の紋にかざられ、仲好くひとつ位牌におさまっていた。表面的には幸せであったろう、しかし甚兵衛の心の重荷の深さを、愛する妻は最後まで知らなかったのだろうか。そうした事情は知るよしもないが、死んではじめて、二人は一緒に夫の故郷に帰ることができた。

＊

部落児童の小学校入学に差別

上水内郡牟礼村の寅次さん（九十二歳）の話では、牟礼神社には部落に関する文書があるはずだということだった。寅次さんが、昔、氏子総代をしていた時、書きものを見たという。さっそく息子さんの雄さんらにお願いして、六人の氏子総代立ち合いで、牟礼神社所蔵の文書を見せてもらう。

文書は神社の倉にある木製の古びた簞笥におさめられていた。タンスの引出し二つに、かなりの量の文書が保存されている。簞笥は六人の氏子総代全員が立ち合わないと開けることができない。古くからのしきたりである。項目別にひもで結えてあった。どれにも表に「××関係」と、朱筆で書いてある。私たちは沢山の文書の中から、部落関係のものをさがした。こうして一カ所にまとまって、村の政治に関する古い資料が保存されているのは、めずらしいことであった。特定の個人が所有しなかったからだろう。江戸時代の部落関係の一連の文書も保存されている。

寅次さんの話に出てくる、日章小学校入学の歎願書は、袋包みになっていた。表書には「明治十二年一月　新民ヨリ学校入学云々　願書」とあり、袋の裏書は朱書であった。「旧穢多　新民ヨリ　学校入校ノ云々ニ付　歎願書　総代人　高橋善次郎　伊藤平五郎」とある。内容は巻末に全文をあげておいた（資料14）。

ここに出てくる新民総代の高橋善次郎と、伊藤平五郎は、江戸末期から明治初年に活躍した人で、部落の知識人であり、指導者だった。寅次さんの話にも出てくる。

「差別かね、これはわしの生まれる前で、親父から聞いたこんですが、御維新の時で明治初年のこんだと思います。仕事が取りあげられてないのに、わしら部落の者には荷車を引かせないというんでござんす。当時は仕事といえば車引きだったです。それで引かせろといって二人の者が県庁に押しかけて行った。高橋善次と伊藤平五郎ですわ。この二人は器量者で、善次は剣術使いで学者だった。字がうまくて文章が書ける。平五郎は大変な弁士だった。弁士と学者とが鬼に金棒で出向いたわけですわ。

まず平五郎が嘆願した。あまりにもうまいことというので、役人が〈口に手本を入れてきたのか〉と言ったそうでござんす。役人は言うだけではだめだから書いて出せという。生意気なことを申し出てきたと部落民をためしてみたんですな。今度は善次が腕をふるった。役人は善次の書いたもんを見て感心したが、あまりほめてばかりじゃあまずいと思ってケチをつけた。〈よくできてはいるが、お前の字はみの着た字も袴はいた字もある〉といった。あて字のことを言ったんでしょう。この建白から部落の者も、車引きができるようになったそうでござんす。

昔からこの部落の者は、半道離れた表町に、自分のところで食うぐらいの田んぼを持っていたから、よそとちがってえらい威張っていたそうです。男は車引きが多く、馬で長野に出た。女衆は作女をやったり、家にいて馬の飼い葉作っていました。ぞうりは冬場に夜なべで行燈つけてやっていたです。今日のように経費がかからなかったから、何とか生活できたんです。時計を持たなきゃあならんとか、いい服着なけりゃあならんということなかったですから、食えてりゃあいいっていうところでござんす。

車引きは、主に食料品を運びました。塩とか味噌とか、昔は二里か三里の間隔で問屋があった。問屋から問屋といったぐあいに、荷を東京とか、新潟とかまで送っていたんです。男衆は、雨が降れば仕事に出ず、今日もひやり(遊び)、今日もひやり酒だといったぐあいで遊んでいたこんでござんす。

差別はえらいありました。明治六年に日章学校が設立されたが、部落の者は日章学校へ通わせない。日章学校は明治の初代村長中牧家の屋敷でした。部落の子どもは、お宮の下の入口に小さな小屋を建てて、学校としていました。先生が一人本校から通ってきていた。なかなか中牧の方の学校に行かせません。この事件を扱った文書が、お宮に残っています。お宮の下の学校には部落の子だけ十二、三人通いました。学校といっても小屋でござんす。

部落の子を中牧の方の日章学校に行かせるのに反対していたのは、村の有力者で、二人のボスです。このボスの系統がずっと、今でも力を持ってます。建白してやっと一緒になり、部落の子も中牧の方へ通えるようになったが、中牧に行っても、部落の子だけ別にされた。明治十九年頃、黒川の学校が出来て、みんな黒川へ行くようになりました。黒川へ行ってはじめて、一般の子どもと同じ組で勉強できるようになったんでござんす」

文書によると、明治六年に日章学校が開設されてから、数度、部落の子弟の入学を願い出ているが許可されない、と書かれている。この文書が長野県令に提出されてから、実に八年の歳月をへて、部落の子どもたちは、一般の子どもたちと一緒に学ぶことができるようになった。

この歎願書が書かれたのは明治十一年十二月廿五日である。袋表書は明治十二年一月とあるから、お役所の年末、年始休みで当局が受け取ったのは、年が明けてからになったのだろう。内容はひたすらに子弟の入学を願う部落の人びとのせつせつたる気持がうかがわれる。この文明が行きわたった時代に、学問を持たぬとどんなに不都合かを説いて迫っている。

「本村の日章学校へ生徒入学の件について、明治六年本校開設以来、数度お願い出ましたが、とかく人民が旧習を脱せぬため、よい機会を待って入校するよう、御役人に申し渡されて、空しく歳月を過してまいりました。今日まで控えておりましたところ、今年二月に臨時区会お開きになられ、学資出途と就学方法が改定された（教育の機会均等）、そのように御許可が出ました上は、速かに入校したいところ、なおこの機に至っても、不服をつくり出し、学校組合人民総代として、当牟礼村牧野藤兵衛・田村竹三郎の両人を使って、入学を拒み、戸長の御説を聞き入れずに、既に学資の出途方法も、私どもを差除いて取りきめております。実に嘆かわしいことであります。

別に私どもだけで私立学校を設けようとしても、貧窮ゆえに不可能です。私塾を開こうにも学力がともないません。この文明さかんな今日の時代にあって、私どもだけがひとり不学の軒を連ねております。不学の男女を育て、学問が何であるかがわからないときは、知らぬまに法律を犯して、人の道を知りわけることができず、動物にも劣ってしまいます。なり行きでは飢餓におちいり、貴い身体をそこない、嘆き悲しむことかぎりありません。特別のおいつくしみをもって、前条の件を御調べ下さり、人民総代牧野藤兵衛・田村竹三郎の両人を至急御呼び出し、私どもの子弟をすみやかに入校できますよう、御理解をおとりはからい下さいますよう、つつしんでお願い申しあげます」

この歎願書は、全国一の義務教育就学率を誇った、信濃教育も部落民には門戸を閉ざしていたことを実証している。このことは、信濃教育九十年は何をやってきたのか、差別教育をしていたのではないか、という怒りと問いかけを、〝教育県長野〟を誇ってきた人びとに、あらためてなげかけてくる。

代官所への抵抗

部落に関する文書の中に、安政三年四月に部落の助市外一名が、賭博をして捕えられたことに端を発した事件の、一連の文書（資料6〜10）が残っていた。賭博は当時の村方では、めずらしいことではなかったのだが、村役人はこの事件に乗じて、近頃部落の者は「身分柄」をわきまえず、派手になったとして、非常にきびしい倹約令を出してきて、これを認めさせた。

これに対して、部落民は、この倹約令は苛酷なものであり、御支配筋とはいえ不合理な点があるとして、堂々と反論を建白し、展開した（資料7）。

牟礼には二つの組があったが、これを受け取った東西両組の村役人は、たまりかねて、自分たちの取調べではだめだ、手におえないとして、中野代官所へ部落からの建白書を添えて取締りを訴え、意見を求めた（資料8）。代官所は部落の関係者に出頭を命じてくる。これに対して部落では、男たちが次々と姿を消し、村から出奔するという、実力行使をもって対抗した（資料9）。

最終的には、お寺の仲介により、倹約令を認め、赦免を願い（資料10・11）、結局、闘いは負けてしまったが、この行動を裏から支援したのは、中野村の部落の者、孫右衛門であったこともわかる。

この孫右衛門は、なかなかの「実力者」だったようだ。両組役人の筆によると（資料12）、孫右衛門は先年、善次方へ引越して来ていて、しばらく牟礼の部落に住んでいた。この間、いろいろと「混雑をおこし」、村役人をわずらわせたが、孫右衛門が中野へ引越してからは、静かになった。今回の歎願書と名づけた不当の書面（資料7のこと）は、松代エタ又兵衛がしたためたものだといっているが、実は孫右衛門たちが相談し、密議をかわしたものだと聞いている。孫右衛門は両組の役人が控えているところへ、羽織を着て挨拶もなく構わず通りすぎた。何者かと咎めたところ、中野村孫右衛門中野へ見舞に行くところだ、羽織着用は苦しからずと、不当法外の言い分であった。——村役人の立腹が見えるようである。孫右衛門は羽織をとりおさえられ、役人はこの件を中野代官に届け出て、とにかく孫右衛門はけしからんやつだから、きびしく取調べてくれと訴えている。孫右衛門の強気の姿勢は、村役人を手こずらせたようだ。

このように、江戸時代においても、部落の先輩たちは、権力にへつらってばかりいたわけではなかった。たまたま牟礼部落には、文章を書ける者がおり、文書として抵抗の姿が残ったが、どこの部落でも大なり小なりに、こうしたことはあったにちがいない。

それにしても文字を知り、文章を書ける者がいたこと、文化を所有した者は、力を得るということを、この一連の文書は教えている。

なお、この時出された倹約令の内容は、次のようなものである。

一、御法度筋はもちろん、すべて博奕、諸勝負類かねて度々おおせ渡されし趣、きっと相つつしむこと。

一、たとえ大雪大雨でも、下駄、足駄、傘、日傘などは一切つかわぬ。菅笠の外はいっさい使用しない事。

一、雪踏、足袋などは用いず、たとえ半衿、袖口、髪かけたりとも、絹類は一切使用しない事。

一、神事仏事に、のぼり、高張ちょうちん等けっして建てぬ事。

一、神事仏事で他所へ出かけて、お百姓に紛れて酒食等しない事。

一、下屋の屋根は取払い、これから一切つけぬ事。

一、看板、窓、敷板はきっと取りのぞき、土間にすること。何ごとによらず百姓にまぎらわしい風ていをしない事。

一、御町方へ買物に出た時にも身分柄をわきまえ、礼儀正しくして、失礼を働かぬ事。

どの条々も、非常にむごいきわみであった。当時、各藩からもこれと同じような倹約令が「エタ非人取締」として出されている。これは部落民が力を持ってきた現われでもある。

他方、封建体制が動揺しはじめた中で、支配者は民衆を弾圧する重要な手段として、まず部落を弾圧の対象にした。松代藩でも文化十二亥年四月（一八一五年）に「エタ非人取締御達し」（資料4）が、天保十二年丑年十一月（一八四一年）には「エタ非人口達」（資料5）が出されている。ここにみるように、取締りをつらぬく差別扱いは峻烈苛酷をきわめている。

牟礼部落の二人の指導者

一連の牟礼部落の文書の中で、最も重要であり、興味をよぶ「資料7」について大要を紹介しておく。論の展開は整然として、説得力があり、抵抗の気がまえがうかがえる。

「助市ほか一名の博奕の件より事が起こり、村内一同に格別の改革を仰せ付けられ恐れ入り、お受書を差上げました。博奕や諸勝負は、かねてから禁制になっており、慎んでおりましたが、助市等がこれを破り、そのお取調べの内容については承知致しました。めいめいさらに慎むべく申し合わせ覚悟したところでございます。

このたび謹慎申し渡され、重ねて有難き幸せに存じますが、この外に下駄、足駄、傘、雪踏等は身分がら華やかにしている者はおりません。さらに足袋等まで使用禁止されましたが、いやしい者といえども、四季暑寒を感じぬ者は一人もいません。厳寒の時などは非常に難儀でございます。

また神事・仏事等には、のぼり・高張を立ててはいけないとのことですが、新しくお堂や社を建てることは、かねてから禁止されておりましたが、昔からの神社に、のぼりをたて献燈するということは、天下泰平の時代に国恩にむくいることの印ではないでしょうか。わがままな利己主義でするのではなく、このようなことはお国はじまっての定めと思います。お咎めは、神仏を軽めることになり、このような法律があるとは思えません。そのようなことは、外国で行われているような亡国の行状かと思います。

もっとも御時節柄にもよるとは申しながら、年々六月中に天王御神事を唱えて在方では禁止されている芝居・狂言の催しを許しているではありませんか。所々の神社参詣に出かける時でも、私どもは身分柄をわきまえ、お百姓に紛れぬようにしております。風俗の心得も前々より精々たしなんできましたが、お百姓の方から私たちの身分に紛れてくることがあり、はなはだ迷惑しております。酒喰等については、身分を偽わりお百姓に紛れるなどということは決してございません。

とかく近年エタ共に紛れ牛馬を食い、在家町家でありながら毛付草（ランプの燈心にする草か？部落の専売特許）を商っている者がおりますが、迷惑の至りでございます。恐縮に存じますが、お取調べ下さい。また私どもがお町家へ買物に出ました時は、前々からの仕来り通り礼儀は守らねばと思いますが、売買のことですから値段が高いとか下げてほしいとかの言い争いは、しかたのないものとおぼしめしください。

殊に下屋の屋根や窓・敷板を禁止されているのは、国中のエタどもにいません。私たちばかりがそうしなければならない法はないと思います。看板をあげてはいけないという件も、身分柄の職分の印でありますから、よろしいと思います。看板をあげることによって、自然と注文もあり、利潤も得ることが出来ます。これを禁止されては、商売が成り立たず父母妻子を養っていくことができなくなります。薬の看板といっても、お百姓方の医業とは違ったもので、身分柄からなる牛馬の骨肉を精製した薬であり、外の薬種の類ではございません。お百姓に紛らわしくいわれるまでのものではございません。

御町方見廻り（警固）の件も、仰せ付かまつりましたうえは、これに背くこともございませんでした。しかし御村内にては、見廻りの御手当も前々から、これまでずっと頂戴しておりません。仕来りどおりお勤めしておりますので、このたびの御改革同様に（倹約令）お手当の件も書面にして頂きたいものです。

去る酉年秋に、上州・武州をあらしてきた悪党共が当国にも入り込んだ時も、村で勤めるべき役を、私どもに言い付け、勤番を数回しましたが、まだいっこうお手当がございません。中野代官のお支配下にある高井郡高井村エタどもは、帳番を数日勤めましたら、格別のお手当を頂いたと聞いております。ことに高井野村の仲間たちは、村の免税地に住居しておりましても、前にあげたようにお手当を頂いております。私どもは高井野村の仲間たちとは異り、屋敷は免税地でなく、毎年税金を納めています。私
そのうえ女子どもにまで改革の旨、きびしいお申し付けで、天下にまれなおとりはからいと思います。生まれた時から馬鹿でものの道理がわからない者は仕方ございませんが、他より縁づいてきた者はみな今回の御改革ではあわてふためいて、混雑(離婚さわぎ)がつづいております。どの家でも困惑してこの極難の時を悲しみ、めいめい打ちよって相談しておるところでございます。
右助市他一名は、法を破った者ですから仕方ございませんが、同村の者だからといって村中の者に改革の御命令はいかがかと思われます。但し邪正の差別なく、法を破った者と私どもも同罪だという御考えを受けたうえは、助市他一名の博奕の御仕置はおゆるし下さい。また村内に博奕をするような者が出た時は、善悪にかかわらず、改革の御意見を仰せ付け下さい。去る十二年前当御宿内で(牢礼は宿場)博奕一件を御仕置致されました時は、御改革があったというお噂はお聞きしておりません。このたびの御趣意は助市他一人の御仕置代りのことであれば、これは有難い幸せでございます。

しかし右の両人が後で御仕置にあっては、恐れながら天下二重の御仕置ではないかと思います。もっとも身分柄の者どもばかりが、悪事のたびに二重の御仕置を受けたということは、愚かな私どもとて、これまで存じあげません。

先だって御改革の御趣意を受けました時は、御宥免を願い上げることも存じておりましたが、お役人衆様の御威光にもかかわり、重いお役目を考えて御迷惑をかけることを恐れいり、さっそく調印して差出しました。以上のようなおもいでございますゆえ、ひとつひとつ御慈悲をもって、お考え下され、特別の憐れみをもって右の調印の書面をお取りさげ下さい。

助市他一人は仕方がございませんが、私ども一同これまで法を破ったことがないので、前にならって二重の罰は、おとりさげ下されば、有難い幸せでございます。何とぞ御慈悲をもって、右願いの趣意をお聞きとり下さい。幾重にも御慈悲をお願い申し上げます」

文末には部落全員の署名をのせている。この一連の文書の部落側の署名に出てくる、善次、平五郎は、寅次さんの話に出てくる部落の指導者と同一人物ではないかと思う。学校入学の歎願書には、善次郎と平五郎となっているが、寅次さんの話では善次と聞いた。二通りの呼び方をしていたのではなかろうか。安政三年と、学校入学問題のあった明治十一年とには、二十一年の間がある。四十歳の者なら六十歳になっていた頃だ。この二人は、明治初年にも車引きの件で活躍しているから、長い間、牟礼部落はよい指導者を持ったわけだ。

第二部　生活と文化

落穂拾い

人はどんなにみじめな生活をしてきたか、という話よりも、どんなにしてそれをはねのけてきたか、という話の方を生き生きと話す。それは、みじめな生活を強いられることより、それをはねのけるほうが、はるかに人間的な行為だからだ。

師走も半ばを過ぎた風の強い日、須坂市の福島部落に行く。長野電鉄村山駅で下車、千曲川の堤をさかのぼること二キロ。風に向かってこの土手を歩くたびに、私はM子のことを思う。彼女は年輪グループ(北信の部落出身高校生の集まり)の一員であった。小学校へ通うのに、井上まで三キロの道を、冬は弟が泣いて歩かずに困ったという。長女であるM子はよく弟たちの面倒をみていた。

野っ原で川の面をさらって吹き上げてくる風は、突きさすようだ。吹き倒されそうになりながら歩く。すっかり裸になったリンゴの木に、リンゴが一つ取り残されている。同行の中山さんは、あれは取り忘れたのでなく、来年も沢山なるようにということだ、と教えてくれた。農民の願望をこめたひとつだった。

福島では公民館に、部落最長老の小森繁蔵さん(八十二歳)をはじめ、清(五十六歳)、忠男（四十九歳）、金治（五十一歳）、みゆき（三十四歳）さん方が待っていた。炬燵の火をさかんにし、白菜、野沢菜の漬け物がどんぶりに山と盛って出される。

　福島は全体で百七十九世帯、第一から第七区までに分かれている。部落は十四世帯、どこもはずれが多いが、ここも第七であった。千曲川の土手下という立地条件も悪い。

　小森という姓は、明治になってからつけたものである。「一般」に大森という有力な名主がいた。それで少し遠慮して小森にしたのだと、清さんが笑って説明した。つつましい話である。墓は千曲の河原にあったため、大水で何回も流された。堤防は昭和二年に完成したが、それまでは居住地も年中水につかり、苦労したという、

「こっち（部落）が筏で通行している時も、めえでの川（前の川部落と一般の境の小川）の向う、三九度線より向う（一般）は、しゃあしゃあしとる。一般は大丈夫なんですよ、土地の落差が何しろ二尺ですからな。そのうえ、家の造りがちがう、それでいきおい落差は四尺にもなります」

と清さん。

「わしが十一歳の時、明治三十一年でやしたが、七月にじいさんの亀吉が死んだ。仏さんは寺に運んで供養したな。この日午後からでかい夕立ちがあってな、雨があがってから水は堤を越えてもろにきた。河原に仏をいけることができなんで、土手の柳の木に棺をふんじばってきやした。家に帰ると、家にも水が入ってくる。大あわてで客を逃がし

たわね。客は不幸できているので、みな色物（紋つき）着てやした。大豆島（長野市）のたつおっさんなどは、家にいられず早く逃げようと、めえでの川にはまって色物をだいなしにしたわな」

　繁蔵さんの記憶はかなり薄れがちだったが、大水のことは忘れていない。

「大水は、わしが知っとるので、昭和二十年、大正七年には二回あったな。そして明治二十九年と三十一年のだ」

　洪水になると白く塗った舟で飲料水をくばり、昔から〈水とこおせん（麦こがし）はいつも用意しておけ〉といわれてきたという話を、上水内郡豊野町でも聞いた。河川筋の部落は、みな同じ悩みを持っている。

「わしどもが、水が出るたびに世話になった家は、一般の堀内源覧《もとめ》（現在）さんの家でした。この家はいつもわしども部落民に炊き出しをして面倒をみてくれた。裏には三間・六間の倉があり、ことあるごとにわしどもに解放して、あれは部落専用の倉だったな。この辺の大地主で、田だけでも十五町歩持ってましたね。部落の者はみな代々この家で日よっとりしてきた。主従関係ができており、この家には、わしどもの古い資料があるが、見せてもらえない。

　だんなさん、だんなさんと仰いできた。だんなさんのことならイヤと言えない。どんなことでもハイ、ハイ聞いたもんだ。だんなさんは部落民を〈わんだれ、来い〉という。

〈ハイ、だんなさん御用で〉といっていつでも走った。だんなさんの家では昼になるとカンカン、榛の木を叩いて、畑に出ているわしどもに、メシを知らせた。部落の者は、台所の隅に寄って食事をとったもんだ。茶碗も何もかも別だった」

「大正の終り頃だったな。今から四十年もっと前、照治さんが当時二十五、六歳で、シベリヤ帰り（昭和三年のシベリヤ出兵）の元気もんだった。この君は、花月亀之助（問屋に日よっとりに行って、わしら用に特設してある流しの下の茶碗で、お茶を出されたら〈犬猫じゃああんめえし〉とひっぺ返したそうな、あの君は村の改革者だったわけだ」

「一般は〈こんにちは〉というかわりに〈えたか＝いたか〉といって入ってきたな。部落が一般のだんなさんの家へ、日よっとりに行くと〈おはよう〉と土間に坐って頭を下げる。土下座だった。縁側には腰かけられなかったもんだ」

「部落の者を呼ぶのに、だんなさんは〈健次ワレ・千馬ワレ〉と呼んだ。次に〈健次コオ・千馬コオ〉と少しましになった。大正初期まではこんな態度でやしたな」

「部落の方でも心得たもんで、一般の人が来訪すると、あわててゴザとタバコ盆を持って縁側に出した。向うの者（一般）に、お前らがきらってるのではないかと居直られたことがあったな。昔はそういう風習で、申し訳なくて、あがってお茶を、なんてすすめることはとんでもなかった、座布団がないからゴザを出すんで、ゴザはどこの家にもあった花ゴザだった。毎年お盆になるとゴシャン（坊さん）が坐るのに一枚買ったでしたな」

「仕事といえば、このじいさん（繁蔵）なんか、どじょうとりの名人だったな、男衆は田の尻にうけをかけて、どじょうをとって売って歩いた。魚屋へも出したない。六月の田植えが終って一週間位してから、百姓の日よっとりに行っても、昼寝の時間にも寝っこなしで田に入って取ったさ。

女衆の仕事には、落穂拾いがあった。こっちは部落の中でも一番貧乏な者がやったな、わしのお袋なんか一番長くやったです。朝早く、みと箒を持って出かけた。約二里四方を遠征したなあ。昔は野ごきといって、田んぼで稲穂をこいだから。その後へ行って落穂を拾ってくる。箒で土まではいてくるんだから。〈今日はえらいあったなあ〉というと、はしっこい者は〈少しはこすってきたんだ〉と言ったそうだ、ハッハッハ……。子どもたちは学校へ行かず、箒をかついで母親と一緒について歩かせられたな。多い時は一斗、少ない時で五升、ぞうり作りよりずっとよかったわけだ。ぞうりの方は、夜なべまでして米二升しか買えなんだから」

清さん忠男さん兄弟は、戦前の生活をポンポン投げ合うように話す。屈託のない話しぶりは、こうした暗い生活が、すでに乗り越えられているからだろう。

繁蔵さんは、ぽつりぽつりと話す。

「わしが、がきの頃（明治中頃）は福島は六軒でやした、六軒で井戸が一つ、据え風呂桶が一つ、臼・杵・とおみ・横打ちきね、農具もみな一つでやした、何もかも一つを部落中で仲良く使ってやしたわね」

その据え風呂湯の立つ日の話になった。

「据え風呂桶は、かかえて持ち運びができるんです。どこの部落でも戦争中まではこの据え風呂桶が活用されたのではないかな。順々に部落の家々に持ち運んで湯をたてたので、まわり湯とも呼んでましたな。釜は上が大きく下は小さいから、火のまわりがよく、早く沸いた。戦前には十三軒になっていたから六十人からの者が入った。終りの方に入った者は湯が汚れていて、どこに入ったもんやらわからぬほどでした。洗い場もなく、みな汚れほうだいの体で入るのだからたまんないさ。湯はドロドロ、そこで部落の半数以上がしじゅうトラホームにかかっていたな、ハッハッハ……その上、たてかえ風呂に入れば風邪ひかないなんていったもんだ」

「昼過ぎ三時頃から沸かして、十時頃までかかったんでないか。薪を買わねばならないから、毎晩ではやりきんない、五日に一度だったな。薪の用意ができない家では、いつまでも桶が止まっているということでした。薪は井上まで買いに行くのだが、わしは子どもの頃、よくお袋に〈今日はまわり湯当番でないか、よわったなあ、オイ。井上まで行ってボヤ買ってこお、オイ〉と言われました。すると紺の越後風呂敷にぞうりを入れて背負って行き、それを売って薪を買ってくる。夏は庭、冬は家の囲いの中で湯をたてた。母親が自分の子どもに〈早くあがんねえか、このガキ!〉と後の人に気がねして、よく怒鳴っていたもんです。雨が降ると傘をさして入ったですな。五十人からの人が入るのですから、二時間はたっぷり待たされたもんですな」

「まわり湯の日は最大の娯楽の日でもあったです。この部落では娯楽といえば、浪花節語りを呼んで、金を集めて酒を飲むことぐらいでしたな。だが、まわり湯の日は、おもむきが少々ちがってました。母親たちは、五升釜をかけて、若い衆が獲得してくる品々を待っているんです。この日は昼間のうちに斥候隊が出て、どこのいもはどの位大きくなっているか、柿はたべ頃か、トーモロコシは等々と目をつけておきます。若い衆は二組に分かれて、一般の衆の畑、庭を荒らすんで、収穫の少ない組は意気地がないとされたもんです」

「まあ、この野荒しは公然と行なわれたもんで、他人のものを盗んだというような罪悪感はなかったもんです。部落の者は、世間で言う泥棒という手段に出ないと生活できなかった。食うこともできなかった。また一般の方もこれを認めていましたですね。あの人たちは土地もない。ろくな仕事にもつかれないから、ということでした。庭の柿の木に登って柿をもいでいるのに気づいても、〈エッヘン〉と咳ばらいする位で、見逃していましたな。咎めでもしたらオッカナイからです。馬鈴薯・里芋・トーモロコシ・柿・野菜、なんでもかまわない、かたっぱしから盗んできた。これを母親たちが煮て、部落中でお茶をのんで楽しんだもんで、そりゃあ賑やかだったですよ」

「貧しい親は、子供に泥棒を奨励したもので、学校から早く帰らないと叱られたし、子どもにレンコンのしっぽ拾いをさせました。たくさん拾ってくると、今日はいいたまにあたったな、人が行かんうちにも一度行ってコオ、といった調子でした。子どもは母親にほめられたいので、要領のよい者は、拾っているうちに、ひっこぬいてくるということになる」

「わしは十歳の時、学校帰りに、おますばあさんのなす畑で、仲間のあくたれたちと、なすを取って食っていた。〈このガキども、またやってるな〉と怒鳴られると、すかさず〈オレのものを食ってなに悪いんだ、このババア〉とやり返したものです。罪悪感がまったくなく育ってきたんだなあ。罪の意識などあったら餓死していたでしょうな」

「しかし、こういうことが、『一般』に差別の理由をますます与えた。悪循環であったことも確かですわね」

と、清さん。この夕、私たちは支部長の金治さん宅で暖かい夕食を御馳走になり、雪がちらつきはじめた夜の千曲川岸を次の部落へ急いだ。

＊

千江さんは明治二十六年生まれ、七十八歳で、色白のふっくらとした上品なおばあさんだ。最近は高血圧のため、若い頃から自慢の元気はなくなりました、と千江さんは、やさしい声で、静かに静かに話してくれた。

「福島正則公さまが、幕府のいうことをきかなんで、高山村（上高井郡）に流されてきたのは、今から三百五十年も前のことと聞いてますい。広島では五十万石だったというに、ここでは四万五千石とえらい落とされて、せつなかったろう。堀ノ内（高山村）は、正則公さまの城趾にあたりますい。ここらを掘ると生松が沢山埋めてありやした」

千江さんの話は正則公への共感からはじまった。民衆は、常に敗れ去って行く者に心をかける。敗者の側に自分と共通の心を見出すからだろうか。秀吉の荒小姓だった正則は、その勇猛果敢な武勲によって大名にのしあがった。関ケ原の役後、安芸・備後四十九万八千石の領主になる。だがこの一代の風雲児も、徳川にとっては外様大名、いずれは廃絶の運命にあったのだろう。福島正則が奥信濃・高井村に転封されたのは、元和五年（一六一九年）である。

「おれの考えでは、正則公さまが広島から護送されてくる時、わしらの先祖さまはついてきたのではないかと思うですい。わしがよく、よく知りたいのは、正則公さまの前の殿さまは誰だったか、どんなふうに統治しなさったか、その頃ここに部落ちゅうもんはあったかどうかということですい。よくわしらのことを調べに来なさる人は多いが、このことを教えてくれる人がいなくて、むなしいですい。この部落は城の西堀を埋めて作ったということで、だから部落の屋敷は、どの家も土地がせまいんですい」

千江さんは、自分たちの御先祖について、はっきりさせたいという強い要求を、長い間持ちつづけてきた。千江さんはこの点について、まだ納得いかないようだ。

部落の人びとの中には、先祖を尋ねる気持がたいへん強い。先祖さがしによって、差別を否定することができるのではないかと考えるからだ。千江さんも、先祖をはっきりさせることによって、人種が違う、血筋が違うという間違った考えによる部落差別から解放されるのではないかと思っている。こうしたことと差別の根は違うのだが。

千江さんの不安（部落のいわれ）は、書物の中で歴史家がはっきりと明記している。しかし、抽象的なことでは民衆はスカッと納得いかない。××の者で○○から来たのだという具体性がないと、千江さんは納得しない。

福島正則が移封する以前から、堀之内は高井村の政事の中心であった。伝承によると、大昔は高井県《あがた》主の所領であった。建久四年（一一九三年）、須田貞村の領地に属し、以来次つぎと領主が変わってきている。正則以前に陣屋があったので、特定の任務を持たせられて部落はおかれていたものと思われる。正則の支配下になって、かなりきびしく統治されたから、居館を造るにあたって、政策的に配置がえ、部落の移動があったものと思う。高井村では、年貢納入期に、名主は部落を動員して村内用心の見廻りを昼夜施行させた。盗難火災に対処するためである。また、高社神社の祭礼には境内の交通整理を部落から出した。あるいは村内から入牢者の出た場合は、中野代官所へ牢番にも出た。

「昔はお役をして、村からお役料をもらっていたというこんですい。それだけではとても生活できなんで、部落の衆はどこも手仕事をしたですい。この村は全戸が菅笠を作っとりました。頭にかぶるものを作るんだ、足にはくもん作る衆より上だわと威張っとったもんですい。おれの生まれた紫(高山村)でも、菅笠作っとりました。この地方では〈菅笠かぶらにゃあ百姓でけん〉といわれているほど必需品でしたに。下高井、飯山地方で売りやした。だいたい保科(長野市)に持っていって買ってもろうとった。菅笠は冬仕事の副業だったもんが、仕事がなくなって、明治このかた本業になっちまった。

骨組みは男衆の仕事で、野沢(下高井郡)の方から藤づるを持ってきて編みやした。骨は竹、後になってから真鍮も使ったなあ。菅は田んぼや田んぼのわきさ作っていました。刈り取って干し、その後一度水につけて湿気を与え、これが乾かぬようにして編みやした。風通しのよいところはだめでやす。乾いてしまうもんで、また寒いと凍ってしまってまずい。冬はムロの中で編むのが一番いいでやす。

庭に穴掘ってな、穴の中で暮らすっちゅうと、あんた方は土人みたいだろうと思うだろうが、なかなか都合のいいもんで、十一月から三月まで、田んぼがはじまるまで、ムロの生活ですに。ムロは庭に穴掘って、わらで屋根をおおい、明かりとりを作って、中にはモミガラをひいてその上にネコ（むしろ）をひろげる。中は四畳半位はありますい。冬は暖かだし、散らかし放題で仕事ができるので、都合がいい。嫁入り前の娘は、年寄りのいるムロへ行って、経験ゆたかな話を聞いて勉強したもんだ。

一冬みんなと一緒にやれば、一人前に編めるようになりやす。作り賃は、おれが嫁に来た当時は、小さいので五銭、大きいので七、八銭でやした。おれが子どもの頃は、やぶくぐり（一番小さい笠、やぶの中でもひっかからずにかぶれる）が一銭五厘、あいのこ（中間二尺）で三銭、大とぎり（一番大きい笠）で六銭だったですい。編むだけで二時間かかりますい。骨は七本でしたが、だんだん人間こすくなって、六本に改良されましたに。半分から上の方、頭の先きへ行くほどむずかしくなりやす。

おれは九歳から笠編んで家計をたすけたが、仕事は是非是非やらねばならぬものと思っとったですい。せつないと思ったことはありません。仕事は大好き、学校から帰るとすぐ風呂敷包みを放り出して、かあさんの作ってくれた握り飯をたべ、すぐムロに入りました。とうさんは、たべてしまいたいほどおれを可愛がったが、仕事にはきびしかった。仕事の手をあげることが、無事に生きていかれることだったですもんな。

家の衆は夜十一時、十二時まで夜なべしてました。はじめて手をとって教えてくれたのは本家のばばさんで、鈴木ながですい。かあさんは西長野（長野市）の太鼓屋から来た人で、笠は編めなんだった。かあさんもばばさんからならったさ。

十九歳で嫁に来た家は、石部金吉の変人の家でやして、堀之内一番の貧乏ですい。舅は善五郎といい〈善五郎笠〉で広く名がとおっていやした。名人気質の人で、仕事は数より質を重んじ〈かせんでしろ〉とはぜったいにいわなんだ。〈うちわにしろあわてず上手にしろ〉といわれ、いくら手間をとっても叱られなんだ。少しでもおかしく編むと、取り上げて、ひっちゃぶかれたですい。嫁に来た当時はそれがつらくてな、これっぱかしの仕事でよいのかと思った程、品数があがりやせんですい。売る時は値段にそう大差がなかったから貧乏しやした。どこにも名人といわれる人がいるもんだが、名人ていうのは正直者のこんで、使う人の気持になって手をぬかずに魂をこめて編むもんでっしゃろ。名人ですか……この村にはしなさん（弥太郎さんの妻）が名人でしたに」

空想を生きがいに

「おれは子どもの頃から風流ものでしたに。小学校は四年行きやした。本を読むのが大好きで、歴史・小説・講談、なんでもええ、そこらじゅうから借りてきて読んだもんですい。おれは、目に見えないもの、見えない人のこと、過去のことでも、未来のことでも空想することが大好きだった。小遣いがたまれば、何里でも歩いて芝居を見に行ったほどでやす。あること、ないことを空想して、楽しみながら仕事しやしたな。だから仕事することも、せつない、こわい（疲れた）なんて感じたこたあ、ありやせんですい。また自分よりもつらい人もあったろう。こういう時はどうしただろうなんて空想しながら仕事にはげんだものですい。本を横において、読みながらでも笠を編んだ。かあさんは昔気質の人でやすから、おこたの中で本など読んでれば、〈女が本を読むなんて生意気だ〉と取り上げられた。

おれは本で読んだいろんな話を知っていたで、ムロの中で仲間たちに語って聞かせやした。おれは記憶力があった方で、長い話を幾つも覚えてやした。時には作り話もしてやった。若い頃は声もよく元気もあったから、義太夫も語って聞かせたもんですい。ムロの中では気の合ったもんちで、世間話に花を咲かせたり、仕事も楽しいもんでやした。今の衆は気を合わせるっちゅうこんがなくて、淋しいこんですなあ。

今日の仕事が明日の米になるっちゅう、せわしい毎日でした。そんでも部落のもんちは芸能好きで、晩に食うものがないというのに、今晩祭文語り呼んで、語らせようじゃあないか、といったぐあいですに。村では酔狂者がおってな、毎年秋になると、稲を刈った後の田んぼに小屋をかけて、柿崎（新潟県）の女芝居中村屋一座を呼んできやしたわね。一般も見にきて、そりゃあ大騒ぎをしやした。芝居を見たいというもんは沢山いただに、ひと商売しようかということで興行師の真似をするのだけえが、いつも赤字でやした。それでもこりずに翌年も連れてくる。太鼓をはたんで村中に宣伝して歩くのだけえが、その太鼓の音が〈ドセソン・ドセソン〉と聞こえると、悪口こいたもんですい。おれも必ず見に行った。酔っぱらいがいて騒ぐと、おれなんぞは〈黙っていやがれ〉とおどしたもんだ」

と、千江さんは小さな声でやさしく笑った。聞いている私たちは大声で笑う。

芝居は夜やるのだが、三百人くらい見にきたという。近郷近在から集まったものらしい。千江さんは持って生まれた能力で、部落の女衆たちに空想をふりまいて、その生活を豊かなものにさせてきた。夢をとどける女だった。菅のかわりにペンを持ったら、小説家になっていただろう。

実際に今晩くう米がなくても、祭文語りよんで架空の世界に親しみたいというのは、単に現実からの逃避だけではない。現実から逃避できるほど、部落の現実は甘くなかった。しかし、だからこそ芸能は働く人びとの生きがいの欠かせない、ひとつであった。人はパンのみにて生きるにあらずということを、赤貧の民が臆せず示しているのである。

「戦前は、何から何まで仲間はずれにしておいて、おかしなもんでやすわなあ、戦争になったら一億一心というこんですい。対外的に部落の外に出ていくことが多くなりやしたなあ。婦人会なんぞ入れてもらえなかったのに、国防婦人会になったら、おまえたちも兵隊見送りに出て来いなんていってきた。国民体操なんぞにも引っぱり出されやした。部落のもんはこれまで長い間、お他人さまにされてきやしたから、ひとさまの前に出るのをやだがりましたに。おれはいかんことだと思った。着て出るもんも、はくもんもないからですに。女衆などは、帯一本買うことできず、みな腰ひもでまにあわせていた生活だったに。一枚きりのお腰を洗濯する時のため、着物には大きな尻敷あてをつけておいたもんですい。

ある時、分列行進するから出て来いというおふれがきやしてな、じょおりではだめだというんで困ったもんだ。部落のもんはズック靴など持ってやしない。そんでみな出ていかない。おれはかっこうなんぞかまわんからといって、十一文半の破れ靴を借りて、分列行進に出たですい。はた目にうつる自分の姿なんぞ気に病んでいたら、生きてなんぞこられなかったですい」

祭礼での差別

弥太郎さん（七十五歳）の家は、堀之内の本家筋にあたる。この家には六尺棒と、系図が保存されていた。弥太郎さんは、

「明治になって、受持ち（巡査）が来て、お前らには必要ないといわれて、十手・六尺棒などみな持っていかれた」

という。弥太郎さんの若いうちは、父親や年寄りから部落の話を聞くということはまずなかった。忙しい、忙しいですごしてしまった。部落のことにとにかく正面からふれることは避けられてきたのである。

弥太郎さんの父古川万作は、八十三歳で死んだが、昭和四年、高山村の村会議員に当選している。部落からは、それ以前に紫の鈴木栄七が村会に出ていた。昭和元年の選挙にも万作は立候補したが、一票の差で落選している。一般から出た太田左衛門と一対一で選挙戦を展開したが、左衛門三十六票、万作三十五票で敗れた。

「敗けたのやら、ごまかされたのやら、わかりあせん。票を隠されたのだという疑いを持たれても仕方がないですい。開票を見せっこなしですからに」

と弥太郎さんは不服そうにいう。

万作は米穀・肥料商をやっていて、部落の采配を握っていた。万作の長男亀之進（弥太郎の兄）は男がよすぎて金を使い過ぎ、道楽者でとても一緒に住めないと、万作は亀之進に独立させて米穀商をまかせた。妻は本家（長男）に残し、万作は次男弥太郎と分家を建てて移った。弥太郎さんは十九歳の時、鬼無里村の部落で下駄作りを覚え、現在の家で下駄屋をはじめた。このあたりは桐の木が豊富である。

堀之内では、万作が中心になって同仁会運動が盛んに行なわれた。同仁会運動の一環として、堀之内では部落が一番はじめに井戸を掘った。この村での融和のきっかけは、戦争中出世兵士の壮行式からである。一般はお八幡宮で壮行式をあげたが、部落はお八幡宮の氏子でない、と八幡宮に参拝するのを断わられた。あんた方は自分のお宮があるのだからといわれる。同じお国のために生命を捧げるのに、これはおかしいということで、ここから端を発して融和運動に乗り出した。昭和七年から八、九年ともみにもみ、昭和九年の秋に、祭も一緒、婦人会も人並みに入会できるようになった。白山社もこの時合祀する。お宮のけやきも全部区有財産とした。そして学校に三十円寄附をしたという。融和の喜びと祝いの気持であったのだろう。

こうして形式的には融和されたが、実際はなかなかきびしかった。お祭では、行事の通知はよこすが、部落の青年には笛や獅子舞いを教えてくれない。口を使うものはけがれるからいけないという。一緒にやって仲間にされない方が、別々にやっていた時よりせつなかった、と弥太郎さんの長男万吉さんの言葉である。それならばということで、部落の方から、やらせないというのを強引に実力で入っていって練習した。

同じ高山村の千江さんが生まれた紫では、戦後まもなく昭和二十三年の春祭の差別で、自殺者を出すという悲しい事件を起こしている。一般は神楽奉納に部落の青年を参加させたくない腹を持っていたので、神楽は奉納しないと決議した。だが祭が近づくと、神楽の練習の音が部落にも聞えてくる。部落の青年をよそに一般の者だけで練習をしていたのであった。部落では一般の人たちだけで練習をしている公会堂へ話し合いに行ったがらちがあかない。はじめから差別しようと思っての計画的な行為であったから。頭にきた部落の青年の一人が、いきなり相手をなぐった。これが暴力事件として訴えられ、部落の人たちは次々と警察へ呼び出され、責任を感じた一人が自殺をするという結果を招いたのである。

警察では、警官が「肥桶はいくらきれいにしても肥桶だ」という差別言辞を吐いて、部落の人を罵倒し、差別した。この事件では当の差別者である一般の者は追及されなかった。そして単なる暴力事件として形をつけられた。

堀之内には自慢になるような人は出なかったかと問うと、弥太郎さんは、笠編みの名人の他に笛の名人がいたという。するとと千江さんが、

「あれはダメだ、ダメだ。ひどい道楽者で、怠け者で、笛を吹かせりゃあ師匠だが、仕事ぎらいで働くこと知らねえから自慢になんねえ」

とさえぎる。千江さんにとって名人とは、あくまでも正直者で勤勉でなければならない。喜衛門は酒を飲んで遊ぶことしか知らないが、その笛の音はすばらしく、誰も真似ることができなかったという。あまりよい音色を出すので、喜衛門が一回吹くと笛が割れたという。しかし、弟子は部落の人たちばかりで、一般は来なかった。養子に入ったが、姑は家三軒作って次々と喜衛門につぶされた。親を困らせ、嫁さんに苦労かけた道楽者、と千江さんは力説する。

堀之内は旧高井村で昭和三十年に山田村と合併、高山村になった。友進組、真道組、仲組の三組に分かれている。部落は仲組（旧西組）である。堀之内百五十戸、仲組二十七戸。農業は一戸、半農・半日雇い・半商が五、六軒、残りは勤めと日雇い専門。日雇いは土工が多い。旅土方はいない。日当は千二百円～千五百円である。

かしゃっ葉とり

長野県同和教育推進協議会が、堀之内部落で、一九六九年に〝母と子の姿〟というテーマで実態調査を行なった。その調査書を引用してみたい。ここに出てくる母親とは、学齢期の子どもを持つ人たちである。

「十八名の母親のうち十五名は、部落に生を享け、三名が一般から嫁いできた。子ども時代の回想は、誰も子沢山で貧しさに苦しんだことであった。両親は零細農業（小作）、その一人Aさんは十一人兄弟で七人が母乳不足で赤ちゃんのうちに死亡した。十八名中、尋常科卒12高等科3（1名は中退）新制中学3で、早く家計をたすけたかったために就職している。十八名中十七名までは女工哀史の紡績や製糸工場に出ている。きびしい労働条件には耐えられたが、差別には耐えられなかったと、そのうち八名の母親は転職をしている。

一般から嫁いできた三名の母親は、あらゆる壁を乗り越えてたどりついたというもので、里帰りは勿論、一切の親戚づきあいも断絶されている。肉親の死に目にもあわせてもらえなかった。

現在十八名中八名の人が勤めに出ている。町工場、失対事業、日雇等、あらゆる働き口をさがして家計のたしに懸命である。」

六月になると、この部落では、かしゃっ葉取りがさかんである。内職よりも稼ぎになる仕事で、この季節になると、堀之内には問屋のライトバンが何台も人集めに迎えに来る。かしゃっ葉とりは、千曲川の川東、坂城町から下って須坂市まで盛んである。佐久地方は柏の木が少なく、そのかわり唐松の実を取る仕事がある。かしゃっ葉とりは、かなり昔から行なわれてきた。長野市大室の市末さんの奥さんは、

「わたしが嫁に来た時、すでにやっていました。四十年以上前です。大正時代すでに盛んでした。かしわ餅をたべるようになった頃からはじまったのでしょう。戦争中だけはこの仕事はなかったです」

と、かしわ葉とりがその昔から部落の人の仕事であったといった。昔は五月末から七月末頃までやったが、最近はあまり沢山の人が取りに行くので木を荒してしまい、半月間位しかできない。昔は男も女も行ったが、今日では女衆が集団的にやる仕事である。男衆は他の勤めや日雇いに出る。

山奥へ奥へと入らねば葉が取れなくなった。そのため熊にやられる人が毎年出ている。

取りやすいところの葉はすでになく、高い木に登ったり、危険だらけだ。帰りは午後三時か四時頃、次の日は休んで、取ってきた葉をのばしたりたばねたりの整理である。かしゃっ葉は大きすぎても小さすぎてもいけない。掌ぐらいのものが一番よい。一枚一枚ていねいに、しかし一枚でも多くちぎる。

昔は盗み山といって、他人の山に入ってかしゃっ葉を取った。部落には山がないから、年中怒られて逃げまわりながら葉をむしった。戦後は盗み山もせず、安気にかしゃっ葉が取れるという。問屋が山主に礼をして、自由に入れる権利を買うからである。

一日行くと千五百円から二千円になる。聞いたところはよいようだが、二日がかりだし、体力のいる仕事である。ある主婦は、忙しいので食事もついできたものを買うし、外に出ると、ジュースだ、サイダーだとかかりが大きい、とこぼしていた。大室では一年中の女の仕事を、春になるともち草とり、次に笹の葉とり（戸隠方面へ行く）、次にかしゃっ葉とり、秋になると大根ぬきがあるという。冬の仕事がない。昔はわら細工があった。冬にできる何かいい仕事を世話してほしい、と中山さんに申し込んでいた。

かしゃっ葉は、家族総ぐるみの労働で、子どもも労働力に欠かせない。高井小学校の子どもたちの作文と日記をみてみよう。

かしゃっぱとり　　　　　M・H

かしゃっぱは、とてもこん気のいる仕事だ。父や母は朝二時、三時から起きて、山に行く用意をしている。それからむかえの車に乗る。この車に乗るにも班がある。班の人がそろったところで、車に乗って出発だ。

朝ごはんは前日に買った食パンだ。それと水だ。二時間ぐらい乗って山につく。昼すぎ十二時半頃帰って、少し休んで一時から、かしゃっぱまるけがはじまる。それから五時間ぐらいは、すわったままの仕事だ。かしゃっぱを一まい一まい数える。そわらをすぐって水にほとばし、水気をつけたわらをめいめいもって、数えたものをたばねるのだ。

一まい一まい、おなじ大きさのものをみつけ、葉のとんがった先をあわせて、五十まいが一たばになる。

やっているうちに足がうごきはじめる。それはやだくなった時だ。「もう少しだ」と思うと、すぐあきてしまう。二時頃ようやく休けいだ。時々毛虫や青虫が出てくる。ようやく六時頃終る。多いときは八十たばくらいたばねる。たばねた葉は、ふくろにつめて持って行く。それでようやく仕事が終る。終ったあとは、体がとてもかたくなったような気がする。

この仕事は多い時と少ない時がある。少ない時は終ったあと体を休めるが、多い時はほかの家の人をたのんで手伝ってもらう。そんな時は、とてもつまらないような、つかれたようなかんじだ。

学校から帰るとすぐ仕事がはじまるので、勉強は終ったあとでやる。わたしはこういう仕事は、体にはわるいと思う。

日記から　　M・Y

六月○日

けさも、早くから、父と母が、かしゃっぱとりに出かけて行く。母はいつものように「火に気をつけて学校へいけ」といって、山へ出かけた。

ぼくたちは朝ごはんをたべ、学校へいく。学校から帰えると父と母は、もう葉をそろえている。まだ四分の一ぐらいだ。母は「早くしたくをかえて、てつだってくれや」という。ぼくは「うん」といって遊びたいけれど四時から五時頃まで手伝う。ひどい時は七時八時までやるが、きょうは早く終った。下の家へ父がかついで行った。――後略――

＊

川上の部落

豊野駅におりたつと、トラックが私たちを待っていた。砂煙をあげて上今井まで直行する。花一郎さんの家では、部落の人たちが八人も集まってにぎやかであった。しばらく休業状態だった解放同盟の支部が、最近半数ほど復活したという。ちなみに、部落解放同盟長野県連の組織率は六割強である。この数字は労働組合の組織率よりはるかに高い、と中山さんはいう。

上今井の部落は、千曲川に沿って屋根を重ねている。本来なら犀川と千曲川の合流点より下流は信濃川と呼ぶのだが、信州の人は千曲川で通している。川は六月の水をまんまんとたたえ、ゆったりと流れていた。『破戒』の丑松は、飯山から船でこの川を往復した。

トラックの中で運転席のTさんは、部落の入口の線路（飯山線）でまた大事故があったと報告する。この四十日間に二件も同じ踏切り事故が発生した。問題の踏切りは部落のただひとつの出入口にあたる。この踏切りを越さねば、どこにも出られないのだが、山がせまってカーブしており、非常に見通しが悪い。安全を確認してから自動車を動かしても、山影から汽車がその直後に出て来たらもうおしまいだという。前後に長く、スピードの自由のきかぬ耕運機などは、どうしようもない。どこへ出るにも部落の人はこの踏切りを渡らねばならぬのに、警報機さえついていないのである。Tさんは中山さんに、県の方と警報機とりつけの交渉を進めてほしいと申し込んでいた。

中山さんは、どこの部落に行っても、必ず一つは要求を出される。雨の宮では店の資金、大室では冬場の女衆の仕事、馬場ではタクシー差別事件等々。父親が、子どもの作文をどう書かせたらよいか、などということまで相談にくるという。作文の題は「父の職業」というものだった。

花一郎さん（七十七歳）は、小柄でもの静かな老人である。若い人たちから尊敬され、したわれている年寄りだということが、座の空気から感じられた。

「明治のはじめ頃、この部落は八戸だった。白山神社を八戸で建て替えたとある。それ前の白山は何戸で守っていたのかなあ……。現在は四十八戸です。

今生きておれば百を越える村の年寄りの為次郎じいさんから聞いた話だけえが、明治以前は、飯山藩の下で十手・捕縄を持って、命令で飛び出していって罪人をとりおさえたり、その予防をしたこんだ。このじいさんに、わしが何故部落は人にきらわれるだと聞くと、廃藩置県になって殿さまからいただいたお役目を失ったため、人のやだがる仕事をするようになったんだといっとったですわね」

同席していた若い衆が

「じい、おらちの祖先は、死んだ馬を掘り返して肉を食ったと聞くが、本当かや？」

と花一郎さんにたずねる。

「そういうこんもあったろう」

花一郎さんは、ゆっくりとうなずいてからいう。

「しかし、わしの時代にはなかった。人間少し賢くなっていたからな。わしの前の時代の人はそういうこともしたろう。仕事を失い、人間すさんでいたし、まったく貧乏して、食うものがなくてそういうこともあった。わしらの前の時代は、酒一升で人の喧嘩を買って出た、荒っぽいのがいた。生活が苦しかったから、栄養のあるものは馬の肉でも食った。栄養のあるもの食ってえらい仕事にたえたんだ。

六尺以上あるやつは、おかかえの籠かきに強制的に出された。芝居がかかったりすると、六尺棒持ってなでて歩いたのさ。だから昔はおらとこの公爵は籠かき公爵とあだ名されたんだなあ。現在の警察官も同じように職を失ったら〈オメエ、とらまえたでないか〉といわれて、やだがられるだろう。一般の親たちが部落をきらうように、子どもにいいきかせたのがいけない。わしらの時代は〈水平社〉があだ名だった。

わし一人の意見だが、部落といわれるほとんどが川下にあるが、この村は一般が川下で部落が川上にある。これが不思議だ。われわれの先祖は一般の次男か三男で、手がつけられんきかん坊がいて、勘当されてこっちへ出されたのではないか。家を建ててやるから縁を切るぞとかいわれてな。この時ここの土地をもらったのではないか。持っていた田んぼは明治はじめ頃一町歩以上あったが、みな一般の中のよい場所だったからな。

上今井の高橋次郎（一般）から、お前さんとは先祖が同じ、といわれたことがある。飯山鉄道（現在の飯山線の前身）を引いた佐藤菊太郎さんから書いたものがあるはずだといわれたが、どこから分かれてきたかという系図はない。白山神社が一般の方の久次さんの裏に小さなお宮だがある。わし等の祭っている氏神は、白山といわず玖々里姫神社（白山と同一神で別の呼び名）といっている。そこらへんがどうもおかしいんだな」

そばから若い主婦が、

「そうだに。飯山南高校の歴史班が一般の方へ調べに行ったらだに、ある点から先がどうもわかんねえ。話してくれねえ。一般の方が部落だとわかったら困るということではないかえ」

と力を入れて口をはさむ。

「一番古い家は庄屋と呼んでいた。わしの母が出た家だが、その家は三十年前にこわした。子孫は東京へ出て不動産業をやって出世している。高橋満蔵といった。この家は病人がつづいたため、わしが子どもの時分に縁起が悪いといってつぶしてしまった。間口八間、奥行四間半の大きな家だった。満蔵の息子が松蔵、その息子に弥太郎がいる。弥太郎の娘がわしの母だ。

古いものはくず屋に売っちまった。長くつづいた仏壇と臼《うす》だけは、わしが持っている。遠くから見に来るほど立派な仏壇だった。六十年程前、弥太郎の時代に旅の仏具みがきを入れた。このみがきやは一カ月、家に滞在してみがいていた。家の者はみな田んぼへ出たあと、じいさんゴツゴツみがいているものと思ったら、純金をみなはがして、はやりのピカピカメッキにしていっちまった。純金がすっかりはめ込んだみごとな仏壇だったが、台なしにされちまった。聞くところによると、先祖が手柄をたてて純金のくつわを殿さまからいただいたんですわね。くつわにしておいてはもったいないので、それを仏さんに使った。だがくつわを仏さんに使ったので病人がつづくのだと、陰口をいわれましたわね。

わしが十一、二歳の頃、この村に博奕が流行して、村をあげて博奕をしたこんです。巣が二軒あり、わしは二十銭もらって、土手にあがって（県道は部落の上）見張っていた。誰か知らない者がきたら知らせろ、といわれてな。もう村中の男衆が集まって夜昼なくやっている。このためどんなに女衆が泣かされたかしれない。何枚とない着物もいつのまにか質屋に行っていた。生活は荒れていたわなあ。

ここの部落の仕事は、船頭がほとんどだった。明治以前は十手をあずかりながら、船頭もしていたらしいですなあ。街道の要所要所を守ってましたがな。船が帰ってきても、何日たっても亭主は家にあがってこない。船の中で博奕をやっている。家では夕方に食う米がなくても一向かまわなんだ。Yちゃんの親父のお袋は、赤子を博奕やっとる船の中に投げ込んだことがあった。

女衆はよくがんばってやってきたわね。ふんとに感心するなあ。人の薪を一束いくらで山から運び出す仕事をしていた。五束しょって、その上に赤子をのせて山からしょいおろす。川原でバラスをふるう。これも女衆にとってはきつい仕事だったが、月あかりでも働いたもんだ。ぞうり作りは冬期だけだったわね。夜わらじ作って明日の米にする忙しさを家の者にさせておいて、男衆は遊んでおった。わしは父親がなく、母親一人に育てられたので、女衆思いになった。女を悲しませるのはよくない。わしはとっぴなことはしなかったです」

最後の船頭さん

「わし等が船頭した最後の者でしょうなあ。船頭というのは、長吏についでやだがられる職業だ。『一般』には船頭筋の家といわれて、今もその風潮は残ってます。船頭筋の部落は、替佐・上今井・柳沢・安田などで、一般には立ケ花・真島（関崎）に船頭をやる人がいた。一般の船頭は、飯山・立ケ花間で人を乗せていた。

船頭の仕事は、十七、八歳から四十歳位までしかできなんだ。年をとってからは無理ですね。力と機敏さが必要ですから。わしの船頭時代の大方は、松代まで薪炭を運んだもんです。薪炭は大滝まで仕入れに行った。風が頼りの仕事でして、午後一時、二時頃になると、北風が吹いてくれやしたわね。風があればその日のうちに松代に入る。風が無ければ何晩でも止って待っとります。風が出なけりゃ今日はいくら取ってくるだろうと待っている妻子のところに、一銭も持たずに帰らにゃならん。上八里（松代まで）下八里（飯山まで）の間を行き来したです。

風待ちで止っている時、二、三艘寄ると、船の中で博奕がはじまるか遊廓に遊びに行くか、どっちみちよい遊びはしやせん。行く先は湯田中の腰巻、長野の鶴賀でしたなあ。今の若い衆は気の毒ですわ。わしらのような遊び方は、強盗でもせにゃできんからなあ。当時、日よっとりは一日五十銭、仕事になれば船頭の人足は一日五円だった。夕方、村の若い衆としめしあわせて、長野まで遊びに出るんですわ。そんな時、夕食のぶち込み（すいとん）に泣かされやしたわね。戸の外から仲間に目くばせされたり、口笛吹かれても、熱いので急いで食べられなんだ。おふくろには苦労かけて育ててもらっているので、信用を失うのが恐ろしい、朝までには必ず帰ったもんですに。二、三里の道を走って帰った。

舟は全長十三間半、幅一丈二尺、一隻に人足五人乗り、三千貫積めた。舟は川元に大工がいて、上今井の川原で作らせた。新品は買えないので中古品を買い、修理しながら使ったわね。一隻に五人乗組むが、報酬を七人分として計算しておき、二人分は親方（船頭）に修理代としておさめておく。親方の悪いのは、この二人分を取っちまう。岡山村（飯山市）の殿さん殿さんと呼ばれたSさんは船頭しよったが、ケチで金を残し、子どもはいま北信で医者をやっていますわね。Sさんからは、冷飯ばかり食わされて、ひどい思いをさせられましたわ。親方がケチだと人足は陰で悪いことをするので、実際は損ですわな。気持がぴったりしないと、できない仕事だから。

　一度は上堺の滝で舟をひっくり返し、積荷の正月用の酒、みかんを全部流しちまったことがあった。危険と隣り合わせの生命がけの仕事で、橋をくぐる時は一番こわい。橋の手前で、二人がバタバタと手ばやく帆をおろす。他の者は棹をさす。のそのそしていると横倒しになっちまう。コツは早く橋をくぐること、船足を止めぬことだ。橋をくぐると帆柱をまたすぐ立てる。全部をアッという間にできなければいけない。橋は立ケ花・山玉島・村山橋・川田橋などの五、六カ所あった。その他は渡し舟の針金が七、八カ所あったですな。

　帆柱の高さは十一間、櫂は六本、舟の仕事は色々な名前を覚えるだけで一カ月かかる。しくじると頭からどやしつけられた。機転がきくこと、みんなと手をそろえることが大事なこんです。わしは一度も失敗したことはない。失敗は第一ゆるされない。大屋の鹿さんは兄こうと一緒に人足として舟に乗っていた。荷を川へ落し、兄こうは他人の手前面目にかかわると、〈ワレ落した拾ってコオ〉と寒中に水に飛びこませ、鹿さんは心臓麻痺で死んでしまった。

　風さえあれば夜でも月あかりで動かす。船頭はだいたい四十歳位。船頭が坐っている下の床をはがせば、米・味噌、何でも入っていた。船頭が食事当番もしますわ。船の飯をくわせると風邪ひかないというので、親がもらいにきていた。野菜などは川岸から

〈チョオダイ〉してくる。お百姓は認めていたですな。しっぽがきたことは、めったにない。うるさいことというばあさんがお菜洗いをしていれば、船を近づけて、砂をぐいと押しやったり、意地悪したものだ。替佐の下に、かさぐらの滝があって、ここは難所だった。大室からは切石を積んで帰った。学校の敷石は、わしらが皆して寄附したもんですね。行きは自分の商売、帰りは人の荷で運賃を稼いだ。下りの荷はめったにないが、ある時はいい稼ぎになったもんだ。小布施まで行って、風がなくて七日間も止っていたことがある。そのうちに金がなくなって、船から自分の荷（薪炭）を背負って、町へ出て売って歩いたこともあった」

船での運搬の時代は終り、次に花一郎さんは馬を買って、運送屋をはじめた。多くの仲間は馬を買う資金がなく、土方になった。主に飯山線の鉄道工事に出ていた。土方は一日五十銭、馬を持って稼ぐ人は五円になる。資本がいるので、運送屋は貧乏人にはできなかった。

船頭という仕事の関係で、上今井では、毎年八月十七日に水神祭を盛大にやっていた。御神体はなく、白山の玖々里姫が代行している。この日は白山さまに行ってお詣りする。長さ二間半の大きな麦わら船を若い衆が作り、子どもは子どもの小さい船を作る。そこにお盆の時に使った提燈をさげる。この麦わら船を裸で夜中に川へ押し出す。この時、お明りをともした燈籠を百個流す。お明りの行列が二キロもつづき、みごとな夜景であった。一般からも見にくる。水難から逃がれる祈りをこめた祭である。水の仕事につき、水の近くにいて（住居は川岸にかたまっている）部落では子どもを水で失ったことがないという。もう助からないというところまでいっても、不思議にみな助かっている。若い母親は、

「ふんとうのところは死んじゃうのに、死なねえんだわ、不思議だよなあ。一般はあがらねえぞ、一般からはずいぶん水難出しとるわな」

と、感動的にいう。信仰があついからということだろうか。しかし、この水神祭も伊勢湾台風でやめた。若い衆で部落に残る者が少なく、船を作る者がいなくなったからだ。

「ふんとうは、やりてえな」

と女衆はいっていた。水神祭はちょうどお盆のつづき日で、町に働きに出ている者、遠くに嫁に行っている者たちが、里に帰ってくるので、たいそうにぎやかな行事だった。

「昔はみな、似たりよったりの生活をしていた。仕事も同じだったからなあ。共同の利益、共同の敵で、恐ろしいもの、幸せをもたらすものも同じだったわね。気持もひとつだった。いまは収入もばらばら、心もばらばら、だから祭なんかはすたれてきますわね。さぶしいこんですなあ」

花一郎さんは、過ぎてきた日々をなつかしんでいるようだ。この部落では、水神祭の他に作神さんである三峯さんの祭りも戦後やめている。だが、秋の大祭（白山神社）だ

けは、今日も盛大にやっている。春祭りも行なうが、秋の方がにぎやかである。犀川筋の一番古い部落とされている。伝承を持っているのは、東筑摩郡生坂村小立野の部落だ。犀川筋の仕事にたずさわっていた。小立野から下の十六カ所の部落全部がT姓で、昔は渡船の船頭をしていた。伝承によると、小立野部落の先祖は竹之内宿禰命の乗る船苗字は主人の名にあやかったものという。古さをたどれば小立野の伝承が一番古いことになる。いう。中世の職人衆が自分たちの先祖を神話の世界までたどらせた。これは全国的にみられる職人衆の伝承に似ている。

留ジイの向学心

花一郎さんの友人、高橋宇平は二十六歳で事故死したが、飯山線のレールを一人でかついでふりまわしたという力持ちである。宇平は七十貫かつぐ男といわれた。荷車引きをしていた部落では自慢になることというと、必ず力持ちの話が出てくる。どこの部落でも人並みはずれた力持ちが、語り草になって残っている。

上今井では菩提寺である西光寺が、八十年ほど前に火災にあった。この時、部落の者が真先きに飛んでいって、火の中から大事な宝物を次々と運び出した。重くて誰も手を出せない品まで、部落の者が助けた。寺では、いま訪ねても、宝物はみな部落の人のおかげで今日残っているのだと感謝しているという。籠かき公爵の渾名《あだな》が示すように、力でも認めてもらわねば社会に参加していけなかった。もっと別の能力を出す機会を与えられなかった。支配者と社会は、部落に苦労で危険の多い、そして益の少ない仕事を与えた。

福島の忠男さんは、部落のなかでの遊びといえば一番にあがってくるのが、番持ちという力くらべだと、若い頃のことを語っている。

「まあよくもあんな暇があったもんだ。真昼間から若い衆が白山社の庭で、腕相撲、棒押し、俵かつぎ、石かつぎをしたなあ。それを年寄りがまわりで見ていて、昔のもんはこれだけ持ちあげたとか、持ちあげた者には酒一升出すなんておだててな、当時は仕事がなかったんですなあ」

部落の人は、常に力仕事だけを要求されていたので、力のある者が買われ、仕事につけた。誇れるものは力だけで、それがまた生活を守ったのである。

こういう力持ちや、飛びっくらの自慢話とは別に、上今井では名物男にトンチ博士が登場する。

高橋留吉は、生きていれば八十歳位である。若い頃から尊敬と親しみをこめてジイジイと呼ばれていた。留ジイは、暗く、そして荒れがちな部落の生活に、トンチで明るい人間関係を生みだそうとした。留ジイは笑いをふりまく神さまだった。喧嘩、家族の不和、心配ごと、揉めごとが起こると、部落中のどの家からも〈ジイを呼ばってコオ〉と招かれて行く。仲裁役、相談役だった。留ジイは、どんなことでも相手に腹を立てさせることをしなかった。

ある時、大水があって、上今井の家財が流され、それを替佐の部落の者が拾い、留ジイが交渉に行った。

「替佐の衆は、げいがたい（義理固い）衆で、上今井から流した物を拾ってくれて、すぐ返してくれるとなあ」

留ジイにそういわれると、替佐の衆も返さずにはいかなくなったという。替佐の祀さんが上今井で聞かせてくれた。留ジイは相手を決して怒らせない。ある時、替佐に来た留ジイに、

「留ジイ早いでねえか、今井の衆は電気で飯くう（朝暗いうちから働く）そうじゃねえか」

というと、

「そんなことといったっておめえ、替佐の衆もみな箸で飯くってるべ」

と、しゃあしゃあしてやりかえすのだった。部落の山の頂きに、電気の入っていない一軒屋があった。留ジイは、この一軒屋を山の神と呼んでいた。金のない者には、留ジイは、「困ったらお前らも山の神にあがって暮せ」とよくいっていたという。ここで生活

すると金がたまる。人と附き合う時間がはぶけて、終日、ぞうり作りに精出せる。お茶のんで歩かなくてすむからだ。部落の人はつきあいをよくする。留ジイも山の神で金を作り、壮年になってから材木屋をはじめた。

　留ジイは文盲で、字は全然読めず又書けなかった。材木屋で字が書けぬと非常に不便で、商売にならない。トラック一ぱいの材木を、その種類と数を覚えておかねばならなかった。何板何枚、何寸角何本と、数も種類も多い。彼は自己流に符牒をきめて、しるしをつけておいた。ソロバンも使ってはいたが、これも自己流で、他人には何をしているのかわからなかったが、掛け算も割り算もそれで間違いなくやっていたという。

　必要にせまられて、留ジイは自己流の文字を創造した。人類の文明の曙時代、人間は象形文字を発明したが、留ジイのもそれに似ていた。私は人間にそなわった考える力というのは、時間空間を越えて似たような方向を持つものと、感心したり驚ろいたりした。留ジイは晩年になって、自分の書いたものが自分で解読できなくなり、孫に読めといった。「われもわかんねえ」というと「そんなこたぁない」と怒っていたという。

　居あわせた留ジイのお孫さんに、何か書き残っているものがないか、さがしてもらった。商売に使ったノートや手帳が沢山あったが、ほとんど風呂釜とくず屋に行ってしまっていた。一日労働は「○」、半日は「　」三日は「△」。子どもたちは顔の特徴で「♀・♀・　」などと現わしていたという。若い頃のは字になっていなかった。自己流の記号である。晩年は子や孫に習って、それでも字に近いものを書いた。留ジイは、生活の中で合理性を徹頭徹尾追求して生きた人のようである。死ぬ時の最後の言葉は、枕もとの嫁に、

「学生服と学生帽を持ってこお」

といった。嫁さんは何のことかわからなかったというが、きっと小学校一年生からまたやりなおすということだったのだろう。

＊

太鼓づくり十代

長野市西長野の太鼓屋さんの当主、袈裟三さん（六十六歳）は十代目である。明治まで代々名左衛門を襲名し、太鼓屋名左衛門でとおってきた。二百年位はつづいているのではないかという。寛政年間の墓があるが、それ以前からいたものと思うと、袈裟三さんはいった。家は間口九・五間、奥行き五・五間の、堂々とした構えである。くず屋根に二十年前トタンをかぶせた。部屋数は九つという。造りは上品で奥ゆかしい。仏間には高さ一間、幅一間もある黒檀の立派な仏壇がはめ込まれていた。戦争中、仏壇だけは助けたいと壕に入れて、金がきたなくなったそうだ。弘化四年（一八四七年）の善光寺地震で、このあたり一帯がすっかりつぶされた時にも、この家だけは健在であった。地震

の後の廃墟で、この家から善光寺が見とおせたという。

　袈裟三さんが子どもの頃、桜枝町通りの道までが屋敷であった。いまそのあたりは、ぎっしり住宅で埋められている。祖父の弟が道楽者で父親の代に土地を手離した。十代太鼓作りをつづけているが、父親が元気だったので、袈裟三さんは若い頃、十七年間、東京で靴屋をやっていた。太鼓作りでは、善光寺、真田藩、松代藩、戸隠神社のいっさいの御用を名左衛門が受けていた。本願寺別院とは、信徒以上のつきあいがある。袈裟三さんは、本堂の幔幕と昨年は朱塗りの太鼓を戦友三人と一緒に奉納している。無事戦場から戻り、今日なおつつがなく働けるという感謝の奉納であった。

　太鼓屋は、明治以前から木藤と名乗っていた。嘉永の太鼓に木藤の名が入ったものがある。二百年前の太鼓には、善光寺腰村名左衛門としてあった。麻積の木藤も古い家柄で親戚にあたるが、ここは木藤をM姓にかえている。明治以前は、ここ西長野を腰村と呼んでいた。善光寺さんの御本尊をおつれした時、ここでお輿《みこし》をおろして休んだことからきている、と袈裟三さんはいった。

　袈裟三さんが子どもだった大正のはじめ頃、この村は、三十五、六軒であった。現在は三十軒である。非常に多かった時があったが、それは曽祖父と祖父の時代、江戸の終りから明治にかけての頃だった。表の街道に沿って長屋が十軒以上あった。旅の者、流れ者、家をたたんで夜逃げしてきた者たちを住まわせていた。九州とか北陸とか全国各地から集まってきていた。善光寺腰村の名左衛門さんに泣きつけばよいと頼られて、曽祖父が長屋を建て、流浪者を保護した。一種の社会福祉事業である。ここに来る人たちは社会からはみ出した人間ばかりで、よい者もいたが、なかには新聞沙汰になる悪い人間もいた。父親の代になって、風聞が悪いと気にし、家があれば貸さぬわけにもいかないと、つぶしてしまった。

九州から善光寺参りに来て、居心地がよいと落ちついた医者がいた。彼は引き揚げる時、お世話になったお礼にと、家伝の薬を教えていくといった。名左衛門の家には守っていかねばならぬ家業があるので、手伝いに来ていた河原崎の敏雄さんの祖父に習わせた。敏雄さんの家は、暮しむきがよくなかったが、この後三代つづいて薬屋を開き、生活も楽になった。この医者は秘伝の薬を二、三種教えてくれたらしい。皮膚病、神経痛などがあったようだ。

袈裟三さんの子どもの頃の村の人たちの生活は、安定した仕事がなく、貧しかった。日雇い、雑業が主で、自家農はしていてもごく少ない土地しか持たず、それも二、三軒しかなかった。名左衛門の家には、村（部落内）から手伝いに来ている者が、二、三人いた。太鼓屋は百姓もやり、大正末頃まで養蚕もしていた。

袈裟三さんの父善之助は、戸倉の川東で一番古い高橋又一から婿に来た。祖父茂平は別家していた従妹と結婚している。曽祖父荘十は禰津から婿に来て、同じ禰津の本家成沢与衛門の娘を嫁にした。お頭筋の家は、お頭クラスとしか縁組みをしていない。格式を守ってきている。袈裟三さんが子どもの頃、太鼓作りはまだ盛んで、職人が五、六人いた。現在は袈裟三さん一人である。

太鼓作りは、まず木を切りぬくところからはじまる。大きいものはけやき、小さいのははんの木。太鼓作りは男仕事で、女は手伝えない。いい音は、皮のなめし具合できまる。下手ななめしは、バサバサして穴のあかぬうちに音が出なくなる。その家々で作り方の秘伝がある。現在、太鼓の注文がくるのは県内だけで、北信・東信が主だ。時代が移り、太鼓作りだけでは生活できなくなり、袈裟三さんの代になって、大正十三年から靴をはじめた。東京に出て仕事を習った。現在も靴の店タイナー（太名）を出している。

よい靴のポイントは、はいて形崩れしないこと、軽くて丈夫なこと、そしてデザインと、きまるところがきまっていなければだめだという。袈裟三さんは、昭和十一年に靴コンクールで全国一になった。代々皮に親しみ、器用な血筋をひいている。昭和十八年に陸軍大将東条英機首相の靴をつくった。ドイツのよい皮を土産にもらったという。靖国神社の大祭にはいて行くのだといわれた。靴を届けると、メザシを土産にもらったから当時としては貴重品だった。靴づくり日本一の袈裟三さんは、永田秀次郎長野市長や竹田宮の靴などもつくった、と語る。

上田市上塩尻の勝さん（五十四歳）は、小学校卒業後すぐ都会に働きに出て、二十一歳で帰省後、靴仕事をおぼえる。動機は洋服が普及してきたので、靴の需要も多くなるだろうというものだった。一人前になるには六年かかるが、いい商売とはいえない、という。勝さんは上塩尻の十五戸という部落内に小さな店を出し、若い職人を一人おいている。手縫い専門である。手縫いは大量生産でコストの安い既製品にどんどん押されてきた。もう手縫いの靴屋は上田市には二軒しかない。六、七年前の最盛期には二十軒あった。部落出身者で立派な店を経営している人もいる。しかしそれには資本もいることで、誰でもが店を持てるというものではない。

勝さんも、盛んな頃には数人の職人を使ったが、靴屋商売をはじめて三十年この方、銀行から一銭も金を借りたことがないという。それが彼の誇りでもある。勝さんは、銀行から金を借りるには手続きがわずらわしいし、支店長などというエライ人とも遊ばねばならないから面倒だという。勝さんには、それより一足でも多くよい靴を縫った方がよいと考える、勤勉で実直な職人気質であった。

勝さんは、高校を卒業させた息子を、学校からの紹介で、東京のワシントン靴店に勤めさせた。息子はいま東京にいるが、ワシントンは近いうちに長野まで手をのばし、支店を出すだろう。大量生産・大量販売の大資本にはかなわぬという。しかしこれからは、中年以上の人が既製品にはあきたらず、もっと手縫いの靴をはくようになるにちがいない。勝さんはそのような希望をもって、今日も手縫いの靴つくりにはげんでいる。

新派草創期の名優

太鼓屋名左衛門の家からは、新派に名優を送り出している。袈裟三さんの祖父茂平の弟である木藤紋蔵であった。『信濃毎日新聞』が連載した〝信州の人脈〟に、島村抱月との恋愛で有名な女優松井須磨子は登場したが、木藤紋蔵はあげられなかった。何故だろうか、片手落ちではないか、と袈裟三さんはいう。紋蔵の芸は新派ではかなり高く評価され、演劇史に名まえが残っている。紋蔵が故郷の信州で有名にならなかったのは、部落出身者だったということばかりでなく、やはり彼の短命からであろう。それと地方文化の新派劇への関心の薄さも手伝っている。

紋蔵は、袈裟三さんが三つの時、明治四十年九月五日、三十三歳で亡くなった。芸名を児嶋文衛といった。新派草創期の人で、一時は歌舞伎もやっている。市川八百蔵の弟子になって、市川八百枝と名乗った時期もあった。新派で一番早く渡米したのは、川上音次郎であるが、二番目に渡米したのが、この児嶋文衛であった。一万円蓄えたらアメリカへ行って演劇の勉強をしてくるといっていた。当時の一万円だから大した額だ。太鼓屋からも援助があったのだろうと袈裟三さんはいっているが、強い志と努力があったからできたことだろう。渡米前にすでに児嶋文衛の名はかなり知られている。上野の音楽学校を出た人が、児嶋先生、是非弟子にしてくれと、さかんに頼みに来ていたという。

文衛は、あなたのようなインテリは音楽で生きなさいと、思いとどまらせたようだ。二十八歳の時、渡米した文衛は、サンフランシスコで一年間勉強をした。滞米中に演劇を思いとどまらせた音楽家と偶然出会う。非常にうれしかったと、太鼓屋に手紙を寄せている。音楽家は文衛より二つか三つ年上の人であったが、やはりアメリカに勉強に来ていた。一緒に撮った写真が残っていた。サンフランシスコでは在留邦人に日本舞踊を教えていた。渡米する時も、まわりの者にいわずに出かけたが、帰ってくる時も予告なしに帰国した。家に着くと、友人やファンに新橋まで引き戻され、二百五十台の名前入り人力車で迎えられたという。人気があったのである。帰国後はさらに人気があがった。望まれて浅草の芸者置屋の一人娘のところへ婿に入ったりもしたが、死んだ時の妻は、奈良の多額納税者の未亡人で、文衛より年上の美しく上品な人だったという。大阪の道頓堀で興行中、見物に来ていて文衛に惚れこんだらしい。押しかけ女房である。二人は隅田川べりに家を持っていた。

東京の新富座での「娘鳴神」公演が、文衛の最後の舞台であった。風邪で具合が悪かったが、千秋楽まで無事につとめ、自宅で休んでいた。少し元気になり、隅田川で釣りができるほどになる。釣りをしているうちに急に具合が悪くなり、すぐ明治病院に入院させたが、風邪から肺炎をおこし、急性脳膜炎で死亡した。翌日の各紙は彼の急死を大きく告げ、彼の芸に高い評価を与えている。

後年、花柳章太郎は、児嶋文衛について次のように書いている。〈河合武雄の先輩であり、河合は児嶋の役どころに啓発されて、勉強したといわれている。夏小袖が代表的なもの、肉感的な女形でした。そんなに太りぎみではないが、器量もよくなかったのですが、こぼれるばかりの愛きょうと色気があって、他に類をみない女形でした〉（昭和三十五年八月十二日『読売新聞』）

児嶋文衛のことを信州では、いかにもありそうな話として、次のように語られていた。この「創作」は、差別意識のつよい風土を感じさせる。

「市川八百枝（文衛）は歌舞伎俳優市川八百蔵（後の中車）の弟子であった。女形の名優で、当り狂言娘鳴神で売り出した。東京の新富座で、娘鳴神を公演中、八百枝の素性を知っている信州の者が見ていた。彼は文衛の芸のあまりの素晴しさ、うまさに感動して、思わず〈やあ木藤！〉と声をかけた。そのとたん八百枝の所作がぴったりと止まり、八百枝はそれっきりになって幕がおりた。八百枝の着ていた最後の衣裳は、伊那出身で元県会議長、下平訥四氏が持っている」

十年ほど前、当時『信濃毎日新聞』の記者だった中村信夫さん（現在、家の光協会勤務）が部落解放同盟長野県連の中山さんに話したところである。この話を、袈裟二さんは否定する。祖父茂平が病院まで出向き、その臨終に立ち会っているからだ。この誤って伝えられた話は、八百枝の芸のみごとさと共に、彼が部落出身者であるということを忘れずにつけ添えておこうとする意図を感じさせる。

八百枝の実家である袈裟三さんのところには、彼の書き送った沢山の手紙が残っていた。手紙には必ず俳句が達筆で書き添えてある。多才な人だったのだろう。

梅の葉の昨年《こぞ》のなごりや池の底
世のはじをまとめて秋のなごりかな
凩ほゆる梢に高し冬の月

*

善光寺と部落

小諸加増に住む国松さんは、父親の実家が長野の河原崎であったため、この部落のことをよく知っていた。国松さんは子どもの頃、よく河原崎に遊びに来ていたが、おりおり年寄りから聞いたという話を聞かせてくれた。

西長野もそうだが、ここ河原崎も善光寺にゆかりのある古い部落である。国松さんが子どもの頃、六十年くらい前は三十軒ほどあった。その後ずっとふえて六十軒になり、現在はまた三十軒に減っている。出入りのはげしいところで、昔の人はほとんどいないのではないか。新しくよそから来た人が住んでおり、ここに住んでいるおかげでこの新しい人たちも部落と呼ばれている。おかしいことです、と国松さんはいう。

六十年前は、靴屋がいちばん多くて十軒ほど、次に車夫が五、六軒いた。その他はランプ屋、太鼓屋、髪結い、薬屋、屠夫、日雇いなどの仕事についていた。車夫は人力車夫で、たて場があって客が来るとほっぴき（くじ）できめていた。ほっぴきは細い縄で尻にかねの輪がついている。ランプ屋は、ほや台や芯を籠に入れ、背負って売り歩く商売である。北国街道の道向うでは、今日の川中島自動車の社長が馬車屋を開いていた。

昔の善光寺は、いまの横大門のところにあり、部落もその横にあった。元禄年間に善光寺を現在の位置に移した時、部落も現在の場所に移された。河原崎部落には二つの流れがある。一つは、わき（他所）から来た者で、非人とも乞食ともいわれていた。この人たちは善光寺の参道の傍に小屋をかけて、参詣者からおもらいをしていた。この流れの人は屠夫になっている人が多いという。もう一つは、長吏の系統である。

善光寺の御本尊である、如来さまをおつれした十三人の被官のうちの一人が、河原崎の部落の人であった。この十三人の子孫のうち、現在なおつづいている家は二軒である。その一人は、元善町の玄証院であり、もう一人は中屋（靴屋）の利雄さんの家であるという。この二軒は現在も冠婚葬祭の親戚つきあいをしている。利雄さんの祖父は善光寺のおかかえ庭師をつとめていた。善光寺についてはさまざまな伝説が語り伝えられているが、事実はともかくとして、善光寺が建ったのは、非常に古いということのようだ。従って部落の歴史も古い。

河原崎の部落は、善光寺に直属して寺の雑用をしていた。現在でもお盆には河原崎の人が善光寺の迎え火をたいている。雑用には常夜燈の灯を入れたり、樹木の手入れ、などがある。また、お戒壇めぐりの世話をするといった仕事もあった。日本三大祇園のひとつにかぞえられている長野の祇園祭は、代々河原崎町の玉屋喜右衛門が主催していたと文書に残っている。部落の仕事のうちに、いまいう興行師のようなものがあり、河原崎の人たちはこうした仕事にもあずかっていたのだろう。

また中世からあるもので、市役銭といって、定期市の監督料をとっていた。十念寺の裏に、善光寺におすがりしようと集まった沢山の浮浪癩がいた。部落の人は、このような人びとの厚生保護にもあたっている。これは警察的な役目でもあったと、郷土史家塚田正朋氏は述べていた。この厚生保護の名残りが、資力と情を持った、太鼓屋名左衛門の長屋に残っていたのだろう（前掲）。

もつの食べ方を教える

長野市河原崎は昔、片端といった。現在の善光寺下駅（長野電鉄）の東側一帯には家がなく、田んぼとよしやぶがつづいていた。夕方から大粒の雪が降り出した凍てつくような夜だった。約束より三十分おくれて勝次郎さんの家にかけ込んだ。勝次郎さんはすでに床についていたが、機嫌よく起きてくれた。仕事がきついので、齢のせいか最近ではいっぱいやって早く寝るという。勝次郎さんは今年六十三歳、現役の屠夫だ。勝次郎さんは一、二歳の時、父親と死別した。父親の次三郎は博労であった。兄弟は十人位いたようだが、勝次郎さんは全然知らぬという。兄弟の人数もはっきりわからない。現在は三人が健在である。勝次郎さんはトツトツと語ってくれた。想像を絶するような苦労話も、勝次郎さんのことさらに抑揚をつけぬかざらぬ語り口が、かえって私にその情景までをありありと想像させるのだった。

「昔はこの前が大門通りだった。横大門の上に部落はあった。母親と二人でここへ来た時、わしは七歳だった。生まれたのは上水内郡古里村上駒沢（長野市）。長野に縁者があったわけではないが、町に出れば何とか食っていけると思ったのだろう。お袋はこの家を借り、二階で蚕を飼った。この町で蚕を飼ったのは、わしらの家ぐらいだった。大正三、四年頃だった。蚕以外は商いをやって生活する。冬場には臓物《もつ》売りをした。市内岡田町に屠場があったが、ここに斃死室といって、病気の牛馬を入れておく部屋があり、ここが使っていなかったので、お袋と二人、ここで寝泊りをしていた。当時は屠殺場といい、ここで働く人間を屠夫といった。いまは食肉処理工場、食肉生産技術者と呼ばれるようになったが、仕事の内容は変わっていない。お袋と二人、昼はここでもつを洗い、夕方から売りに出た。馬一頭のもつは七貫から十貫あり、それを木の箱に入れて、背負って歩く。近在の部落では大豆島、遠いところでは豊野、浅野の方にまで売りに行った。丑の日や正月などは、大八車を借りて引いて出た。

わしは小学校を一年たらずしか行かず、八つの時からお袋と一緒にもつ洗い、もつ売りをしていた。だから字は知らない。わしが大八車を引き、お袋が後おしをした。三頭分、二十貫以上を引っぱって歩いた。お袋は六十八歳で死んだが、四十年間もつ売りをしてきた。北信ではもつの食い方を教えたのはわしのお袋でないか。大昔から部落の人が食べていたんじゃない。五、六十年前のわりあい最近のことだ。もつは昔は川へ捨てていたもんで、うんこが入っているものと思われていたから誰も食わなかった。きっかけは扱っている者が腹が減って、煮て食ってみようかということになった。検査しているのだから大丈夫だろうということになって、ただでもらい、よく洗い、煮て食ったら案外うまかった。食えることがわかって売りに出るようになった。お袋はもつの食い方を教えながら、売って歩いた。

はじめのうちは、切って煮てみせる。当時は馬だけ食った。百匁五厘だったが、大島という朝鮮人が牛のはらばたを売ってくれろと買いに来て、牛も食えるんだとわかった。それまでは、牛の胃袋には毛がはえているから食ったことがない。朝鮮人は牛ばかり食った。わしは八歳から屠場に通ったが、その頃に解体をやっていたのは、西長野のK兄弟と八助という河原崎の人だった。解体は五人ぐらいいたと思う。長野市内の肉屋の馬方茶屋、牛見本店、丸勝が最初に馬の肉を売り出した。当時は金持ちが百匁十五銭の牛肉を食い、十銭の馬肉は貧乏人が食った。豚も安くて七、八銭だった」

勝次郎さんがここまで話した時、二階から荒々しい音をたてて、勝次郎さんの長男がおりてきた。青年は父親の隣に勢よくどかりと坐り、

「おかしいじゃあないですか、あんた！　おかしいじゃあないか！」

と、うわずった大声で私たちに詰め寄った。興奮したようすである。勝次郎さんは話をやめて煙草に火をつけた。別に息子をとめるふうでもない。中山さんが「どういうことかね」と尋ねるのだが、はじめは要領を得ない。

「若い者の考え方は違いますから、気にしなんで下さいな」

と、勝次郎さんの奥さんが、困った顔で私たちをとりなした。青年は、市内の大きな印刷会社に勤め、会社では組合活動をずっとつづけていることを、はじめに力説する。

「おれは長野県全印総連の組合役員もした。県評がある社会会館にも行っているので、部落解放同盟があることくらいは知っている（解放同盟長野県連の事務所は社会会館の中にある）。さっきから二階で聞いていれば、昔、この辺はどうだったとか、部落がどうのとか言っているが、いまどき部落なんてないですよ！　このまわりを見てごらんなさい。そんなものはない。そんなことをいまさらあげつらう必要はない。何故そんなことを聞くのか、おかしいじゃないか。自分は部落なんてないと思っているし、そんなこと全然気にしていない。働く者の生活がよくなるためにと労働運動を一生懸命やってきたし、

仲間の信望も得ている。今日までうまくやってきている」

と、肩を怒らせていう。部屋の空気がトゲトゲしくなってきた。先頃までだまってお茶をすすめてくれていた姉の方も、

「とうちゃんは〝解放同盟に入れば生活がよくなる〟なんて考えてるんだから間違っている」

と弟の肩をもつ。そこで中山さんが自分は勝次郎さんの長い間の友人であり、これまでいろんな問題を一緒にやってきたこと、部落解放同盟は何故あるのか、何をしようとしているのか、部落とは何か、を話した。そして青年がやっている組合運動と同じ方向に向けて努力しているものだと話し、今日来た意図も説明した。青年は一応納得してくれた。君もおとうさんの話を一緒に聞こうじゃあないか、と中山さんは青年にいった。だが彼は、そそくさと二階にあがってしまう。

彼は私たちが部落問題について興味本位なのではないか、という疑問を持ったのだろうか。とにかく部落ということを口にすること自身いけないというような勢であった。外から部落をたずねるジャーナリストとか大学の人たちならば、もっとひかえ目で謙虚に、いささか痛いものにふれる心づかいで会話がはじまったのであろう。私たちの話し方は単刀直入な対話だった。青年にはそうした裸のやりとりが逆に気に障ったのではなかろうか。中山さんが部落出身者であり、勝次郎さんの仕事にもひとかたならぬ骨を折

っていること、解放運動ひとすじに今日まで来た人だということを知らなかったようだ。それで私たちが父親と仲間言葉で部落のことを話し合うのを傲慢な態度として受けとったのではなかったろうか。

それにしても、少しも部落を気にしていないという青年の言葉とは反対に、彼の態度から、大層気にしているのではないかと私には思えた。彼は自分が進歩的であると思い込んでいる、部落出身の労働組合の指導者である。既成政党、労働組合が部落についての理解と関心が薄いと、解放運動をしている人が嘆くのは無理もないことだと思った。

十一歳の逃亡者

勝次郎さんの話は、長男の疑問で中断されたが、また前と同じ淡々とした調子ではじまった。勝次郎さんは無作法とも思われる息子の横槍も、一向気にしないふうである。勝次郎さんは身辺に何が起こっても、かっこうを取りつくろったり、あわてたりしない人だ。

「九歳の時、わしは解体人になれといわれた。最初は、運搬とか足洗いとか呼ばれるかけだしの仕事をした。解体したものを車を引いて各肉屋に持って行ったり、豚の爪を洗う仕事で、解体人の助手だった。十一歳の時、はじめてのこ、ぎ、りを持たせられた。背割りの仕事をやる。はじめの頃は石を切るように感じた。この時から今日まで、わしは五十年の余も屠夫をして生きてきた。

もっとも十一歳の時、親方に小僧に出てみないかといわれ、二カ月だけ屠夫の仕事をやめた。行った先は静岡県の御殿場で、パイスケといって石炭を運ぶざる作りだった。あまり待遇が悪くて逃げて帰ってきた。腹が減って、とにかく食いものをおしまれたのがつらかった。朝の食事前にサツマイモを食わされる。この地方はイモの産地だから、イモは安い。米を節約するためにイモで腹を一杯にさせる。子どもだから怠けるということを知らず、一生懸命仕事をした。だからすぐ腹が減る。またイモだ。米を食べさせてくれない。たまりかねて他の仲間と逃げ出すことにした。他の者は金を持っていたが、わしは着のみ着のままで行ったので汽車賃がない。六月頃だった。何も持たずに、夜、飛び出した。

東海道線の線路をたよりに長野へむかう。途中腹が減るとごぼうや人参を畑から引っこぬいて、生のままかじった。子どもなので方角がわからず、人に聞くこともせず、ひたすらに線路にたよって歩いた。街道筋を通らず、線路ぶちばかり歩くので、他の野菜にあずからない。村や町を行けば巡査にとがめられ、連れ戻されると思い、それがこわさになるべく人に会わないようにした。毎日毎日、降っても照っても歩きつづけ、四十日目にやっと長野についた。

ある日線路沿いの農家で昼めしをたべていた。たまらなく御飯がほしくなる。家の近くまで行くには行ったが、おにぎりをくださいといい出せない。のどから手が出てきているのに言葉がでてこない。はずかしくていえない。結局〈水をいっぱい下さい〉といって水だけもらう。農家に背をむけて歩き出すと涙がぽろぽろ出てきた。乞食をしたことがないので、人から施してもらうということができなかった。

信越線の鉄橋を渡っている途中に汽車が来ると、橋げたの真中で宙吊りになって汽車が通過してしまうのを待つ。長野までの間、そんなことが三回あった。わらびという所の川を渡る時には、鉄橋守りがいて一銭とられる。金がないので、鉄橋守りの目をぬすんで渡った。食わないことより何より恐ろしかったのは碓氷トンネルだった。山を越そうかなと思っているところに山仕事に来た人と出会い、子どものくせにこんな山道行ったら熊にくわれてしまうぞ、とおどかされた。そこでトンネルの中を線路に沿って行くことにした。汽車が来ると、さあ大変、煙で呼吸ができない。苦しかったこと、苦しかったこと、何度も息が止まって、もう死ぬかと思った。碓氷トンネルでは汽車が二回きた。

頭の中は、家に帰りたい、お袋の顔ばかりだった。一番欲しかったのは握り飯だったが、とうとう四十日間ありつけなかった。子どもだから、金を欲しいとは思わなかった。雨にも夕立ちにもあったが、途中風邪ひとつひかず、野宿をつづけてきた。シャツにハッピを着ていたが、ハッピをふると虱《しらみ》がパラパラ落ちた。

屠夫の半生

長野に着いたのはちょうどお盆で、善光寺さんの迎え火をたく夕暮れだった。家に入ったとたん〈かあやん！〉と泣き出した。全身から力が一度にぬけ、身も心もとけてしまいそうだった。先方から問い合わせが来たし、巡査も調べに来たらしい。お袋は心配して一週間前から床についていた。お袋とわしは抱き合って泣いた」

ほとんどの者が四十代で屠夫の仕事をやめている。仕事がはげしいので若いうちしかつづかないのだが、勝次郎さんの粘り強さは子どもの時からの生活によって鍛えられているようだ。

塩尻市の洗馬で、八つで子守りに出されたという七十歳のおじいさんは、

「きょう日の子どもは、八歳といえば、まだ子守りがつかねばならん。わしらは八歳で奉公に出され、女親と同じ仕事をしましたわね。掃除、子守り、おしめ洗い、なんでもしたですわね」

といったが、昔は子ども時代が短かった。ましてや貧しい者に青春期などなかった。いまでも部落の子どもたちは大人になるのが早い。無駄な時間、無駄な出費を楽しむことが少ない。一日でも早く稼ぐことを覚えようとする。彼らをとりまく現実がそのようにせまるのだ。

勝次郎さんは、屠夫の現役では最古老である。彼はこの仕事をすでに半世紀もつづけてきた。

「岡田の屠殺場は、大正九年に建てかえられたもんで、ここで働くわしらは解体人から屠夫と呼ばれるようになった。この頃は巡査がサーベルをじゃらつかせて立ち会っていた」

昭和三十八年に岡田から現在地に長野市食肉処理工場として移る。そして名まえも屠夫から食肉生産技術者と呼ばれるようになった。現在は、警察でなくて保健所が立会っている。

「長野県では現在、屠夫は七十七人いる。そのうちの九割がわしらの仲間の者。いまは電気を使うが昔はすべて力仕事だった」

更埴市屋代の食肉処理工場を訪れた時である。国道十八号線から、緑色の六角形の屋根が見える。遠くから見るとしゃれた建物だった。しかし、門を入るあたりから異様な臭気がする。仕事着には動物の返り血と黒い脂がしみついていた。水を流しっぱなしの作業場で、終始かがんでの仕事だという。ここで働く人は、みな持病を持っている。めまい、神経痛、痔、脱腸など。職業病である。

「わしなども一日働くと夕方にはめまい、腰痛が起きる。体がたいげでどうしようもなく、酒をのんで早く寝ちまうんです。テレビなんか見る気になれない。仕事が苦労だから」

勝次郎さんも、仕事の内容について、くわしくは語らなかった。女の私には見せられぬといわれて、屋代では話だけを聞かせてもらった。仕事のすさまじさは言語に絶するという。豚のみけんをめがけて撲殺棒をふりおろす。電気で殺すのは血が体内で固まって外に出ないため、食肉としてうまくないそうだ。豚は悲鳴をあげて倒れる。次の者が胸にナイフを入れて放血する。この仕事には手ぎわのよさとスピードが必要だ。ここまでの仕事を切って内臓を出す。別の者たちが腹を裂き、皮をはぐ。頭を落とし、四肢を十五分位でするという。次に背引にまわすが、ここではじめて電気ノコギリが使われ、二つに切断される。業者立会いのうえ、秤《はか》りにかける。そして最後に、かつぎ屋に回されて車に運び込まれる。

「屠夫の仕事は一頭殺していくらという請負制だ。わしがいま一番望むところは社会保障だ。人のやだがる苦労な仕事をしているのに、健康保険、失業保険も、退職金もない。どう考えてもおかしいと思うのは、工場は市のもの、立会い人は県の職員、牛馬を持ち込むのは業者だ。それなのに、ここで働く労働者は日雇いの請負いなんだ。市の工場で働くのだから、市の職員になってもいいはずだ。解体料は肉屋組合できめ、わしらの意志はどこにも反映されない。しかしまあ、昔はもっと悪かった。親方からあてがえぶちしかもらえなかった。食っていけなかった。昔はひどくせつなかった。いまは少ないが金がとれないということはない。まあよくなった方だ」

勝次郎さんは、体をつぶすほどにしぼられていながらも、つつましい。どこまでがまん強いのだろう。ゴツゴツした、しわの深い大きな手を見やりながら、勝次郎さんはいう。

「請負だから、沢山仕事があれば金になるが、骨が折れる。仕事がなければ骨は折れないが、金にならず食っていけない。この親指のナイフだこは、皮はぎの時、ここだけ力が入ってできたもんです。左手のこの傷はナイフがすべって八針縫った時のもんです。どんな怪我をしても、ぜったい休みません。休むとすぐ食えなくなるからだ。左手の傷では、二十日間病院がよいをしながら仕事した。わしらは怪我をしても見舞い金をもらえるアテもない。わしは五十年間仕事を一日も休んだことがない。腕は十針縫う怪我をした。一針、二針はよくあるこんです。

いま働いている長野工場は、解体人五人、もつ洗い三人、みな仲間の衆です。わしは昨年の一月からもつ洗いの方にまわった。齢をとったのと、もつ洗いの手が不足していたから。家内も一緒にもつ洗いをしている。週二日、木曜と日曜が休み、仕事の多い日で四千円になる。こういう日は豚だと一〇〇から一二〇頭は解体するが、こんな日は一年に何回もない。正月か丑の日だけだ。仕事のない日は大男でも一日二八〇円というようなこともあります。一カ月平均四万円ですな。

一頭解体するのに何人もの手がかかって、それで馬で三二〇円、牛が二三〇円で豚が一九〇円。それなのに白い服を着た保健所の先生は、青い検印を五つ位パンパンとはいて、一頭二〇〇円の手数料をとる。どんなに考えてもわりにあいません。わしらの仕事はいつも危険にさらされている。家畜を吊り上げた鉤がはずれればイチコロか、大怪我をまぬがれません。何十貫というやつが口もとめがけて落ちてくるんだから。……わしは自分で国民健康保険に入ってる」

しばらく沈黙してから勝次郎さんは、耐えに耐えてきた人生を語りつづけた。

「馬鹿らしくて何度やめようと思ったかしれない。だが他に仕事がない。学問もないから仕方がない。戦争中、八月一日（昭和十八年）から食肉が統制になり、勝手に解体ができなくなった時のことだ。七月三十一日は徹夜で解体作業をした。肉屋に運び出すのに、ふんどしひとつでトラックから肉をかつぎおろしていたら、警察にしょっぴいて行かれた。赤い血と動物の脂で真黒になっていたから、人食い人種みたいだと思われたんだろう。風紀を乱すという軽犯罪法（旧警察犯処罰令）にひっかかった。この時、わしはつくづく思ったな。警察に引っぱっていかれるなんて、こんなみっともないことされ、苦労な仕事をし、金はあてがえぶちで、よくよくいやになった。おかしいとも思った。一番せつないことは、子どもに職業聞かれても、まともに教えられないことだ。みぐさい仕事だからな。いわないようにしてきた。だが、学校の先生は必ず親の職業をきくでね。このごろは食肉生産技術者だから、電気の方でもいじっているとごまかせるが、わしの子どもが大きくなる頃は、そうはいかなかった。もう息子も成人し、わしの仕事がわかってくれているからいいが、仲間の者は子どものことで一番頭を悩ましている。こんな仕事は自分一代でたくさんだ。

市職にでもしなければ、後をつぐ者がいなくなる。現に若い者は来ない。大事な仕事でありながら、条件がまったく悪い。こんなもんでいいのかねえ。人に職業きかれても、可愛い子どもにもいえない。こんな肩身のせまいことありますか。この仕事をやってきて、とりえなんか全然なかったね」

私が屋代で聞いた話だが、ある時、屠夫が牛を撲殺しそこね、窓から逃げられてしまった。冬だったが、田んぼの中、川の中、やぶの中、必死で追ったという。逃がせば依頼主に弁償せねばならない。そんな資力はない。一日中かけずりまわったそうだ。

楽しみという楽しみのない生活、楽しみがあるといえば晩酌と寝ることだ、と勝次郎さんはいう。夢は、こざっぱりした精肉店を持って、店主におさまること。しかし、店をはるには何百万とかかる。その日暮しの者に、そのような金がたまるはずがない。

「夢は夢だねえ、体を使えるだけ使って、おやしてしまって、終りだ」

勝次郎さんの言葉は、身を切るような痛みと悲しみとなって私をつきあげた。明日の朝も八時からの仕事のため、七時には家を出るという。

＊

仕事を求めて

上水内郡豊野の中村要さんの話である。

「豊野地籍は、寄り合い世帯で一般も部落もわりあい新しいものと思います。中世からつづいた古い村と違い、差別をされながらも、そういう面では比較的恵まれていたのではないでしょうか。部落だけが差別されたのではなく、一般も方々から流れてきた者が多かった。寄り合い村ですからね。昔は豊野から方々に物資を運んだものです。交通の要所で馬方が沢山いました。その後は、鉄道の土方、千曲の堤防工事の土方など日雇いの仕事がここにはありましたから、方々から人が集まってきたのではないでしょうか。部落では好雄さんの家が一番古く、この家は七代前までわかっています。七代前の末吉じいさんは、字が書けて非常にうまかったので、庄屋の書記をしていました。庄屋について松代、飯山、長沼と方々を歩いたということです。好雄さんの家は長沼から引っ越してきました。江戸時代のことです。長沼では伊勢宮という地籍にいたということでした。引っ越してきた頃は三軒です。豊野は長沼・中尾が一緒になってできたもので、昔はこの辺一帯よしやぶだったといいます。

伊勢宮があったという地籍は、戦前わたしが子どもの頃まで、お宮らしい跡があり、大きな木の株が田んぼの中に残っていました。その伊勢宮から少し離れたところに源助どぶというのがあった。千曲の旧堤防の横で、千曲に流れ込んでいたどぶ川でした。部落の先祖が長沼地籍にいた頃の話です。凶状持ちが逃げ込んできて、それを源助という部落の若い衆がつかまえた。その源助を一般の若い衆がよってたかってなぶり殺してしまった。さんざん痛めつけてどぶに投げ込み、這い上がってくるのを突き落とし、突き落として、なぶり殺しました。それで源助どぶというらしい。このつながりがあって、長沼にいられなくなったものか、それとも長吏を豊野に新しくおくために連れてこられたものかわかりません。先祖の三軒が長沼から引っ越してきました。長沼は水害が多いところで、これは源助どぶの祟りだということで祭りをしていました。石のほこらがいまもあります」

豊野のように、近世になって作られ、大きくなった村や町は、一般、部落を問わず、寄り合い世帯だった。村とか町とかの発展は、勿論、そこに住んでいた人たちだけの力ではなかった。産業が盛んになり、明治になって鉄道が引かれ、交通の便がよくなると人口は一挙にふくれたわけであるが、新開地ともなれば、ことさらのことであった。

本町には全部で四十二、三戸あるが、要さんによると、この部落の先祖であるT家のほか、苗字によってそれぞれどこから来たものかわかるという。F姓は上田、NとT姓は力石、Mは大豆島である。だいたい北信の近いところから集まってきているが、みんな仕事を求めて来たのではないか。大本家である好雄さんの家には、樹齢百年以上ものけやきの巨木がある。要さんの子どもの頃から少しも大きくならないという。大人二人では抱えきれない。好雄さんの先祖がこの地に来た時に植えたのだろう。いずれにしても徳川後期のいまから百三、四十年前の頃ではなかったろうか。街道筋の部落、川筋の部落など、交通の要所要所の部落は、ほとんどが他から派遣されてきたものである。村の年寄りがみえるまで、要さんの家で奥さんの手打ちのクルミそばを御馳走になりながら、要さんの話を聞く。ひかえめに要さんは、この部落の戦後の生活について説明された。

「戦後は鉄道の便がよく、越後という米どころをひかえ、ここはりんごの産地でもあり、かつぎ屋が部落の大半をしめました。農地解放で二反、三反の田畑を自分のものにしたが、その九割は手離してしまっています。目先きの商売、当面の収入の方へ走ったものです。

しかし部落の者が、かつぎ屋を商売として積極的にやりはじめたのは、昭和二十三、四年頃でした。それまではやりたくてもできなかったのです。かなりの信用のある者でないと、りんごも統制で百姓から売ってもらえませんでした。百姓は官憲に弱いから、まかり間違って手でも後ろにまわってはと、つかまっても尻尾を百姓まで持ってこない人に売ったのです。かつぎ屋は辺ぴなところにないものを何でも持って行く便利屋になり、戦後かつぎ屋をやった者の九割が現在でもこのような状態にいます。一割はその時ばったりの生活からぬけ出すことができました。現在、専業農家は二、三戸しかありません。わたしも復員してきて、終戦直後は仕事がなくて、かつぎ屋をやりました」

仕事を終って出向いてくれた音吉さん（七十歳）は、戦前のこの部落の姿と戦後の変ぼうぶりを次のようにいう。

「昔は、たしかにわれわれは、きらわれても仕方がないくらい汚なかったですな。仕事がないから仕方がない。拾ってくる生活だった。田んぼのどじょうでもとってきて食べていたもんでな。女衆は草履作り、子どもはどの家も七、八人はおった。少ないところで五、六人だったですな。生活はどん底だった。子どもが多くてやりきんない。土間だけの家で、ねこ（むしろ）を敷いている暮しが大半だったですな。それでも戦後は仕事があって、何とか生活できたですわな。戦後すぐ、昭和二十二年、道治さんが当時三十八歳ではじめて村会に出たわね。若い連中におされてな。その後、次々に部落からも村会に出るようになりましたわね」

ラジウム温泉暴動

音吉さんは、若い頃の強烈な体験である、大正六年に勃発した、この村のラジウム風呂をめぐる騒ぎについて話してくれた。

「ここのラジウム温泉がすたれはじめたのは、大正のはじめ頃だった。河東線ができてからのことですなあ。昔は豊野から飯山街道を須坂、中野を通って、馬で飯山、十日町まで物資を送っとった。全盛時代は十軒も大きな旅館や料理屋が、この小さな町に並んどったな。河東線ができてからは、山の内温泉にすぐ行けるので、ここはさびしくなった。昔は三水、小布施、牟礼からみんな豊野におりてきたもんだ。わしの十八歳の時だった。同僚の末吉とラジウム風呂に入りに行ったわね。当時、風呂は一銭五厘でしたでね。春の宵の口だった。わしはこの日生まれてはじめて風呂に入りに行ったんだから、なおさら記憶に生生しいですわな。ちょうど末吉の兄の忠太郎が風呂から出てきたところでしたわ。わしらが湯から出る頃に、年輩の民次郎さんが湯に入ってきた。民次郎さんは五十歳位で、非常にお人よしのひょうきんというのか、気がよい人だったですね。流れ者の釜たきの明間《あけま》が、わしらが風呂からあがって着物を着ている時、湯につかっていた民次郎さんに向って、

〈おめえ、あがってこお、話がある〉

とすごんでいたでな。民次郎さんは気楽な人だから、

〈なあん・だあってえー・おれこに・あがって・こおってえー〉

という間のぬけた調子で答えていた。わしら二人は若いので、気にもとめずに風呂から出ると、十銭持って徳間屋のきんつばを食べに行ったわけだに。たらふくたべて帰って

くると、
〈おとっさんがラジウム風呂に入ったんが悪いと目をつぶされた！〉
民次郎さんの女房が、そういって泣きわめいていた。明間になぐられて目をつぶされたというんでな。さぁ部落中がでっかい騒ぎになりやした。民次郎さんの息子の文助は十九歳で体もでっかく、力もあった。怒りで夢中になっていたんだろう、道端にあった桐の木を根こそぎ引きぬいて、ふりまわして押しかけて行ったさ。歯をくいしばってひっこぬいたから歯から血が出よった。そりゃあもう、でかい騒ぎで、部落中が火のような怒りの塊りになった。いざ！　ということで、男衆はみな手甲脚絆で武装して出動しましたわね。女衆も武装して待機してろといわれた。今度という今度はだまっちゃあいられねえ。やっちまえという勢だった。暴動寸前までいったんだ。
一般の衆は驚きおそれ、すばやく店も戸もきっちり閉めてしまったでな。寝たふりして、いくら叩いて開けろと怒鳴っても開けやしない。一般は人っ子一人出てこないんだ。受け持ち（駐在巡査）は一般に買収されて、騒ぎにするなとわしどもをおさえていたわね。警察と一般はぐるだったんだ。民次郎さんのような善人がそんなにされるとは、ただではおけない。かたきとってくれるわと部落の者の意気込みはものすごかったでな。民次郎さんが生意気なやり手だったら我慢もしたろうが、温厚な人で、弱いもんいじめの一般の態度が女衆までも立ち上がらせたんだな。

しかし暴動にはならず、一歩手前で引き揚げた。一般が逃げちまったから、喧嘩にならなかった。その後、この問題では、わしの兄っこの源蔵ともう一人誰か二人で、長野の検事局まで出向いたが、取りあげてもらえず、糾弾せずじまいだったわね。だがこの後、部落の者も自由にお湯に入れるようになったな。落し湯に入ってくれ、身なりをきれいにしてくれ、ということを言葉でいわれたさ。それまでは遠慮して風呂にも行けなんだわね。部落ではすえ風呂桶を使ってましたな。一つきりをぐるぐる部落中にまわしてなあ……」

暴動寸前でこの事件はおさえられてしまったというが、部落の人の気持はそれでおさまったのだろうか。要さんの母親も、息子たちに何回もこの時の部落の憤激のさまを語って聞かせたという。豊野部落の人びとの心にきざまれた事件であった。

＊

寄合い部落

近世になってできた寄合い部落にもいろいろある。飯山市静間の部落は、現在二十二戸である。本家は代々源衛門を襲名した、現在の音次郎さんのお宅だ。源衛門は長吏の仕事をしていた。本家は三百年以上つづいているのではないかといわれるが、文書などは残っていない。白山のくぬぎの木は樹齢三百五十年位もへている。先年の台風の時に倒れた。その大きな根株だけが、白山の社を背に歴史の年輪をとどめていた。

私たちが訪ねた喜三郎さんの先祖は、二百年前、蓮《はちす》（飯山市）から移ってきた。もとは一般だったと喜三郎さんはいう。蓮ではたびたび千曲川の氾濫にあい困っていたところを、音次郎さんの先祖が、こっちに来ないかと招いてくれた。そしてこの地に落ち着いた。二十二戸はこの二つの枝で成り立っている。

だが、この中で三軒はよそから来たものだ。嫁さんはこの部落の者である。三軒はサーカス（福島県出身）に、薬売り（茨城県）、手品師（栃木県）である。薬売りと手品師の二人は対になって歩いていた。辻で手品を見せては薬を売った。旅先の木賃宿で知り合い、それ以後、二人は気が合って連れだって歩くようになった。薬売りのUさんは、飯山に来ている時、ここの部落の娘と知り合って結婚し、手品師のNさんはその姉の方と結婚した。現在、二人ともここ静間に落ち着いて、土方で生計をたてている。

サーカスの人と結婚した綾子さんには、運よく直接話を聞くことができた。目鼻立ちのはっきりとした綾子さんは、年よりもずっと若く見えた。現在スキー用品をつくる工場で働いている。綾子さんはこの部落で生まれ、小学校を卒業してすぐ、諏訪市の金二製糸に出た。三年働いて、次に埼玉県深谷の製糸工場に移った。深谷にはその年のお盆までいて、友人と連れだって東京に出る。十九歳の時である。

「わたしはどうも気がさつ
なもんで、製糸工場がつまらなくなったもんで、大した理由もないですわね。最初は五反田のキネマ活動館で切符切りをしました。次に舞踊の先生の家に住み込みました。二十人から三十人の弟子がいて、日本舞踊、ダンス、芝居、何でもやりました。ほとんどが軍の慰問団として内地を二年廻り、次に外地に出ました。教わっている頃は、先生に蹴っとばされたり、はたかれたりしました。せつないこともありましたが、おぼえてしまえば面白い。私のような性格にはピッタリなんです。

サイパンへ慰問に行った時、菅野サーカスと一緒になりました。そこの親方の甥である主人と知り合いになりました。昭和十五年に結婚したんです。主人は六つの時からサーカスに入り、楽器も踊りもでき、外国を広く歩いています。アメリカとかメキシコとか……。結婚して福島の主人の実家に一時帰り、それから叔父の菅野サーカスと一緒に満州に渡りました。満州はとても寒いところですが、朝四時から起きて十三、四歳の子どもがレッスンをしていました。サーカスというのは訓練、訓練で、好きでないとできないと思います。自分に負けたらもう上手になれません。子どもの頃からやらねばとても一人前になりません。

満州で終戦を迎えました。上の子ども二人は満州で生まれたんです。二十一年に主人の実家の福島県に引き揚げました。福島には三カ月いて、こっちに来ました。どんなに困っても実家のそばへ来れば近所の人が面倒をみてくれると思ったからです。わたしが先だって家族を引き連れてきました。

部落は似たりよったりの生活してますから、それに見栄をはる必要もない。固っ苦しくありません。貧乏でも気楽に生活できるということは、とてもよいことだと思います。一般から差別されてる部落だが、とうちゃんがここへ来てから、なんだか旅の者と呼ばれてせつながってました。主人は黒部のダム建設に土方で行き、事故で死にました。その時こっちから行った人、三人死にました。

サーカスは寄り集まりの世界ですから、差別はありません。そういう点では大層暮しよい社会ですね。都会が寄り集まりで差別がうすいのに似ています。農村社会の方が差別は濃いと思います。一般の生活をしてきて、また部落に帰ってきて感じられることは、部落の者はおたがい心やすい、人なつっこいということでしょうか。わたしなども他人の家に行っても〈こんちわ〉というより足が先きに入っていますから。それに部落の人はよく働きます。いま工場へ行ってますが、よその者より部落のわたしたちの方が真剣に精いっぱい働いてます。苦しい生活をしてきたから、生まれつきよく働くようにできてるんでしょうか。働くのは苦になりません。

子どもはもう二十五歳になってますが、部落だということを、うすうす知っているようです。わたしから教えたことはないんですが、わざわざ教える、そんな必要はないと思ってます」

薬売り、手品師、サーカスの人びとが静間部落に落ち着いたのは、昭和に入ってからのことである。しかし、江戸時代からこのかた、部落の外から来た者で部落に落ち着き、そこに骨を埋めた人は沢山いる。いわば既成社会からはずれた人たちの群れであった。浪人、旅坊主、乞食、薬売り、祭文語り、旅芸人等である。この人たちはすぐれた沢山の文化を部落に残し、あるいは教えていった。

部落の文化には二つの流れがある。一つは部落の中で古くから彼ら自身が創造して伝えてきたもの。もう一つが、こうした外側の人びとが流入させたものだ。浪人の中には、学者や剣道家もいた。雨の宮部落に腰を落ち着けてしまった学者佐藤静斎、立科町宇山で婿入りした京都の坊さん西藤栄軒らは、部落に寺小屋を開き、多くの子弟を教育している。静斎などは北信一帯、松本方面の部落にまで出張教授をしていた。

ラチ外に生きた人びと

部落の人は情に深い、とどこでも耳にする。それは今日もいえることであった。一般との交際を絶ち切られていたから、世間をはずれて歩いてきた人に、一種のなつかしさを感じるのだろう。またそれにもまして、お互いに貧しい者同士なので、相手の不幸によく気づいた。乞食や旅の者をよく泊めている。そして行き倒れになった病人たちの面倒をみている。野沢温泉の金四郎さんは、親戚のような顔をして毎年来て泊る乞食がいたと笑っていた。

こうした孤独な旅の者たちは、一ぱいのお茶の礼に、一夜を屋根の下で寝ることができた礼に、金がないので知恵をさずけていった。灸のすえ方、鍼の使い方、薬草の種類とその調合、病気の手当てと予防、子どものとりあげ方の秘訣等々である。その他にも家方とか八卦をみるとか、実生活に必要な知識を沢山教えている。彼らはシャバを広く歩いているので、知識が豊富であった。野沢温泉の金四郎さんは、ひとこと「この人たちは決して嘘はつかなんだ」といっている。一杯の茶であっても、心からの愛情に対して、その感謝のしるしを偽わることができるだろうか。流れ者たちも、部落の者同様に、ことのほか人の情けを知っている人たちであった。

静間の藤一さんはいう。

「わしの家は土地を全く持たなんだ。親父は仕事ぎらい、お袋は無理して働くので体が弱い。そりゃあひでえ貧乏でやしたな。朝小学校へ行く前にわらを三、四把叩く。お袋と合打ちしやす。妹は食事の仕度をしていた。石けんもなく、手はひびだらけできたない。ゴス野郎、ゴロ野郎と呼ばれていたが、まったくそういわれても仕方なかったな。

そんな生活なのに、お袋は信仰のあつい人で毎年四、五人の乞食を泊めていやした。お袋は乞食から薬草の知識を習い、非常によく知っていて、近所の人に教えていた。別に人を泊めるような布団があるわけでない。乞食が泊まる晩は、わしらは〈ワンダレ、ここへかたまれ〉とひとつのすべ布団（綿のかわりにわらくずが入っている）に四人もかたまって寝たもんです。自分たちの布団をさいて乞食を寝かせてやした。子どもの方も大勢でかたまって寝るのを喜んでいたもんで、体温だけでも暖かくて都合よいし、寝ながら騒いで遊んだもんです。

乞食は最初から泊めるというのではなく、お乞食が来ると〈今日はどこかでお茶でももらったか〉と声をかける。のんでいないといえば〈のどがかわいたろう、少し休んでけや〉と家に入れ、そのうち〈今日はどこかで泊るあてあるんか〉〈この辺にお宮さんでもあるか〉と聞かれて〈神社に泊るくらいならおらほうで泊まってけや〉ということになるんですな。一般の人ならば、乞食が来ると追っぱらうか、いいとこ物をやるかで終りですがな。部落のもんはちがうわね。一般は乞食をやだがって、こわがりますわな。泊まってけなんていうことはおそらくないでしょうな。悪さでもされるんじゃあないかっちゅう心配が先だつんだわね。おらほうではとられる物もないから、そんな警戒心なんぞねえわなあ。裸でつきあえる。

わしのお袋は、ここの部落の者を、ほとんどとりあげましたわ。自分が体が弱かったので、産婦や病人の世話がよくできたんですわな」

こう語る藤一さんは、狂犬病予防技術員である。県下に技術員は十八名いるが、そのうち部落出身者は十六名だ。技術員は保健所に配属されている。狂犬病予防技術員という名前は、これまで〈犬殺し〉とか〈犬とり〉と呼ばれていた仕事に従事する人びとのこと。食肉生産技術者同様に、呼び方は現代風に変えられたが、仕事の内容や待遇は以前と変わらない。狂暴な野犬を相手にするので生傷が絶えないという。捕獲の仕事では午前二時に起きる。野犬を薬殺する劇薬をあびるなど、危険度が高い仕事だ。それに反して待遇の方は県の嘱託ということで、年間十一カ月雇用・毎月二十日間労働の契約で、一日千五百円の日当である。通勤手当もボーナスもない。

静間の部落で知られるように、社会の埒《らち》外を歩かせられた人びとが、いまなお同じように不安定で生命の危険をともなう仕事に、つかせられている。遠く江戸時代から戦前・戦後を通じて、ラチ外の人びとの生活状態は、いったいどれだけ変わったといえるのだろうか。

＊

墓地に追いやられて

長野県下に三百余の部落があるなかで、一番北のはずれにあるのが、野沢温泉の横落部落である。私たちが横落を訪れたのは夏のさかりで、温泉街も閑散としていた。ここは古くから領主の別荘地だったという。兵護・的場・馬場・御殿というような地名が残っている。部落は繁華街からはずれた、俗称墓原（はから）という墓地の真中にある。戸数も六戸という集落で、力を持つことができなかったのだろう、何ごとにつけても差別が強く残っている。

六戸の本家にあたる金四郎さんは、五十八歳。いかにも重労働に従事してきたという、がっちりした体格の持主である。今年の夏は、ひとつ山むこうの牧場に管理人として出向いているという。用事があって帰宅したところだった。もうそうとうにのんでいるようだが、言葉ははっきりしていた。奥さんは縁先きで、内職の土産品の籠（あけびのつるで造ったもの）を編んでいた。一日中坐って手を動かしづめで収入は四百円、五百円とるには夜なべをしなければという。戦後まもなくは、この仕事をしたくても部落はやらせてもらえなかった。いまでは全国に出荷され、手不足なので部落にも仕事がまわってくる。奥さんは、私たちをもてなすために、仕事の座を離れた。

金四郎さんは、一升瓶を横にすえて、私たちにも飲めとすすめる。焼酎ではまずいかなあともいう。陽焼けした額に大きな傷あとがある。

「わしらの先祖は大昔は一軒でした。当時は新田に住んでいやした。今の役場の近くですに。温泉が盛んになり、村が大きくなって、新田が村の真中になっちまった。そうすると部落がこんなところにいてはまずいとナンクセつけて、こっちに追っぱらわれた。ここは一般の墓場でやした。ここに移されたのは文久年間のことで、その時は二軒で兄弟だったそうな。その一軒がわしの家で、もう一軒はこの前出にあったが、だいぶ昔につぶれちまった。ひでえところに追っぱらわれたもんだになあ」

こういって金四郎さんはグイと焼酎をのみほす。どの家も庭がないから、軒先きから墓がつづいている。

「この辺は土葬だに。燐が燃えたり、床下から白骨が出てきたりで、あんまりいい感じじゃあないなあ。江戸時代は長吏の役目で、御天領だったから朱房の十手を持ってたんだ。罪人があって処刑される時は中野の牢まで出向いたそうな。斬られる人には、ひどい捨てぜりふを残していく者《もん》ちがいて、そういうことが日常生活にひびいたんだんなあ。人間扱いされなんだから。小菅神社の祭の御輿が出る時なんぞ、六尺棒持って出たんだが、道を開くのに一般の衆とはお互いかたきのようになっていたから、わざと乱暴したちゅうに。それがまた日常生活にひびくんだになあ。

野沢の持ち場（管轄、壇下と呼ぶところもある）は、前坂、辻村、十字原、坪山、平林、無州、七丸でやした。警固のためにまわってあいくのだが、まわってきましたと報告に行くと、まわって見ろ、と猿のようにからかわれた。〈まわってみろ〉というのは差別言葉になって、わしら子供の頃まであったに」

金四郎さんは、もともと口の重い人のようだが、酔がまわって一層重苦しそうに語る。奥さんはテーブルのそばで、一時も休まずうちわを使って、うるさい蝿を追う。十二畳ほどのがらんとした部屋が一間、裏に台所がついていた。家具らしいものはない。ただ十九インチの新型テレビだけが宝物のようにすえられている。後で横落の部落を歩いたら、どの家もこれと同じ型、同じメーカーの新製品が入っていた。給食費が払えない家でもテレビはある、と中山さんはいう。

「わしの曽祖父の檻郎は、お上に出す名を七十郎といったです。この頃は名を二つ持っていたらしいになあ。公用と私用ちゅうわけなんだろう。檻郎は腕利きの長吏だったそうな。地主の酒屋（現在は旅館）に泥棒が入って、来てくれと呼びにこられた。行ってみると泥棒は切れ物を持っていて、ふりまわしとる。危なくてしょうがない。長吏は追っぱらうのが専門で、お役人の命令がないと斬ったり捕えたりできなかったちゅう。檻郎じいさん、向かってくるのを防ぎながら追っぱらった。このため三カ所に傷をうけたでやす。

檻郎じいさんは平板の上にわらの端をつき出しておいて、手でわらをおさえず、スパッと切り落としたちゅう、刀の名人だった。江戸の終り頃、お袋の方のばあさまが九歳の時のこんだった。一揆が起きて中野から野沢まで押し寄せてきたっちゅうに。世ならし（世直し）と呼んどった。大尽公の家を焼きっぱらっちまう。夜昼なしにでかい家を襲ったわね。ばあさまは九歳だったが〈明かりをつけとくと焼きっぱらっちまうぞ！〉と親と一緒になって叫んで歩いたと、わしが子どもの頃聞かせたに。面白いこんだ。その世ならしがあった時、檻郎じいさんは前坂の贋札作りをかくまったちゅうおとがめで、中野の牢に入れられとった。ところがじいさん、世ならしのドサクサにまぎれて牢から逃げ出して帰ってきちまった。この罪は立ち消えで、そのままだったちゅう」

金四郎さんのいう一揆は、安永六年（一七七七年）、五万石の中野代官領のうち八十一カ村もが参加した「安永騒動」として有名な農民の闘争のことだろうか。酒の肴は、たけのこ、わらびの塩漬け、うりの糟漬けという、どれも自家製品である。

「わしが子どもの頃、河野浅衛門という名主がいて、部落の人はそこへみんな日よっとりに行ってたでやす。わしの祖父がそこへ行って、雨だれのおちる外で〈だんなさん〉といったら〈ワレのだんなさんどこにいる。何故御隠居さんといわんか〉とひどく叱られたそうな。わしらに向っていう言葉なんてひどいもんだった。犬猫同様だった。〈ワンダレ、コオ〉ですんでいたでやす。

わしが六歳の時、一般の大きい子どもにチョオリッポと悪態つかれ、追われて逃げた。この時、崖から落ち、コオズの切り株で額を割ったんですい。血がドオと流れて、お袋がびっくりして、あわてて近所の片桐病院に連れて行った。それまでもそうだったが、部落の者は治療室にあげんで、待合室にもあげなんだ。玄関の土間で傷を洗い、縫ってくれた。大正のはじめ頃だったな。治療室にあがれるようになったのは、その後十年位してからだったに。お袋は、はじめて一般と一緒に治療室にあがった時、むきが悪かった（体裁が悪い）といってたに」

金四郎さんの額の古い屈辱の傷痕がゆがんで見える。

スキー場でジュースの立ち売り

「百姓家に日よっとりに行っても、部落の人間は台所の土間で欠け茶碗で茶をもらった。煙草の火をいただきたいといえば、縁先きから庭へほおってよこしたもんだに。人間扱いじゃあねえわ。わしらは江戸時代からこの土地に住んでおるのに、共同風呂（温泉）の権利もない。他所から来た者でも、仲間に入れてもらっとるに部落はダメだ。いまだに仲間にしてもらえん。

村の共有林の下草刈りに行っても、まるっきり同じ仕事をするのに、一般はわしらといっしょには働かない。長吏はそっちだというように何となく別れっちまう。お昼のめしも部落だけ固まるっちゅうようなもんだ。淋しいじゃあないかね。わしの親父が一度抗議に行ったことがあると聞いてるが、今もよくなってないわね。入会権なんて、もちろんない。部落だけがよく薪木をとりに行く山を長吏沢と呼んどる。おおっぴらに行くと叱られるので隠れて行っとる。

わしらの部落は数が少なく小さいで、抗議しても圧力にならん。解放令以後は仕事がますますなくなり、男衆まで草履作りをしてきた。明治の頃は小僧にも使ってもらえず、家中で固まって草履編んどった。大正になって、男はあけびのつる皮で縄をなった。今日でもやっとるが、一日六〜七百円の収入じゃあ一家を養えん。しょいこの縄にするもんで、馬の背にもつけたな。竹でかんじきなども作って出したでやす。

夏は根曲がり竹を山に入って切り出す。これは重労働で、わしも昨年までしたが、まったく割に合わない。他に仕事がないから仕方なくしとる。この頃は近くにはなくなって、二里半から三里も山奥へ入る。歩く時間が長く、道がけわしくなって、仕事をする時間が減りますがな。竹をとるのに国有林に入るので、払い下げをしてもらう。昔は村でしていたのに、竹切るのは墓原の者だから村でやる必要ないといわれた。いまはわしらが直接国とやっとる、もう二十年近くになるな。役場もわしらが少ないので冷遇しとる。二十から二十五貫の長い竹を、道のないやぶの中を、登りはしょい、下りは引っぱってくる。重労働だに。地下足袋が二十日でだめになるわね。着物は破れる、つぎはぎだからなお引っかかる。苦労な仕事だから毎日は山へよう入りきれん。もちろん、雨が降れば休みださ。仕事がはげしいから、雨の日は一日中酒のんじまう。

雪のあるうち五月からはじめて、十一月いっぱい働きますな。熊には三回出会った。一度はまむしに指を咬まれ、肉がとけて骨だけになっちまった。まむし酒を作ろうと生け捕りにしようと思ったら反対にやられちまった」

金四郎さんは、まむしに咬まれたという左手の指を見せた。焼酎を一升瓶からコップにつぎ、グイとのむ。金四郎さんの言葉は次第にスローモーションになってきた。根曲がり竹のつづきである。

「とってきた竹は麻釜（温泉の本場）に漬けて、根をまっすぐにする。この竹は建築の材料だに。現在は一日千五、六百円とる。一カ月二十日位しか働けないで、どんな計算をしても割に合わない。仕事がないから仕方なくするんだに」

仕事がないから仕方ない、と彼はもう何回もくり返す。自分に言い聞かせでもするように。そして奥さんも、それに相づちを打つ。

「いまでは一年中の仕事は、春のぜんまい採りから始まって、わらび、竹の子、秋にはきのこ、なめたけ、はりひらたけ採りという、山菜採りが仕事になってきたなあ。

冬の草履つくりがなくなって、それにかわった仕事がスキー場のジュースの立ち売りだに。これはみぐさいので早くやめたいと思うが、仕事がないから仕方がない。長吏の一連隊といわれて、うまくないんだに。十二月から三月までの商売で、わしらの仕事のうちでは最高にいい収入になるんでなあ。ジュースはみなかつぎあげる。一般の者はよい場所で店をはる。わしらは金がないので、そんな権利は買えん。ところかまわず立ち売りするちゅうこんです。部落の者《もん》ちは着るものも上等でないので、滑っとる者にはめざわりなんですわね。一般の衆からもいろいろといわれているんだに、そりゃあやめたいと思うんだが仕事がないちゅうこんです」

金四郎さんの言葉は、ますます重苦しくなってきた。

「一般」と部落

「結婚はだいたい、いや、ほとんど親同士、また世話する人があって、きまってしまったなあ。わしも、このわしの女房も、来るまで両方知らなんだ。見合いをするわけでもなかったに。この村では一般は樽入れちゅうのをする。樽一本、婿が嫁さんの家に入れるんだ。わしどもの方では、そういうしきたりはなかったなあ。できなんだった。最初から何も持たん者同士だから結納もただみたいだったに。支度も風呂敷包みひとつで行ったり来たりしてた。行李につめてきた者はいい方で、行李を持ってきたと騒いだもんだに。

戦後はちがう。仕度も昔にくらべれば派手になったでなあ。わしらの頃は縁談の話がかかって、断わったら大変だったに。何しろ部落の人口が少ない、年頃の娘もかぎられとる。縁談もそうあるわけでないから、断わろうものなら、あすこはハネタと、すぐ相当に離れた遠い仲間のところまで広まっちまう。次はいつ話がくるかわからないに。わがままいってはいられない。自分たちは食うに事欠いているんだから、はずすなんてことできなかったになあ。顔や姿や性質なんて問題にもならなかった。不足だらけの者同士、食って生きることが先決で、みんな他のことは我慢しあってきたんだに……」

金四郎さんの酔いもだいぶまわって、言葉も聞きとりにくくなってきた。もう一升瓶も底をついた。それでも私たちが部落の墓を見に行くというと、シャンとして道案内に立ってくれた。部落の墓は一般の墓のずっと下の方にあり、水が川のようになって墓地の上を流れている。仏さまが水びたしだ。墓地がせまくてよわっているのだと金四郎さんはいう。歩きながら、

「部落に生まれてよかったこたあないなあ。悪いことっきり。わしらのところは白山の合祀もしてもらえなかった。青年団にも入れない。祭などの若者組などてんで仲間にしない。現在もそうだ。それでいて町に行き倒れの病人や乞食がいると役場の者が面倒みてやってくれといってくる。わしの子どもの頃、じいさんの清作はよくできた者で、頭のおかしくなったのやら、わけのわからん病人、乞食など、家に泊めて面倒をみてやっていたですわね。養老病院みたいなもんだ。旅館では乞食でも泊まると一銭二銭ととるんだから。達者な乞食もずいぶん世話してたに。

形の上ではいけないちゅうこと、わかっておっても、差別は何らかの形で残したいと一般の者は思っているんじゃあないかと、わしは感じる。中野なら中野に一般の人と連れだって行く。向うでじき近くの者に出会う。なつかしいからあいさつしたいが、決してわしの方にはしないに。一般の人の方へ向って〈やあ、××さん〉とやる。へんな感じだになあ。

一般で理解があって部落につくしてくれた人はこの村にはいないな。反対に親切ごかしで、すきあらばくらいつく方だに。電燈もわしらのところは一般より四、五年おくれ

て入った。電燈入れる面倒をみてくれるという人がいたが、〈おれのおかげで入った〉と恩着せられ、かえって高くついたに。親切を売りもんにするのは、よくないでなあ」
金四郎さんと別れてからも、彼のゆっくりと、たしかめるように話す低音の言葉と、額にきざまれた大きな傷痕が私の脳裏から離れなかった。

＊

孤独な老女

北佐久郡御代田町馬瀬口は、全体で二百五十戸、そのうち部落は四十二戸、区は第一から第六まであり、部落は第六である。どこの町も区分けをすると、部落が最後になる。居住地が町のあるいは村の端にあるからだ。国道十八号線から少しはずれた旧北国街道ぞいに馬瀬口の部落がある。私たちが馬瀬口を訪れたのは十月の初旬で、浅間おろしの風は膚をつきさすようであった。農家は高原野菜の出荷が忙しいさかりである。この部落では兼業がほとんどで、日雇い労務者として軽井沢方面に出ている。

予定していた男衆は、小五郎さん（六十二歳）だけだったが、小五郎さんがちょっと近所を走りまわって、家にいた老人たちを招いてくれた。たえ（八十三歳）、しめの（八十一歳）、ます（六十九歳）さんで、いずれも馬瀬口生れであり、昔のこの村の様子を聞くことができた。しめのさんとますさんは姉妹である。たえさんが子どもの頃、この部落は十六軒だった。七十年前のことである。そのうち新家が四軒、古い家が十二軒あったという。古い墓には十二軒の名がのっている。

「昔かねえ、昔はねえ、ひどかったになあ、……」

　たえさんは蚊の鳴くような声でポツンという。

「昔は、わしら方を下宿《しもじく》と呼んでいた。一般の衆は下宿と呼んだり、あんたがたの方とか、おまえがたの方と呼んだりしていたに。ひどい時には長吏っぽで通っていたなあ」

　一番若手のますさんは、体もシャンとしている。頭の回転も早く、たえさんや姉のしめのさんの話にはいささかまどろっこしさを感じるらしい。横あいで、あれこれ世話をやいていた。

「この人はなあ、あんた、耳が遠くて、数年前病気してから頭が弱くなっちまって、でも最近のことはともかく、昔のことはよう知っとりなさるよ」

という。しめのさんは聞こえたものかどうか、

「わしら子どもの頃は、一般の方へなかなか行けなんで、買い物にでもいこうもんなら、とおさんぼしてなあ、おっかさんに頼まれた買物に行けなんで、泣いたもんですい。一般とはぜんぜんつきあいもせなんだったなあ。あの頃は、何でも悪いことがあると、下《しも》宿《じく》に巡査が乗り込んできて、土足で家にあがりやしてなあ。家の者を前のもみじの木にふんじばってなあ。昔はひどいことをされたもんだに。米は時買い（その時その時に応じ

て必要なだけ買う、買いおきする余裕がない）で、毎日買いにやらされやした。お椀を持って、味噌の一銭買いにもよく行ったもんですい。味噌はおかずにしやした。そのままたべてしまうと、すぐなくなるもんで、湯でうすめて味噌汁にしてのんだもんだに。味噌は一銭で、お椀にうすく一ぱいでやしたわ」

たえさんの話は、とぎれとぎれである。炬燵に小さく小さくなって坐っている。私たちの質問も、あまりはっきり理解されないようであった。そばからますさんが注釈をつけたり、聞きだしたりしてくれる。

「ごはんは挽きわりめしで、粟が主でやしたなあ。米が入っていればいい方ですい。おかずは漬け物が主でやした。お菜と大根漬けでやした。お菜は桑切った後、菜をとるときだけ百姓から借りやした。空いている時期だったので、だいたいただでやしたなあ。九月に入って種をまき、十一月二十日頃とれますい」

ますさんは、てきぱきという。

「漬け物の塩水も無駄にしません。わかしてのんだもんだ。こんなことをいうと馬鹿にされるでなあ……。今は盆と正月が毎日ですい。しゃけ（鮭）は正月だけに食べるもんだったが、食べようと思えば今日では毎日食べられますからなあ。昔は砂糖なんか使わなんだ。小豆も塩餡でやした。それがまたうまいのなあ。夜はどこの家もめんめ（うどん）でやした。切りこみとかおほと雑炊とかなあ。だんごより季節の野菜の方が多くて、今考えれば栄養があったわけだになあ、ハッハッハ……。夏のめんめはかなわなんだになあ。冷えると固くなるので、やっぱり熱いのをくう。若い衆はやだがりましたになあ」

ますさんは一気にしゃべり、快活に笑う。

「昔は売ってるもんもなかったに。御馳走といやあ、やっぱり餅でやしたな」

たえさんは、その間も独り言をいうように何かを呟いている。こうした老人の思い出をたぐるという柔和な作業の中に、私は、部落の年とった人たちのはげしい生命の葛藤のあとを見てきた。

たえさんは一度嫁に行ったが、夫と生き別れた。養女を育てたが、その子も離れていった。今は天涯孤独の一人暮しである。帰りがけ、たえさんの家に足をむける。ガラス戸一枚もない掘立小屋であった。戸は入口の三尺の引き戸があるだけだ。六畳ほどの広さにむしろが敷いてある。むしろの上には、たえさんが拾ってきたのか落ちりんごがゴロゴロころがっており、部屋の中央には七輪がたった一つ、置いてあった。裸電球がひとつ、外からの風に揺れていた。鍋一つ、茶碗一つ、たえさんの城は何とも閑散としている。それでも彼女の毎日は盆と正月のようだという。夕暮で家の中はよく見えないが、目につくものがない。人生の灯をほそぼそと燃やしているようなたえさんだった。

部落の年中行事

「昔の人はえらかったになあ。どんなに忙しくても困っていても、一カ月に一回は休み日をつくって、この日はどんなことでも働かなんだ」

一番若いますさんは、話し言葉も老人の世界のゆるやかなテンポからはずれて活気がある。彼女はひと息に話の結末までをつける。

「ノノさまのこと、祭のこと、きちんとやってましたに。生活のけじめをつけ、感謝と反省を怠らなんだったんですい。できてもできなんでも祭には餅をつく。米がなければ粟餅でもなあ。ノノさまの日と祭の日には御馳走をするわけですに。大人も子どもも一緒に楽しんだもんですい。

昔は製糸工場がなかった。少しはありやしたが、この辺では一人か二人しか出ませんでしたに。十歳位から見様見真似で親と一緒になってわらじ作りをして働いたもんですい。冬はムロの中でランプをつけて、夜なべは十二時頃までやったでしょうな。田んぼもない、畑もない衆ばかりで、みじめでしたになあ。その頃はこの部落では男衆もわらじ作ってやしたな。小僧に買い手がなくて、男の子もムロに入ってわら仕事したもんですい。百姓の日よっとりも、この辺はあまりないでなあ。浅間の火山灰地で高地ですから、百姓するにはよいことないですに。一般の男の子は名古屋か東京の店に小僧に出てやした。

わしは学校が好きで好きで、学校へは三年頃まで行きやした。小沼小学校ですい。部落の子は、ひとかたまりに隅に坐らせられていましたなあ。自然にそうなるのかもしれんねえ。運動会の時に一般の子は手をつながんで、弱ったもんですい。この二人（たえ、しめの）とも学校へは全然行っとりません。わしが学校へ行かなくなったのは、本が変わってもちょうどに買えなんだ。本の金を支払わねばならん最終日に家の者が銭を持たせられなんだ。先生に忘れましたと嘘をいう。毎日そんなことがつづくとそれでは取りに行ってこいと、授業中に教室から出されて、それっきり学校には行かなんだ。ほんにせつないことでやした。それでもひらかなくらいは自由に読み書きできやすに」

私はこの間多くの老人に会った。四十代の人からは、差別に対する憎しみと怒りが、むき出しになってはねかえってくることが多い。六十代の人の話には何となく余裕があった。八十代の老人になると、はげしい差別を生きぬいてきた大岩のような魂が、静寂さとなって聞く者にせまってくる。

「一年中の休み日は、一月はこりゃあ正月ですわなあ。二月は八日堂（道祖神）、三月は節句とお彼岸、四月は白山権現の祭が十四、十五日で、お天宮さまが二十三、二十四日、五月は八日に薬師さま、六月は農休みだからねえ。七月は飯綱大天宮のお姿とりが二十七、二十八日ですに。八月はお盆さん、九月は権現さまの秋祭りとお彼岸、十月はないになあ、十一月は十日夜の収穫祝にお七夜のお座がたつ、何といったっておとりこしが一年中で一番大きな行事だわなあ。十二月はなしです。おとりこしの行事ですかえ、そりゃあ先輩に聞いておくんなさい。この婆さんなんかようやりなんした」

とますさんは、たえさんをせきたてた。

「わしゃあ、どうも馬鹿になっちまってなあ、忘れっぽくなって……」

たえさんは、話のはじめに必ずこの前おきをつける。

「だって、おまえさん、ノノさんのことだに。よう知っとるやろ」

と、ますさん。

「正月の餅がつけんでも、おとりこしの餅はついたもんですい。親鸞さまか、親鸞さまの御先祖（法然）さまだったか、夏じぶんから具合が悪くてゴロゴロなさっていたが、十一月二十一日から急に容態が悪くなって、十一月二十八日朝、亡くなられたですい。それで亡くなられた日から前に遡って一週間前の二十一日の夜からお座をたてますい。取り越してお詣りするからおとりこしというんですい。毎晩でやす。一週間に村中をまわる。一晩二軒から三軒まわる。そして二十七日の晩は夜あかしをしますに。ひとお座一時間はかかりやすなあ。お経は四十分位だが、その後、お茶が出るからなあ。男衆も女衆も出ましたですい。お座ごとに五厘とか一銭なげてお参りしやす、それを同行さんが集めて東本願寺に納めるんで、同行さん（先達ってお経を読み、講のお世話をする人、本来ならば坊さん）は京都からも来なされたが、だいたい村内で必ずお経の読める人がいるわね。うちの村では役場の仕事をしていた竹内新作じいさんですい。このじいさんが同行さんになりやした。どんな気持でお参りするかって……そりゃあ極楽往生させてもらうためですい。お経の本は〈在家勤行本、正信偈〉ですい。帰命無量寿如来……」

たえさんの言葉は突然、御経になった。彼女は他の者たちから頭がおかしくなっているのだといわれる。たえさんは、この世界に生をおくのではなく、彼女の想像する幻想の世界に生活しているようだ。突然、夜中に、遠い親戚にお茶に呼ばれたから行くのだと歩き出すこともあるという。一日の食事は、落ちりんごの二、三個でたりるので、日常生活では不足を感じることもないようだ。

「南無の二字は頼む機の方（お願いしますの意、衆生の信心をあらわしている）、阿弥陀仏はたすけてくれる法の方（阿弥陀の救いでたすけてやるぞの意）、機法一体（機と法とは一体で不二であること）の南無阿弥陀仏。ノノさまとわしらとは一体になる。いちいちあれこれ頼まなんでも、みなノノさまはわかってくださる。南無阿弥陀仏といえばいいのですい。

二十七日夜は夜あかしをして、二十八日はお朝事《あさじ》といって二十七日に村中の女衆が一日休んで、各家から二合、三合と集めた米を挽いて、団子をつくる。お飾りを二つ三つと重ねて、夜あかしのお座がたつ家の仏壇に飾りやす。朝まで飾っておいて、二十八日の朝、それを各戸の人数によって村中にくばる。子どもの数までかぞえて、都合でお座に出られなんだ人にもやりやすなあ。このことをお朝事をくばって歩くといってますなあ」

たえさんは、三十分位かかってここまで話して聞かせた。みんなの話を、いちいちうなずいて聞いていたしめのさんも、この時やっと口を開いた。

部落と浄土信仰

「一年中で、一番楽しみでしたになあ。御馳走つくるちゅうこんでなくですい。この行事がなあ。盆、正月よりも女衆が一番に力を入れたですい。お七夜には毎晩隣近所に声をかけあって、お座に出向きやしてなあ。あの風習はいいもんだになあ。昔はみんなの気持がひとつでやしてなあ。お座のたつ家に入る時は〈今晩はおありがとうござんす〉といってな、当屋の方で〈はい、ご苦労さんでごあす〉といったもんだ。お互い感謝の気持でなあ……」

「あの頃は、いかった、いかった」

と、たえさんも、しみじみと言葉をあわせた。

「二十一日の日は、始まりだからいいが、あとの一週間は、魚などまるっきり食べなんだ。煮干しも砂糖もいれなんだが、大根やささげを煮て食べるのが楽しみだったになあ。おとりこしの餅は親戚中にくばったもんですい。村中で日やりして（出しあって）豆腐汁を食べる。一年中で豆腐汁が食べられるのは、おとりこしの時だけやったになあ。信心はそりゃあ篤かったですい。信心は極楽往生したいという一心ですい。どこで死んでもいいようになあ」

と、ますさん。

極楽というものはあるものだろうかと問うと、三人の老婆は、それぞれに、地獄極楽はそりゃああるわねという。

「死んでも極楽さまもあるが、死にたくないちゅうのは、この娑婆もなかなかいいところというわけではないかいねえ」

と、ますさんは笑ってシャキシャキ答える。

「金剛の心ということを、ノノさまの本に書いてある。誠の心、固い信仰心がなければだめだということですい。根性がいくらよくても、信心がなければ成仏できなんだ」

たえさんは静かにいう。

部落のほとんどは浄土真宗である。武士階級の禅宗に対し、浄土真宗は農民向けの宗教であった。一向一揆は加賀を中心として越中にさかんだった。越後にも影響があったが、信州は一向一揆のような政治的社会的な動きはなかった。しかし真宗は広く農民層に浸透している。他力本願のこの宗派が、被支配階級、非知識層、労働に自由を奪われた民衆の間に盛んだったことはうなずける。部落もまた同じであった。

「門徒物知らず」といわれ、教養や修業がなくてもよい。生き物を殺したり、皮をはいだりするのは仏の教えに背くものという思想は日本古来のものでなく、明らかに外来仏教からきたものだった。だから、こうした仕事にたずさわっている人間は極楽往生できないとそれまでの仏教は教えていた。しかし、「善人なおもて往生をとぐ、いわんや悪人をや」の言葉で象徴される親鸞の悪人正機の考えは、修業によっては悟りを得ることのできない衆生を、救う力が阿弥陀仏の本願力だとして、けがれた職業の者でも自分の罪深さを自覚し、念仏をとなえることだけで極楽往生できるとした。真宗は部落民も救われると教えた。

こうして部落の宗派の中で、真宗が一番盛んだった。私たちが訪ねた五十数個所の部落のうち、菩提寺が禅宗だったのは四カ所、天台宗が一カ所あった。禅宗寺で差別事件が多く、明治以後に真宗に移ったものが四カ所あった。禅宗、天台宗はわりあいと古くからの部落に多い。

部落には、おとりこしの行事と共に、念仏講が各地でさかんだった。しかし、踊り念仏ができる人も、もう少なくなってきている。おとりこしの方も簡略化して、ほとんど一晩だけになっていた。小県郡東部町本海野の一郎さん（七十二歳）は、次のように話した。

「自分の部落では、お座さまと呼んでいる。いまもやっているが、年寄りと女衆だけである。夕方、宿になる家で〈今晩おらちでお座をやりやす〉とふれを出す。隣近所で連

松本藩における各宗派の割合

享保7年信府統記より

宗　派	一般人	穣弓・非人
浄土宗	19,527人	332人
浄土真宗	5,554人	214人
日蓮宗	1,165人	23人
禅宗	68,159人	37人
天台宗	516人	／
真言宗	14,085人	／
計	109,006人	606人

れだって行くのだが、〈今晩はありがとうござんす〉というのが、いまの若い衆はいやだというんだ。心の持ち方も昔と変わったし、社会状勢も変わったんだから仕方がない。淋しいことですわ。あんた創価学会なんか入っちゃあ、いけないよ」

馬瀬口のたえさんの話は、必ずノノさまになって終る。

「わしの親父は庄屋の八曽吉じいさんの寺小屋で字を習ったですい。このじいさんは死ぬまでちょんまげ結ってたなあ。わしらは八曽じいさんの息子の人蔵から御開山上人（親鸞）さまの一代記を聞いたですい。一代記はよお覚えてますに。ふだんの月は御開山上人さまの御命日が二十八日、ノノさまの日が十五日、東本願寺の一番上のお上人さまが死んだ日だったかいな。その次の息子だったかが六日と、三日間は念仏を申したになあ」

帰りに、たえさんは、これだけは言っておこうと思ったのか、はじめて自分の方から話を切り出した。

「昔は馬瀬口の部落は乗瀬にいたもんだに。道（北国街道）が開かれて、そこからこっちに移ってきたんだに。乗瀬は（現在、小諸市と合併）一般でやす。昔は部落の者も一般だったわけだに。子どもの頃、同行さんをやっていた新作じいさんから、わしらの紋は竹に雀の紋で、奥州仙台さまの伊達公の紋と同じで賤しい者でないと、よく聞かされたでやす」

飯綱大天宮さま

村々を歩いていると、その村だけにある信仰・行事と、広く見られる行事の二種類がある。おとりこし・庚申講・道祖神・白山などの祭りや行事は、どこの村でも行なわれていた。古い形の農村社会が急速に壊されてきている中で、年ごとにこうした古い行事も失われつつある。同じ地方でありながら、一般の方で一足も二足も早く絶えてしまった行事が、部落では、いまなおつづけられているということは、何を意味するのだろう。部落のおかれている状況が、まだまだ古い時代の精神に依拠しているからだろうか。

とるにたらないと思われるような、一地方のささやかな行事、あるいは信仰をとらえてみようとするのは、そこからその時代に生きた人びと、あるいはそれを伝え、祖父から孫へ残されようとした精神をさぐってみたかったからである。私たちは古くからの信仰や行事の中に、部落の人びとの心や息づかいを感じることができた。

たえさんの話だと、馬瀬口の一番古い家が現在の徳次郎さんの家だという。屋号を中屋といい、この家の庭には御先祖さまのほこらがある。庄屋で、八曽吉じいさんが生まれた家だ。この中屋に対して西の家がある。戦後苗字を変えたが、この家も古い家柄だ。姓を変えるのは、戦後大層はやった。馬瀬口では数軒変えた。馬瀬口に近い加増でも変えた人が多い。確かに同じ村内で同姓ばかりだと何かと不都合がある。だが、それにもまして、場所と苗字で部落民ではないかという感じを持たれる。こうした差別感情から逃れたいという気持が強い。姓を変える時、野球、その他のスポーツの選手にあやかった例が多いようだ。しかし、姓を変えるのは本人の気分の問題でしかなく、差別はそうしたことと無関係にせまってくるのが常である。

改姓といえば、昭和六年頃に苗字を変えた人がいる。この頃、名前を変える手続きをしてくれる商売人がいたという。改姓したのは南佐久郡佐久町高野町の昌雄さんで、彼の家は高野町のしばきりで旧家であった。伊早坂という名を徳川時代から持っていた。改姓の理由は、伊早坂という名が当時いろいろと新聞沙汰になるので、同じ伊早坂と思われてせつなかったからといっていた。しかし、いまでは古い歴史を持つ自分の旧姓を、昌雄さんはなつかしんでいるようだった。まわりの者にも、三字の苗字でなかなか高尚だったでないかといわれていた。

明治に入って苗字をつける時、これまで苗字を持たなかった者たちは、名主や寺の和尚がつけて与えたものが多い。そのため部落には、ひどい苗字をつけられている人たちがいる。例えば土手の下に住んでいたから土手下だとか、橋脇とか須加尾などがある。須加尾は「すべからく尾をくわえよ」という意味だと、この名をつけた和尚自身が話したという。文字を知らず、意味を知らされなかった部落の人は、おらほは三字だと喜んだ。もちろん、こうした差別苗字は、今日では変えられている。

話が苗字に飛んでしまったが、馬瀬口の西の家の御先祖さまが、上州へ商いに行った。いつ頃のことかわからないが、大昔のことだという。帰りに碓氷峠を越す時、肩の荷が重くなったのを感じた。その後、重いな重いなと思いながら家に帰ってきた。家についてお茶をのんでいると、バタバタするのではっと思って見ると、飯綱大天宮さまだった。西の家では、もったいないことだと、お天宮さまを臼の上におのせした。このあたりでは臼の上には乗るなといわれているが、ここから来たものだそうだ。臼はお天宮さまがとまるところだから。

お天宮さまは村で祀ることになった。祭りは四月二十三、二十四日、七月二十三、二十四日の二回である。この神さまは大層恐ろしい、霊験のあらたかな神さまである。子どもの頃はお天宮さまの庭先を昼でも一人では通れなかった。お宮はいまより樹木がうっそうと繁って昼でも薄暗かった。いまでも子どもたちは大天宮に寄りつかない。

私たちは写真を撮りに出向いたのだが、子どもたちは白山さまの庭で遊んでおり、お天宮さまの庭はしんとして人っ子一人いなかった。堂の戸を開けてほしいというと、小五郎さんは「恐くていやだ」という。なるほどお天宮さまのお姿は見るからに恐ろしく、すごみがある。鳥のような、狐のような姿であった。赤や青の羽根を後方に強く張り、広げている。鋭い嘴を持ち、ぐっと睨みあげた目は青鬼のようでもある。二羽対になって安置されていた。お天宮さまは臭いものがきらいで、肉など食べた時は前を通れない。この神さまはなかなか高慢で、馬に乗って前を通ると蹴落とされる。小五郎さんは子どもの頃、学校帰りにここを通るのが恐ろしくて、わざわざ回り道をしたという。

飯綱大天宮という神さまは、どのような神さまであるのだろう。武芸に関係があったものか、お姿は鳥に似ているが天宮というから天狗さまの一種かもしれない。カルラ（仏教の教典中にある想像上の鳥で密教では梵天が衆生を救うために化身したものといい、天狗はこの鳥の姿の変形したものだといわれる）からきているのだろう。いずれにしても中世的な民間信仰であった。

屋根屋の新作じいさんがお天宮さまの屋根がえをした。くず屋根の葺きなおしである。お天宮さまは喜んで新作じいさんの肩にとりつき、じいさんはガタガタしていた。ほうげん（神主）さまがお参りして、お天宮さまを帰した。これはたえさんが子どもの頃、実際にあったことだという。

また西の家で母家の屋根かえをした時、御神木がじゃまになり、枝をはらったら、とたんに屋根から吹き飛ばされた。また枝を折ったら口が曲がってしまったという話もある。最近、お天宮さまの庭の木を切った人が怪我をした。木は切ったが、その木をこなす人がない。買い手がいないという。今日でもこの攻撃的な神さまに、村人の心は左右されている。

何故このような恐ろしい威力を持つ神さまを加護しつづけてきているのだろうか。本来神さまは恐しいものとされているが、白山さまとはだいぶおもむきが違うようだ。神さまは人びとが自然界に対して持つ脅威の現われでもある。人びとに脅威を与えることによって、神さまの力を示したのだろう。そして常に魔力を意識させておくことは、なだらかな日常性の中で重要な役割があったのかもしれない。それは人間が危険を自覚する時、自覚しない時の何十倍からの防御率が高まるのに似ている。普段の注意力というか緊張感を持たせるのに役立ったのだろう。

小五郎さんは、妻を胃癌で昭和三十九年に亡くしている。息子は長野に出ており、やもめ暮しだ。彼は十年前から創価学会に入るようにすすめられていたが、妻が死んでから入信した。動機はたまたま軽井沢で学会の講演を聞いて感心したからだという。その時、話をした人が、他人に話せないような自分の恥を堂々と話した。その人は母親が首を切って死に、父親は土左衛門で死んだという話をしていた。学会では皆が裸になって交わることができるのだと、小五郎さんは感動したという。みぐさいことを隠さずにつきあえるのがいい、ということであった。

馬瀬口では、四十二戸のうち七〜八戸が創価学会に入信している。昭和四十三年の総選挙で、県下では部落の得票率の三〇％を学会が占めた。小五郎さんは選挙だけは、松本英一（部落解放同盟推せん）にしているが、他の人は学会に入れているということだった。小五郎さんは、自分は学会に入っているが、部落解放にたずさわってくれる人、部落のためになる人を第一におしたいという。また苗字を変えている人が学会に入っている傾向が見られた。部落差別から逃れたい、逃れたいと思う気持に通じているようである。

＊

ご先祖さまのほこら

私たちが訪れた部落で、ご先祖さまのほこらがある部落はいくつもなかった。ご先祖さまのほこらを持つ部落は、大層古いと聞いている。屋敷神とはまたちがったものである。馬瀬口では暮れ時をすぎていたので、御先祖さまのほこらを持つ中家に、足を向けることはできなかった。

北佐久郡立科町宇山石川も、ご先祖さまのほこらがあり、今日なお、ご先祖さまの祭を部落中でしている。石川は宇山百八十六戸のうちの五十戸（全戸部落）である。中仙道から少し入ったところで、街道には樹齢三百六十年余を誇る松並木が、みごとであった。笠取峠を中にして、南に長久保の宿、東に芦田宿がある。スモッグから遠く離れた環境に守られて、今は往きかう人影もない。この街道が開かれたのは、慶長六年江戸時代のはじめである。

日本三大並木にかぞえられている松並木が、静かに秋の午後のやわらかな陽ざしを浴び、黒々と影を落していた。車の通りも時どき思い出したようにある程度であった。一歩県道に入ると、刈り入れの忙しい風景が、標高八百米の高原にくりひろげられていた。十月初旬、高原の風はもう刺すように冷たい。どこの農家の庭先にもコスモスが色とりどりに咲きみだれていた。

石川の御先祖さまのほこらは、本家の屋敷つづきの場所にあった。九坪ほどの小高い塚にほこらがおかれている。昔は十五坪もあったが、まわりから削りとられてしまった。この塚は部落の中心にあるが、御先祖さまもだんだん肩身がせばめられてきているようだ。塚の片隅にある石のほこらの下を掘ってみたら宝物でも出てこないかと、恵さんはいう。塚には杉と梅に枝垂れ桜があったが、枯れてしまっていた。墓の方に移してある寛永元年の石仏は、以前はこのほこらのそばにあったものという。

昔から今日まで石川部落の五軒で、この祭りをまかなっている。御先祖さまの祭りは、部落が五軒の頃にはじまったのだろう。五軒がこの部落を開いた御先祖さまを共同で祀ったわけだ。祭りの日、五軒が一升ずつ米を出し、粉にしてだんごを作る。御神酒《おみき》は全戸からいくらかずつ金を出しあって求める。だんごは村中にくばり、角燈籠を二つ三つほこらのそばにたて、村中で御先祖さまの供養をする。塚にねこ（むしろ）を敷きつめ、野天で、同行さんがお経をあげ、五穀豊年を祈る。御先祖祭りは四月二十八日で、白山さまの祭りは四月十六、十七日である。

恵さんは子どもの頃、この祭りが楽しみで、学校から帰ると「ワァッ！」と集まったものだという。彼の家も五軒の仲間である。祭りの日の世話役の中心は、塚の地つづきの市治さんの家と昔からきまっていた。もしかしたら、市治さんの家が石川のしば切りかもしれない。あるいは五軒の親方だったのだろう。一族のためになった御先祖にあたる、誰か力のあった有能な人を祀ったのだろう。子孫の繁栄を願い、ひたすらに努力した先祖を供養する。そのことによって、自分たちもひとつ心になり、一人も脱落者を出さぬよう心がけたのではないか。この祭りは、運命共同体である小集団を固くまとめる精神的な柱になっていたのだろう。

宇山には一月十四、十五日におたやさまの祭りがある。室町時代このあたりには、豪族が住んでおり、豪族が氏神として祀ったと伝えられている。おたやさまは、豊受大神宮のことで小田屋からきた言葉である。越後の方では田んぼの中の掘立て小屋のことをいい、そこに田畑の番人がいた。すなわち年貢を納めておく倉のことである。もうひとつは田舎へ持ってきた大きな神社の出張所のことを小田屋といったらしい。宇山のおたやさまは、豊受大神と天照皇大神とを祀っている。五穀神の祭りである。

宇山はかなり古い時代から開けていたと思われる。部落の西藤という苗字について、恵さんはいう。

「伝承によるとわしらの西藤は、昔、芦田の古町に斎藤という人（一般）がいたが、そこからこちらに分かれて出てきた者といわれてます。西へ来たから斎藤が西藤になった。もしそれが本当なら、向うが一般でこっちが部落というのは、おかしいですなあ」

恵さんの叔父である朋義さん（六十八歳）も古町の年寄から子どもの頃、「おめたとおらちは昔は親戚だった」と聞いたという。部落がそのはじまりを、一般から分かれてきたという伝承、あるいは戦いに敗れて落ちてきた武士であったという伝承を、私たちは方々で耳にした。大昔から部落民という人種がいたわけではなく、まったく政策的に時の支配者によって、身分と階級を押しつけられたことを、こうした伝承はよく知らせていると思う。

石川は宇山の中では経済力があり、屋造りも立派であった。新築を急ぐ家が何軒か目に映った。恵さんの家では、叔父と兄が大正期にブラジルに渡っている。今日では向うで何とかやっているようだと恵さんの話であった。一般より石川が経済的によいというのは、部落の者はよく働くので、外貨獲得が一般より多いからだとのこと。戦前の水呑み百姓は、外地で稼いでくる他には財力をつくる道はない。最近は土方、家畜商、皮革商、青果業が主な職業である。部落の人びとは仕事に対しては非常に積極的である。骨身を惜しまず働く。部落の者は他の者に負けたくないという気性があるからだ、と恵さんはいう。西藤の本家では、かなりの田畑を持っていたが、江戸から明治にかけて貧乏して手離した。江戸の末に京都の映軒という坊さんが西藤の家に婿に入った。恵さんの先祖であるが、映軒は部落の中に寺小屋を開いて子弟の教育にあたったという。

菩提寺は天台宗の津金寺である。武田信玄がこのあたりを制圧した時、ほとんどの寺を焼き払ったが、津金寺だけは残した。古い伝統を持つ寺だったからである。この寺には信玄の自画像と、信玄が献上したという長太刀があった。

この寺にはまた保科百助(五無斎)の墓がある。立科町に生まれた五無斎は、信州の生んだすぐれた教育者、科学者であった。同和教育の先駆者として、五無斎の名は部落の人びとにはよく知られている。

彼の生涯は非凡で、数々のエピソードを残したが、信州教育の正統派からははずされてきており、それゆえにこれまで評価されてこなかった。五無斎は教育者として、早くから差別教育撤廃を実践してきた。彼が長野市大豆島小学校長に着任したのは三十一歳の時で、明治二十六、七年頃である。五無斎は部落の子どもが、二百米も離れていない本校に通学できないでいることを知るや、村長に就学猶予願いを再三提出し、その実現に力をそそいだ。村長は部落分校との統合を「太陽に石がとどけば統合する」と答えて、五無斎の差別教育撤廃の強い申し入れを拒否した。すると五無斎は村長の首根っこをつかんでしめあげたという。このような実力によるしめあげの果てに、村は部落の子どもたちの本校就学を認めた。五無斎は社会的にも学問的にも、多くの貢献をしているが、彼の生地立科町では、「ちょっと変わった人」という程度の評価であった。

＊

由緒を秘めた二百五十年前の家

お盆をすぎると、八月の暑さも日ごとにやわらいでくる。暮れ方になると急に冷え冷えとするほどだ。私たちは小県郡丸子町辰の口へ行く前、陽のあるうちに辰の口の墓を見ることにした。上田丸子電鉄丸子町の駅におりると、顔見知りの部落の青年と偶然出会ったので、案内を頼む。墓は一般と一緒で公園と隣りあわせに、丘の上にあった。暮れ足を急ぐ西陽で古い墓の年号を調べてみる。元禄年間のものがある。辰の口は他所にくらべて比較的古い墓が残っているようだ。依田川の長い橋を渡る時、青年は川の土手にへばりつくようにして建ち並ぶ家並みを、あれも部落だがわしらの方とは別だ、という。

辰の口では、最近、映画『橋のない川』(第一部)を学校で見た小学生が、部落の子どもたちを〝小森・小森〟ともてはやすようになり、これが流行して弱っているという。学校側の同和教育を推進させるべき試みが、逆に差別を助長させる結果になった。寝た子を起こしたら、その子をどう教育していくか、その過程こそが本当の解放教育ではないだろうか。映画も見せっぱなしでは、まずいわけだ。

辰の口では弥吉さん（五十二歳）のお宅にうかがい、奥座敷にとおされた。まず家の堂々として格調の高い構えにおどろかされた。造作がしっかりしていて、無駄がない。もともと日本建築は装飾的なものを好まぬが、折目正しい清楚な上品さがあった。

この家は二百五十年前のものであった。畳の取替えぐらいで、全然手を入れてない。補修の必要がないという。大工が見て狂いがないのにおどろいているという。近頃の建築のように、二、三年でたてつけが悪くなるのと違う。柱、襖のたてつけなど、ぴっちりしたものだ。年代は梁でわかるのだそうだ。

私たちは二百年位前の家は見てきたが（西長野太鼓屋など）、みなくず屋根であった。弥吉さんの家は総瓦である。当時、瓦屋根がふけるというのは、寺か神社か代官か相当の勢力があった者でないと考えられない。現に小諸の弥右衛門家でも、瓦にしたのは解放令が出てからであった。伝承では、家の完成に七年をかけたといわれている。気に入った材料が集まるまで待っていたからだ。当主の弥吉さんは、

「昔は材料など肩でかついで遠くから持って来たのだから、年月もかかったもんでしょ

う」

という。建材は床柱がとがの木（あららぎ）であとは総けやきである。けやきは固いので、くるいが少ないのだそうだ。柱はすべて七寸角であった。土台も切り石が敷きつめてある。金を惜しまずに使った造りだった。

「先祖は相当金を持っていたようです。何故そんなに金があったのか不思議でなりません。わしの子どもの時、一般の年寄りから聞いた話だが、松ゑ門（代々襲名のお上用の名）のところは非常に金があって、婚礼の時、小判を引き出ものにつけて出したものだといってました。わしの祖父、常五郎が子どもの頃は、まだ裕福で、土蔵の中のかますに小銭が沢山埋まっていたと、これはじいさんから聞かされました。証文も残っているから金貸もしたのではないでしょうか」

と弥吉さんは話をつづける。

「金があった証拠に、寺（長福寺、浄土真宗）に土蔵一宇寄附したという書付けが残ってます。これは伝承としても聞いてますが、倉と一緒に寺の塀も造っている。このことは文書にあります。そのうえ、倉や塀の修理代金として田畑もつけて出しています。わしが明らかに差別だと思うのは、この文書に、寄附を寄せた方松ゑ門の名が小さく隅にしか書かれていないことです。寺にまつわる話は何も聞いてませんが、長福寺で戒名を見せてもらって、いやになって長福寺の檀家をやめた人がいる。わしはまだ見てません」

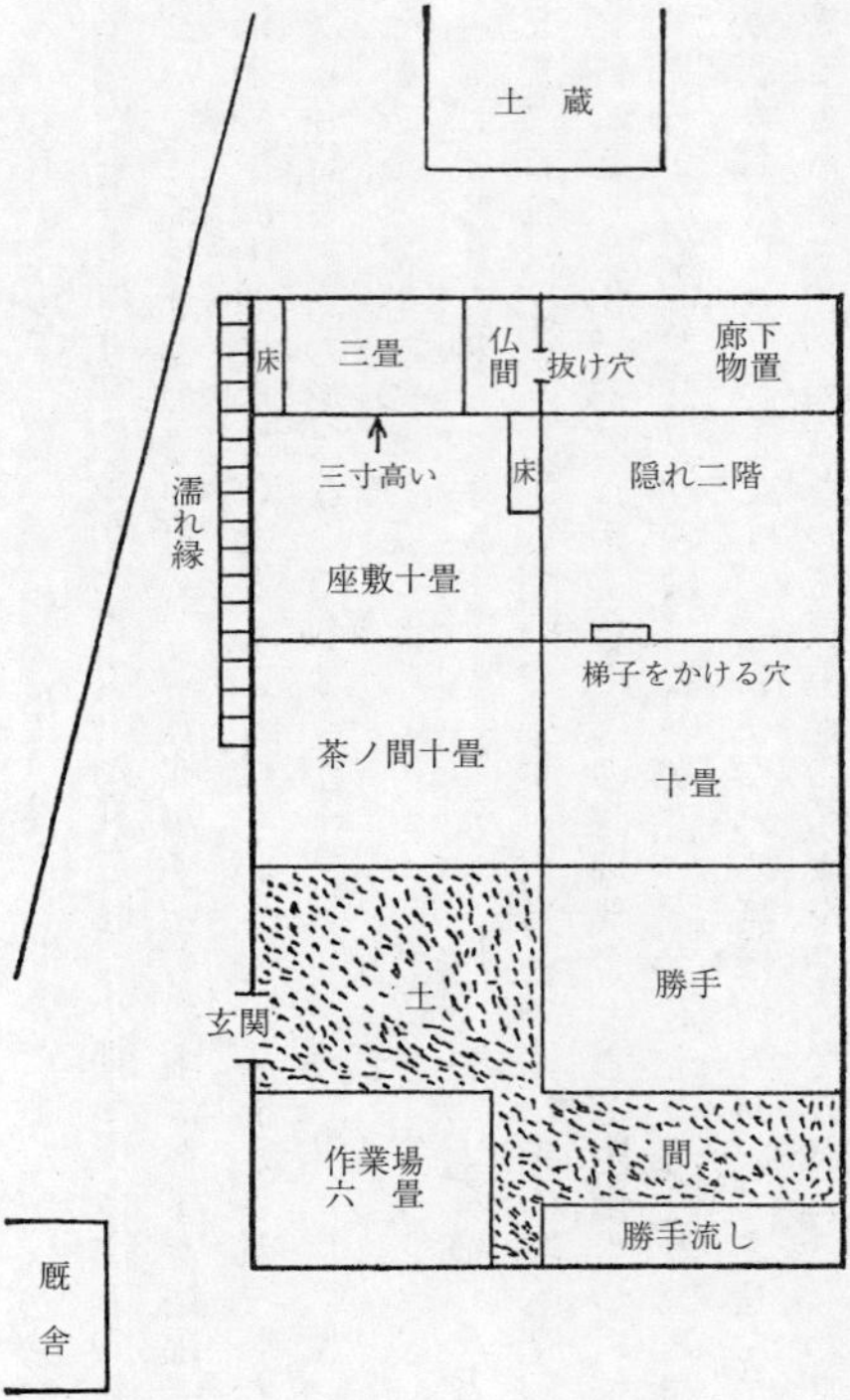

私たちが辰の口の石塔から見た戒名では、朴男、朴女、草男、草女が多かった。

「この家の不思議なことは、仏間の壁に抜け穴があって、昔からそこに掛軸がさがっていた。みっともないので、わしがふさいでしまいました。この抜け穴と梯子のない二階があります。れっきとした二階だが階段がついていない。小さな入口があり、そこに梯子をかける。いつもははずしてあります。茶の間の天井は上がったり下がったりして、夏は高く、冬は低くしています。これだけの家で欄間がないのはおかしい。茶の間と十畳の間もすきすきですし、貧乏して売ってしまったのではないかと、父と話したことがありました。祖父の常五郎は貧乏して、恥をかいたことは話したがらず、おじいさんからは何も聞いてません。父でも生きていれば、いろいろ話もあったでしょうが、言い伝えのないことは淋しいことです」と弥吉さんは静かにいう。昔、勢があり金があったという話は残るが、貧乏したという話は残らない。みじめだと思うことは誰も語りたがらないからだ。それにともなうすばらしい話も、一緒に忘れ去られてしまっている。弥吉さんの屋敷は、別図のような間取りである。三畳と仏間のところが座敷より三寸ほど高くなっている。三畳は書院風にできている。一段と高いのはどういうことなのだろう。政務をとったのだろうか。上段から役人が会見でもしたのか。

弥吉さんの屋敷は、建坪五十坪、敷地五百坪、座敷の前庭の露地には、二百年以上はたっているみごとなつが（栂）の木があった。二本あったが一本は枯れた。大人二人でも抱えきれないつがだ。

古文書はふつうの箱に入っていたという。弥吉さんが育った頃は、食うや食わずの最低の貧しさだった。どこの家もそうであったように、目ぼしいものはみな売った。

軍隊と結婚における差別

「よく十手や文書が屑屋に行かずに残ったものだと思います。長持ちも何本かありました。真っ黒になった曽祖母の箪笥もありました。父親の清は極端に潔癖な人で、そのために貧乏もはげしかったのです。部落では必要以上に潔癖な人をよく見かけるが、父には取締りの家筋だからという気風があったのだと思います。父からは薪《たきぎ》を拾うのもいけないといわれて育ちました。だからボヤ（たきつけ）にも不自由した生活をしました。部落には山がないので、他人の山で枯れ木を拾うのです。たとえ枯れ木を拾っても、生を切ってきたと思われてはいけないからだと、父にいわれてきました。

父の代までは、貧乏していても部落の中ではまだよい方で、父は頭がよく、高等小学校を出てから、先生に推されて長野の師範学校に行くことになった。だが母親の強い反対で行けなくなったということです。父は行っておけばよかったと年をとってからも残念がっていました。父の若い頃の差別はひどく、瀬川丑松（『破戒』）の時代だったから、祖母は一人息子を遠く長野の寄宿舎に手放すことはどうしても淋しくてできない、またそれ以上に、師範を卒業しても満足に世間は相手にしてくれないから苦労して出ることはないと、頑として反対したということです」

弥吉さんは、潔癖に生きた父親をしのんで言葉をつづけた。清さんは字が上手で、部落の人が毎晩のように手紙や書類を書いたり、読んでもらいに来ていた。辰の口の白山神社ののぼり（三丈六尺）は清さんが書いた。〈舞歌清樽〉の四字である。清さんは軍隊（松本五十連隊）に入った時は、字が上手なので書記をやらされた。射撃もうまく、賞状をもらったぐらいであった。しかし、部落民はぜったいに昇進させない。清さんも一等兵で終った。

「何かにつけて軍隊では差別があったが、下丸子から一緒の連隊に入った依田次郎さんが、大層よくかばってくれた。軍隊のような生活は、必ず誰かを差別したがるようになるものだ」

と父はよく話して聞かせた、と弥吉さんはいう。

同席した円一さんも、清さんよりずっと後になるが、松本連隊に入隊した。円一さんは何ごとにつけ大層活発だったので上司に睨まれた。部落民は危険人物、与太者として扱われましたと、円一さんも、語気強くいいそえた。

「祖父母、わたしの両親ともども、非常に情が深い人たちで、わたしたちに言葉でいわず、実行してみせました。自分がやることによって、わたしたちに人の道を教えたものです。母はとくに細やかな愛情のある人でした。上諏訪の後藤から嫁に来ました。母方の祖父も、雪の日に乞食が来ると、一枚しかない着ているはんてんを脱いでやって、また癖がはじまったと笑われていたというような人でした。

物売り、乞食など、気やすく、よくあがってお茶をくれてやったり、泊まらせていました。旅役者が泊まると、宿賃にといって部落中の者を夜集めて、無料で芸を見せたものです。わしの息子（武文、二十八歳）が子どもでおぶさっていた頃、常連の雪ちゃんという乞食が、可愛いといって武文に金をくれました。乞食から金をもらったのは、この子ぐらいでしょう」

座敷にいた者は大笑いした。好青年の武文さんは、最近一般の娘さんと、いくつもの障害をのりこえて結婚することになっていた。私たちが訪ねた時、その娘さんも来ていて、近く嫁ぐ家の先祖の話を一生懸命聞いていた。その後、二人には解放同盟の青年集会でも会った。結婚問題について、その時の武文さんの発言が印象に残っている。

「ぼくはこの問題に関しては自然でありたいと思っています。当事者の気持がしっかりしていれば問題はないと思う。たとえ周囲がどうあろうと。だめになるのは本人の気持が本物でないからだと思う。男女の間の感情は、一般だから部落だからというようなことが最初に立ちふさがるものでなく、ごくごく自然に進行するものです。ぼくは自然であった方がいいと思う」

結婚差別事件が持ちあがると、地域連合青年団とか解放同盟が立ち上がる。話合いによって、学習することによって、あるいは糾弾することによって、問題を解決しようとする。しかし、この問題は、頭で、あるいは理論でわかるという次元を越えている場合が多い。問題化したもので、成功するのとだめになるのと半々だそうだ。毎年多くなる一方の結婚差別について、若い人たちはとくに敏感だし、深刻でもある。

武文さんは結婚に成功したが、以下のような悲劇もある。F君はこの冬（昭和四十五年）、結婚三カ月で部落出身を理由に、離婚をせまられ自殺に追い込まれた。彼の両親は、出身地を離れて、妙高高原で一家をなしていた。両親は自らがうけた差別の歴史的な重荷を、子どもたちには、わけ与えたくないと願っており、F君は、幾世代にもわたって負わせられた部落差別の重圧を、知らずに成長した。

彼は高校を抜群の成績で卒業した後、電気化学工業KK青海工場（従業員四千名）の開発研究員として入社、将来を期待されていた。十年近く寮生活をつづけ、二十七歳の時、人間を見込まれて、同社のT氏の一人娘、K子さんと交際がはじまった。

二人は仲間もうらやむ相思相愛の仲となり、九カ月後には正式の婚約を、その後五カ月たって結納をかわした。そして翌月、両家の家族、親戚、友人に祝されて結婚式をあげた。思い出多い新婚旅行から帰ってきて、一週間とたたぬうちに、破綻が突然やってきた。市役所に結婚届を出すためにとりよせた、彼の戸籍から一挙に暗転した。両親が部落出身者だとわかったから。

K子さんは、彼が部落出身者だとわかると、手の裏をかえしたように、冷たくなった。彼女は夜も夫と床をともにせず、両親のいる階下ですごす。また両親と結託して、一つ家屋の下に愛の巣を営みはじめた夫を、ことごとくないがしろにし、その態度は急変した。

会社内でも、差別的風聞が公然と流布され、職場内でも彼への態度が変わる。家では愛する妻から背をむけられ、彼は苦悩のどん底につき落された。彼は世間はともかく、年余の恋愛の後に結婚した愛する妻からも、これから生まれてこようとする子どもからも、このような別れかたをすることを、想像だにできなかったろう。

K子さんとその両親は〈ここへ印を押してくれ〉と、中絶承諾と離婚届を、彼にせまった。彼はその後、妻のもとにもいたたまれず職場でも孤立し、悩み苦しみ、最後に涙と怒りと生命をかけて書き綴った遺書をふところに、抗議の自殺にふみきる。

遺書には一枚の落葉がそえてあり、遺体は生命を絶ってから二十日以上もへて発見された。厳寒の飯田市郊外の松林の中だった。実家には〈心配しなくてもよい、元気でやっていく〉という別れのことばを残し、飯田市までさまよって行った。F君のこの抗議の死は、氷山の一角にすぎない。

長吏のかたわらほうろくを焼く

現在弥吉さんの家に残っているものに、十手と文書がある。文書は長吏由来之記（資料3）と、弥吉さんの曽祖父栄三郎の免許で、嘉永元年（一八四八年）九月の年号がしるされていた。栄三郎は、棒と柔の腕達者で、免許は霞真流（柔術）であった。同じ霞真流の免許は、小県郡川西村浦野の文太郎さん宅にも保存されていた。

弥吉さん所蔵の長吏由緒書は、江戸時代の初期、寛文十一年（一六七一年）に、伊勢の禅宗の僧が書いたものである。「言い伝え」られているところの元本の写しであると書いてある。内容は、延喜の第一皇子が「できもの」の病気で京都清水寺の坂本に住いされ、長吏十一種の仕事の支配を命ぜられた。そして六十六カ国へ長吏の頭を派遣した。その人名録でもある。

　雨の宮の小山佳堂さんの話だと、職種が多い方が古い。というのは、新しくなると職種が減らされたからだという。小諸の高橋家文書は四十二種、自分のところは十六種になっていると話していた。弾左衛門が頼朝から与えられたという判物では、長吏のもとに属する職種は二十七種である。古川家文書は二十六種、上野平家文書は四十二種となっている。上野平家の文書にはその内容が具体的には書かれていない。

　深井家と古川家の系図の内容は、ほぼ似たようなものである。職種の数は異なるが、長吏がおかれるようになった由来などは似ている。

「延喜元年酉弐月四日、天地開闢以来神武天王始拾壱代末孫延喜御門御供為先其後之御門……」からはじまる系図で、古川家文書の職種は、「一、長吏　二、座頭　三、舞子
四、猿楽　五、塀当　六、塗師　七、土鍋　八、鍋売　九、町末　十、辻占師　十一、
猿引　十二、猿引《ママ》　十三、石切　十四、土器作　十五、弦指　十六、本作　十七、笠縫
十八、渡守　十九、山守　廿、坪立　廿一、筆結　廿二、墨師　廿三、関守　廿四、鐘

打　廿五、獅子舞　廿六、傀儡師」であり、六十六カ国に派遣された人名のうち、信州には「信濃国　四条高橋藍作又次郎」となっている。

長吏が筆頭にあがっているが、これ等の職種は当時賤職視されていたものであろう。昔は分業化されていなかったから、そう沢山の職業があったとは考えられない。何を基準にして職業の貴賤をきめたのだろうか。人口の上では農民が大部分で、彼らが生産を担っていたから、権力者は支配するうえで農民をしっかりつかんでおく必要があったろう。だから土地（生産）から遠のくほどに賤業視したのかもしれない。

辰の口の円一さんの家では、江戸時代に長吏のかたわら、ほうろくを焼いていた。畑や庭から焼きものの破片が、いまでも沢山出てくるという。どこの部落でも、長吏以外にこうした手内職があった。明治になって長吏のお役を取りあげられ、長吏だけでも生活できなかったところを、さらに貧窮した。これに輪をかけて、江戸末期から明治に入って部落の人口が急増したことでまたまた苦しくなったわけである。

このあたりの代官所は中の条にあった。代官の出張所が辰の口にあり、現在問屋と呼ばれている飯島家である。この家には昔のものが沢山残っているという。弥吉さんは、問屋で古い地図（江戸時代）を見たことがある。辰の口が二十戸の時、エタ家数戸と書き込んであった。現在、辰の口全体で百六十戸、部落は五十六戸であるから、部落の方が増加がはげしい。エタ家数戸というのは、せいぜい二、三戸ではなかったかと思う。

辰の口は上田丸子方面に中小企業の工業地帯をひかえており、都市化の現象がみられる。

川原の開墾田

円一さんは、明治以後、部落では仕事がなくて、村に親父さん連中が昼間からぶらぶらしており、酒をくらってろくなことはなかったという。男衆は百姓の日よっとりもない時は、炭焼やねこ（むしろ）編みをした。ここでも女衆の草履つくりが生活の支えになっていた。円一さんは車引きを六、七年やったという。墓を案内してくれた青年が、夕食をすませて出向いてきた。彼は部落の貧しさの一因を、若者らしい正義感をもって元気よく断言する。

「部落の田んぼは、たいてい川原の中州にあります。川原を開墾して作ったもんです。根っから持っている者はいないから、後から借りるか、買ったものです。国は川原の田は河川敷で田として認めてないから、年中水害にさらされているが補償もない。そのくせ戦争中、食糧難の時だけは田だと認めて供出させた。国は部落民を踏みにじっていると思う。御都合主義だ」

「貧しかったので、貧しいからこういうふうに扱われるのだ、差別からの解放は金をためればいい、金さえためればいいという考えが生まれる。そして死ぬほど働いた。努力に努力を重ねた者は、ある程度金はたまったが、全部の者ではなかったな。どこの部落にも一軒かせいぜい二軒ではないだろうか」

と円一さん。こういう人たちは解放運動には積極的でない、ともつけくわえる。

百姓には田植うたが、船頭には舟うたがあるが、長吏には長吏の仕事のうたはなかったものか。私たちはどの部落でも仕事のうたを問題にするのだが、聞き出すことができなかった。

「うたが出るほど楽しみのある仕事ではなかったのじゃないか」

と、円一さんは少々なげやりである。

「そういえば何か女衆が、草履を作る時、えいぶちでわらをはたきながら、鼻うたまじりにやっていたわなあ」

と青年がいう。わらを叩く時、能率をあげるため二人一組になって向き合って両方で叩く。叩きながら、その時どきの草履作りの名人の名前を呼びあって、調子をとっていたという。お互いにそうすることで励ましあっていたのだろう。

「片方の手でわらを返しながら、もう一方で打ちながら〝お市さ、おさよさ、おいくさ、……といってね。うたといえばうただになあ、ありゃあ。そうだい、よくやってたわなあ」

円一さんも、なるほどと相づちを打った。労働を楽しみ、喜ぶうたでなく、励ますうたというのは、いかにも生活に余裕のない、必死で仕事をする人たちのものと思えてならない。

「このわらはたきのうたに出てくる名人の、おさよさんの夫なおさんは、四十代で早死した。ちょうど消防がやっと一般と一緒になった頃のこんだ。部落の者は消防の班長にさせないんです。わしが小学校三年生の時だった。部落の者が団結してなおさんを班長に推して、出した。出初め式を学校の校庭でやった時のこんだった。萩原道太郎という一般の者が、団長の前で整列している時、〈右翼の者、三歩前へ〉と号令をかけた。なおさんは学校も出ていないので〈右翼の者、三歩前へ〉という意味がわからなんだ。そうしたら、萩原道太郎は大衆の面前でなおさんを蹴飛ばして、そんなこともわからんのかといって恥をかかせた。わしは小学生だったけど、ひどいこんだと腹にこたえた。わしらみんなが一般の前で出来が悪い奴だといって蹴飛ばされた感じがした。戦前は、部落の者は部落の者としかつきあいをせず、世間のことを知らなんだが、いまは逆だ。村の者（一般）より世間を知っている。解放運動が進んだおかげで、会に出ていけば九州とか四国のもんちと直接話せるからな」

*

ここでひとしきり、戦前の部落の苦しい生活が話題となった。

十日町の馬市から

穂積さんは五十四歳、長野市川中島南原で、父の代（明治時代）から食肉店をしている。川中島は長野市に入ったが、まだまだ田園の中の村である。肉を買いに来るのは、ごく村内の人だけと思われたが、長野市内への配達もあるという。穂積さんの説明によると、ここ南原は全体で三百世帯、そのうち部落は二十六世帯である。第一から第六までの行政区のうち、部落は第五にある。部落の戸主はほとんど半農半日雇いで専業農家はない。七〇％までが外に出ている。土方仕事が主で、朝七時に家を出て、夕方六時頃、帰宅する。日当は一日千五百円位ではないかという。土建会社の車が迎えに来て、川中島平はもとより、佐久・軽井沢まで行く。商売は家畜商が三〇％、兎や山羊の買い集めで毎日二十キロ四方をバイクで走る者から、牛馬の売買をする者までいろいろである。養豚をしている者もいる。会社員は一人。女衆も、ほとんど勤めに出ている。日曜も休まない。一日働いて八百円から千円位になる。武産業（鉄屑）、今井工業（テーブル板・木工）、小山鋳造（鋳物）が主な職場で、昼間は年寄りと病人と子どもしか村には残っていない。

話をきく予定の老人が運悪く風邪をひいたので、古いことを聞くことができなかったが、穂積さんが子どもの頃に年寄りから聞いた話をしてくれる。昔はこの部落の姓は、伊藤だった。中津村南原といっていた頃である。二十六軒中、二十五軒が伊藤姓で、一軒が穂積さんの須田である。穂積さんは母方の姓を名乗っている。母親は綿内の出で父親は婿に入った。明治天皇が善光寺に行幸した時のことである。村に伊藤という財閥がいたが、財閥の伊藤と部落の苗字と同じではまずいという圧力がかかった。それで部落の伊藤姓をこの時に改姓させられた。

「昔は何でもお上の思うようにやられたんですな」

と穂積さんはいう。

「その伊藤も大昔は二軒だったようで、節造さんと清さんの枝が二つあります。白山はひとつで清さんの庭つづきにあった。両手で抱えられない程の松の大木があったが、わしが子どもの頃に枯れました。白山は同仁会の影響で、昭和十年頃村の氏神、世茂井神社に合祀しました。仕事は昔から真田の配下で、北国街道筋で長吏をやっていたのだと思います」

穂積さんは、せっかく来ていただいたのに古いことがわからなくて困った困ったを連発する。自分の話ならできるという。それで結構なのだというと、穂積さんの舌は急になめらかになる。

「わしの家は父喜三郎の時代から肉屋をやっとりました。肉屋といっても昔は博労からやった。徒歩で新潟県の十日町あたりまで馬を買いに行ったもんです。自転車がお目見得してからは自転車で行きました。自転車のはしりはラージという名で、八インチの大きな輪でしたな。この辺ではうちから文化が始まるといわれていたもんで、自転車もラジオも、それから電気製品も、みなわしの家がいちばん早く入ります。

馬は一人で五頭から七頭買う。牛と馬がほとんどで、帰りは自転車を押しながら歩きます。冬は馬に蹄をはかせません。馬は家の中におくので蹄の鉄が堆肥で熱を持ってまずいんです。蹄を打たない馬にはわらじはかせます。わらじのはかせかたが下手だとすぐ切れちまう。馬は足が痛くて歩かない。歩きながらはかせます。馬のわらじは何足いるか、目的地までの距離を計算して、馬の肩にかけておく。

二、三人が組になって馬を買いに行くから、二十四、五頭も馬をつないで歩くわけです。それだけつなぐと、二町の長さになります。わしらの食事は歩きながら、小便も歩きながらする。止まると友綱が引っぱられ、綱が切れて危険です。友綱は一本切れても、二十四頭の馬がバラバラになってしまう。

馬だと二、三日、牛だと十日位かかって、引いてきました。腹掛けの中には七つ道具が全部入っていました。懐中電燈・提燈・ローソク・握り飯など、金は胴巻の中です。甲掛け（足袋）にわらじ、菅笠・ズボンという姿でした。

春と秋は日中歩き、夏は暑いので牛や馬が弱ってしまうから、昼中十一時から三時までは山に入って休む。そして夜中に歩きます。休む時は一匹ずつ離して、草を食べさせて遊ばせておきます。全部つなげるのに一時間はかかる。昔の馬は去勢していなかったから、よく暴れて困ったもんです。

最後の馬には鈴をつけておきます。夜道、真っ暗でも鈴が鳴っているうちは、全部無事についてくるということが自ずとわかる。夜は先頭の馬は親方（馬方）の背中に鼻をぴったり寄せて、本当に可愛いもんです。林の中は闇で一寸先も見えない。蹄の音がポカッ、ポカッとし、あとは鈴の鳴る音だけです。かなぐつをはいている馬はいくら歩かせても心配ない。わらぐつの方は切れると爪が痛くなって歩きません。歩かないと引っぱられて友綱が切れることになる。だから切れる前にはかせかえます」

追分け馬子唄

「直江津の馬頭観音講にはよく行きました。毎年九月一日から五日まで春日新田に小屋がかかります。そりゃあ賑やかなもんです。馬喰たちは、観音講に出ると、まず第一に観音さまを拝む。お詣りをしないような者はいません。柏崎の馬頭観音講は深夜にかかります。どこも毎年日がきまっている。馬喰の若い衆は小屋に泊り、主人は旅館に泊ります。馬は別に蓆《むしろ》小屋が建ちます。他府県の市《いち》に行くと、長野は長野で泊り、馬の下見をして作戦を練るわけです。すべて現金取引きです。現在でも上田の市など、一日何千万と動いているのではないでしょうか。

売主は座布団を五枚以上重ねて、高いところに坐ります。買手と番添人《ばんぞう》（仲介人）は低いところに坐る。取り引きは袖下で行われます。袖の下から手拭の下にかわったのは、はんてんを着なくなったからでしょうか。番添が売手と買手の間を往ったり来たりして、袖の中に突っこんだ手の指で値段を示しあう。これを値踏みするといってます。握りは五十、二つ握ると五十五、片手だけで数字を表わすので、親指は五、人差指は十にも一にもなる。八は四本の指を二回握る。九は人差指を鉤にするわけです。売る相手は商人で、百姓直接ではありません。馬を買うと馬引き専門の馬方を雇うんです。この馬方が〝追分け馬子唄〟をうたうんですが、いまでもこれが忘れられませんなあ。いいもんですよ」

穂積さんは、ひと昔前をなつかしそうに述懐する。そして店にいる奥さんに、酒だ酒だと催促する。話が一応終ってからということになっていたのだが、こうした話になると、体の方がどうしても酒を要求するらしい。私たちがのまないので、穂積さんは、さかんに申し訳ないといいながら飲みはじめた。

「追分けちゅうのは、のど自慢大会なんかでうたううたじゃあないんですよ。馬方はまた年中うたっているわけでもないんです。うたう時間があります。だいたい夜中から明け方前の淋しい時ですね、十時から一時、二時頃にうたいます。昼間うたうなんていうことはぜったいないですね。真夜中、空気は澄みきっているので声もよくとおり、鈴の音にあわせて美しく夜の山中にこだまします。馬方の声も実によくて、山奥にまで吸い込まれていくようなんですよ。

淋しいので自然とうたが出てきます。追分けは、夜中に山の中でうたうのがいちばんです。それからもう一度、必ずうたう時があるんです。目的の家に着く前で、家の手前三町ぐらいになると馬方がまたうたい出します。このうたで家の者は帰宅を知るわけなんです。うたの知らせで火をおこして帰りを待っています」

蹄の音、鈴の音にあわせた馬方がうたう追分けは、底なしの夜の静けさにとけ込んでいく。穂積さんの話で、私はふと思いあたった。柳田国男が、追分けの節まわしは秋田の巫女《いたこ》がうたう神おろしの歌に似ていると書いていた。また卯月八月の山登りの日、みたまを誘って降してくる「此のあかり」の童詞にも似ているという。「此のあかり」は、家にいる者に神さまを山からお連れしたと知らせるうたで、家の近くになるとうたう。古来、御神馬といって、神の御輿をお連れするのに、山へ馬で迎えに行った。神さまは高い山の御神木にまず降りる。それを御神馬で里にお連れしたわけだ。神さまは夜中に来たから、昔の祭は夜、行われていた。こうしてみていくと、追分けは夜中にうたうものであり、家に近づく少し手前でうたうとすると、神おろしのうたからはじまったものかもしれない。だから厳かで淋しい響きを持っているのだろう。

＊

おらほの部落には後家がいない

「この部落で何か自慢になるものないかね。何でもええ、古いもんでなくとも、よそのもんちに、おらほではこういうめずらしい行事をやってるとか、力持ちがいたとか、何でもいいでやすが……」

と中山さんはたずねる。

「ひとさまに自慢になるもんさねえ……ねえわなあ」

老人は、一瞬言葉をのんで考えるふうであった。佐久町高野町相生は、明治初年は七軒であったが、現在は二十六軒。せまい敷地に寄りそいあい、ひしめきあって生活している。部落の中の道路というのは、他人の家の庭というわけである。小諸加増では、こうした私有地をお互いに通路にしているのを自愛路といっていた。相生は俗称下庭と呼ばれ、どこも同じであるが、居住地即差別用語となっている。

「わしらは江戸末期このかた、ひどい貧乏しやして、学問もつけてもらえんで、えらい立派な衆も出さんかった。字もろくに読めんで、古しい書きもんも屑屋に売っちまってな、お宝もんでも紙屑同様でやしたからな。

だがな、わしは一人で感心しとることがありやす。それはおらほの仲間うちでは、後家が一人もいやせん。年寄りは別だが、同じ町でも道ひとつ距てた一般には、後家がいっぱいいるで。部落には若い後家はいやせん。それはわしらみんなして後家をほおっておかんからだに。部落中がみんなして親戚縁故どこからかさがしてくる。人情が深いからなあ。一般はあまり他人の世話をしないな。この部落に入った嫁で、出て行ったもんもおらん。家を出るほどに姑にいじめられるこたあないでな。住み心地いいからな」

昌雄さん（六十八歳）は、こういって笑う。わが女房を思うほどに他人の女房にも心をくばる。部落の人たちは情が深いといわれているが、そこには愛の共有意識さえ感じる。自慢にしてよい、美しい風習にちがいない。私たちは五十余の部落を、二年間にわたって歩いた。ひとつの文化圏として部落をとらえ、そこにはぐくまれた文化に光をあてて見ようと志してきた。先述の唐沢部落でもふれたが、部落の文化の特徴のひとつに、共同体精神をあげることができる。私は昌雄さんの言葉に、共同体意識というものは、情愛がその根底にあるのだと感じた。

それは言葉の上でもはっきりと残っている。中信の部落、松本市神林区町神の文男さんの話によると、この部落では血縁関係でもないのに、他人同士がオジ・オバと呼びあっている。また兄弟の間でも兄さん姉さんとはいわない。あや、オバとかしげオジなどと呼ぶ。これは一般には通用しない。文男さんはこれはまずい、あらためたい、排他的な気持が旺盛ではないかというが、部落がひとつの共同体として生活してきた現われであろう。それはとりもなおさず部落の人びとが、血縁集団ほどに力をあわせ、助け合わねば、生活できなかったことだ。佐々木さんは排他的といわれたが、そうならざるを得なかった。社会からはじき出され、貧困と屈辱を幾世代にもわたって課せられてきたのだから。

部落の人びとは社会から重荷は負わせられたが、社会から何ひとつ利益を得てきてはいない。生きていくということは、とりもなおさず自分たち以外のすべての階級階層に、ことごとく対立せざるを得なかった。排他的・攻撃的になるのは当然のような気がする。

部落のことば

文男さんは話していた。

「わしらの先祖は、高貴な人ではなかったか。わしらが使ってきた言葉には、天皇が使っている宮廷用語があります。例えば、うどんのことをおざざという」

部落は他社会との交流を絶たれていたから、中世用語が多く残っていたことは考えられる。職業の自由、居住地の自由、婚姻の自由、他階層との交流の自由など、ことごとく自由を奪われ、社会の外、陸の孤島に、人でない人として生きることを強要されたのだから。部落独自の言葉が育つことも可能だ。一般社会で流行する言葉も、部落にたどりつく頃はアクセントも変わってきている。

世間でいう人並みの生活がしたいという、部落のひとびとの志と努力は、血の出るようなものだった。言葉も行事も真似が多い。真似は正確には伝わらず、どこか変わってくる。雨の宮の佳堂さんはいった。

「たしかに部落独特の言葉があった。戦後一般社会との交流が自由になり、マスコミの発達が一方で部落の壁をとっぱらっちまったから、部落独特のいいまわしは消されたな。使わないと言葉のアクセントなんて、どんどん忘れちまう。すっかり忘れっちまったな。いまではなつかしく思うくらいだ」

　高野町の伝之介さん（六十一歳）の話である。

「戦後は、一般との交流もでき、別に変わったふうもないが、言葉が悪いのはどうにかならんもんですかねえ。この辺の衆は小諸から来るわしら仲間の山羊買い（山羊・兎を売ったり買ったりする）をナイ・ナイが来たという。戦後まもなくから昭和三十四、五年まで、この商売が盛んでしたな。小諸では大半の人がやってたでね。うちの部落でもまだやってる人がいる。小諸の山羊買いがナイ・ナイ言葉でしゃべるからで、そうだない、困ったもんだない、いいでないというふうですね。語尾にナイをつけるんで、発言がとても乱暴に強く響くんですな」

　伝之介さんは、ナイナイ言葉を乱暴な言葉というが、私はむしろ親しみをあらわしているのではないかと思う。また伝之介さんは、乱暴な言葉について次のように話した。

「部落まるだしの言葉といやあ、小学校の運動会だに。子どもの飛びっくらに親たちの応援がすさまじい。どこもそうだが、部落の子は飛びっくらが速い。一般をおさえて入賞する。いつも差別されて小さくなっている部落の子も、この時は晴ればれと実力を示すことができやす。親たちも我を忘れて声援するわけだ。恥も外聞もなく、他人が見たらみぐさくないかと思うほど、部落ことばまるだしでやりやしたなあ」

例えばどんな表現をしたか、伝之介さんは答えなかったが、部落の親たちの粗野で荒々しい迫力のある声援風景を、想像することができる。虚飾のない真実の部落民の姿であったろう。

戦後まもなく、上田市緑ケ丘で刑事事件が起こった。その裁判が言葉をめぐって争われたという。〈やっちまえ〉という言葉に殺意があったのだとする原告側と、部落では日常茶飯事に使用されているとする被告側との対立であった。喧嘩で〈あいつ、やっちまえ〉というと、なぐってしまえ、こらしめろという位の意味で、殺してしまえということではない。部落では仕事をかたづけろということも〈早くやっちまえ〉で通用する。部落の言葉は、自己の存在を怒るものとして、私たちに響いてくる。裸の部落民同士の荒々しい会話に、私は自分が差別者であるということを、はじきかえされるように知らされるのだ。人間が環境をつくると同時に、環境が人間をつくる。言葉もまたしかりである。

古い家を調べるのに、屋号のある家を訪ねるのだが、屋号にはいろいろあった。北とか東をいう一般的なものから、大和手、和手、大霜、小霜、喜多、おえ、でえ等。新しいところでは油屋から緑屋まで、その中で本家はおえ（親方の家）、でえ（正客をむかえる座敷）などがあった。

神林町神で、釜鳴屋というのがあったので由来を聞いてみる。明らかに新しい屋号であった。二、三代前の親父さんが、朝起きぬけに、日よっとりに出かけねばと、昨夜女衆が仕かけたものと思って、かまどにどんどん火を焚いた。するとグーン・グーンと釜がうなり出し、部落中に聞こえたという。釜のふたをあけたら中は空だった。貧しさを物語っているのだが、この辺では朝食はみな男衆が作る。女衆は夜の十二時一時まで草履を作り、そのうえどの家も子沢山で、女衆は何人もの子どもを抱いて朝は疲れて寝ている。草履作りは一家の経済の柱であったから、朝の食事の支度は男衆の仕事とされたのだろう。

言葉はこうした生活の中から生まれてくるものだ。上品といわれる言葉は、わざとらしい、着かざるものとして聞こえる。部落の裸の言葉は、内側から発露してくる人間的なものとしてせまるものがある。

おたんぽ（死に馬）

家と家の軒下を歩くように、自愛路を通って部落をぬけ、一キロ離れた相生の墓を見に行く。ちょっと気をつけてのぞけば、どこの家の中も外からまる見えである。そこには内職をする女衆の姿が多い。アイスクリームのさじを切ってみがいている。こうした家でする内職は一日二百円から三百円で五百円とるには夜なべをしなければならない。なるべく外に働きに出るようにしているという。つい先頃までは、十キロ入りの米の袋はりが多かった。相生の職業は、土方、勤め人、商人、兎買いなどである。

高野町は信州・甲州街道の宿場で、江戸時代は非常に盛んだった。ここから南では高野町に下ってこなければ、用が足りなかった。この宿場部落は群馬県の下仁田から派遣されてきた。本家筋の姓は伊早坂で、下仁田にも伊早坂がある。江戸の中期に来たものと思われ、大本家は三百年ぐらいつづいているといっていた。十手を預かって、牢番に従事していたという。

相生は古い部落であるが、菩提寺を持っていなかった。昭和になってからきめたという。それまでは主に遠くから来るまわり坊主に頼んでいた。急に不幸があった時は、村にいるお経を読むことのできる人間が和尚代行をやっていた。佐久地方には、菩提寺を持たない部落がいくつかあった。江戸時代、禁制のキリシタン対策として、きびしく宗門帳が作られたはずだが、部落には取りこぼしがあったのだろうか。私たちは、隠れキリシタンが、部落に流れ込んで来ていなかったかと、注意していたが、それについては知ることができなかった。

お墓のすぐ下に、牛馬の捨て場があり、焼き場と呼んでいた。病気や怪我で死んだ馬をここに捨てた。

今日は〝おたんぽが出る〟というと、親たちの表情が生き生きと変わったという。久しぶりに栄養をとれるというわけである。中年の人たちが子どもの頃、昭和十二、三年頃までの話であった。〝おたんぽ〟が出る日、父親たちは籠を背負って肉を掘りに出かけた。

皮は持ち主がはいで持って帰る。死んだ牛馬は法律上焼かねばいけないことになっているので、一応受け持ち（巡査）が来て石油をまいていくが、受け持ちは部落の者が肉を持っていくのを知っているし、自分も分け前にあずかるため、石油は口のところにしかかけない。あるいは穴を掘ったまわりの土にかけていく。かっこうだけでさっさと先に帰る。その後を部落の男衆は、籠に背負いきれないほどの肉を持って帰り、夜になってから駐在にもひと包み届ける。あとは部落中で分け、かめに塩漬けにして一週間か十日もあきるほど食べた。三升炊きの大鍋に肉ばかりを煮る。素人の調理だから骨が上手にとれていない。子どもたちは大きな牛、馬の足をかかえて、骨つき肉にかぶりついた。

高野町では、「小さい時から、けとばし（馬のこと）を食っていたから、飛びっくらが速いんじゃあないか」といって大笑いしたが、

「子どもの時分、やっと歩ける頃から、貧しく忙しい生活をさせられてきたから、足が鍛えられたんだわ。母さんに引っぱられて、山坂、せわしく上ったり下りたりしたからな」

と伝之介さんは説明した。足が速いというのは、それなりの理由があるわけだ。所得が一般の半分ていど、食ってゆくには、一般の倍働かねばならぬ。時間がない。隣に煙草を買いに行くにも、部落の者は走って行く。いつもスピードを要求されてきた生活であった。

〝おたんぽ〟はここ高野町ばかりでなく、南佐久地方では、いくつかの部落でこの話を聞いた。後の稿でふれるが、佐久市内山に起きた、大正十五年四月の内山差別事件（第三部参照）は、〝おたんぽ〟をめぐってである。警察権力が勝つか団結が勝つかといわれた権力と部落民の直接的な大闘争であった。

＊

石工の部落

高野町の帰り、雨の中を伝之介さんが小海線羽黒下駅まで送ってくれた。これから行くことになっていた佐久市内山大字本郷（旧南佐久郡内山村法観寺）の一《はじめ》さん親子が、仕事帰りの車で私たちを待っていた。法観寺は石屋さんの多い村である。一さん親子も石工である。三十二戸の部落であるが、勤めは一戸であった。戸主の職業は土建の下請け三戸、石工十戸、土方十七、八戸、ここも専業農家はなく、三反以上の家三戸（田んぼだけでは二戸）、一年中の自家米がある家三戸、である。職業の面からだけでも農村地方の部落のどこにでも見られる状況であった。

県下の部落出身高校生のつどいが、長野県では毎年夏もたれている。同和教育の一環として行なわれる、部落の高校生と教師の研究集会である。ある年、この集いの最後に行なわれる全体会議で、若い真面目な女教師が発言した。

「私はこの集いにはじめて参加させていただき、大変勉強になって喜んでいます。私も貧しい百姓の子として生まれ、非常に苦しい生活をしてきました。みなさんと同じように差別されてきたのです。差別で苦しんでいるのは、あなた方だけではないのです。これから手をとりあって頑張っていきましょう」

彼女の言葉は、決して間違ったことをいっているのではなかった。この若い女教師は生徒を励まそうとしたのだ。しかしこの言葉は、何かこの集いにはぴったりしなかった。生徒たちはこの女教師の一生懸命な発言が、奇異な感じをもって自分たちの体を素通りしていくのを感じたようだ。集いでは彼らの当面の不安、就職差別や恋愛をめぐって語り合われた。教師たちが同和教育と真正面から取組まないという、生徒からの不服が出されていた。自由に就職先を選べないというのは、貧しさばかりの問題ではなかった。この女教師は苦学をしたであろうが、ともかく四年制の大学を卒業し、教師という職業につけた。部落差別を単に民主主義一般に解消させてしまうのは危険である。問題は、運転手とか石工とかにしかなれないということだ。

危険と重労働が重なる、割りの悪い仕事を一さんは次のように話している。

「わしはパルプ会社に十二年間勤めたが、二万五千〜三万円の月給では食っていかれないのでやめたんです。石工は危険だが、パルプ会社にいるよりは金になりますから。山へ入って石を採掘、建築用の安山石です。山の持主から事業主が買って採掘させるんです。能率給ですから、労働時間にしたら少ないんじゃないか。

朝七時頃家を出る。山までは車で十分、遠いところでも二十分位です。暗くなるまで働く。石の出の悪い日は一銭にもなりませんわ、月平均四万というとこかな。石工は重労働でいちばん軽い道具で二キロある石槌、重いのは矢じめ(石を割る道具)で十五キロもあり、意気地なしでは仕事になりません。この一年間に仕事の事故で死んだ者は二人いる。石が崩れて下敷きになって即死ですに。股が裂けたり頭が割れたり、むごいこんです」

一さんの奥さんが、私たちをもてなしながらいう。

「この部落では、男が早死でねえ、四十五十の働き盛りで先立たれますに。男が苦労するからです。先ごろ亡くなった人も四十二と五十三でしたわね。男が早死するからその後、今度は女衆が苦労します」

文字を知らないということ

古い話が聞きたいというと、一さんが、つぎさんが一番年長だから、と呼びに行ってくれる。明治二十七年生まれというつぎさんを先頭にして賑やかに隣近所が集まってくれた。ちょっと声をかけると、さっと隣り近所が集まるのは、今日では部落ならではのことだ。

「はい、今晩は」

「おあがりよ」

という前に座敷にあがって、

「おじゃまあ！」

といっている。形式的な作法という仲介はいっさい不用である。つぎさんの次に年寄りの明治三十四年生まれという幸一郎さんは、

「わしらの親父、じいさんの時代、この村はほとんど日よっとりとわら仕事だったなあ。土地はなかった。わしは男でも子守ばかりして、学校へは行かなんだ。行ったたには行ったが。字をおぼえるほどでない。子どもをおぶって行った。この村で六十以上で字を知ってる者はおらん。わしは若い頃、行商に毛皮屋をやっていたんです。旅先の宿屋で宿帳をつけるのに困った。若いから口惜しくて、字を知らないといえなんだ。〈めんどうだからそっちでやってくれろや〉という。〈新聞でもごらんなすって〉といわれると、字が読めないとはいえず、いじりまわしているわ。上下はわかりますわね。ハッハッ

ハ」

「とおちゃん逆さだと子どもたちにいわれて、ワンダレ、いまなおすところだわ……ってな、うちのおじいさんはわしが嫁に来た頃いってたっけ」

と、一さんの奥さんも笑いながらいう。みんなも大笑い。ひとつこたつに十人もがひしめきあって賑やかである。幸一郎さんは、借用書は人に書いてもらった。ごまかされたことはないという。汽車の切符はわかる。つぎさんは
「おれは学校へ一年も行かんから、字は知らねえ。よそへ働きに出て、家へ手紙を書けなんだのがつらかった。仲のよい友達が書いてくれたわね。読んでももらう。おれより下はみな知ってるけえが、おれは長女だったから、家の手伝いで学校行けんかった。工場の押入れに入って、ローソクたってな、みんなが寝てからおぼえようと努力したけえが、おぼえんかった。年してからではだめだわ、忙しくてな。なかなか長くつづかんもんでさ、友達にいろはを書いてもらって習った。はずかしいこんだが仕方ない。目の明いている人（字のわかる）について歩いたわね。婦人会は出ても書いたもんまわってきて弱ったね、家に持って帰って若い衆に教えてもらったさ」

という。

「でもなあ、ばあちゃん、字読めなんでいい思いもあったでよ。うちのばあちゃん（文さん）と足袋の赤いマークをじいちゃん（竹次郎）に見せて、芝居の券もらったで行って

くるわって出かけたもんな。はあ、ここの家のおばあさんとつぎさんは芝居仲間でしたに。おじいさんに銭出して見に行くといえなんでなあ。おじいさんも字読めませんでした。病んで長く寝てたけえが、孫たちに〈ワンダレは具合悪くて寝ていても本でも読めていいだになあ〉といってました。

このおじいさんは、桑商いをしていたけえが、マッチの棒で人にはわかんねえように机の下で計算してましたわね。桑は忙しくはかるのですけえが、うまいことやってましたわ」

一さんの奥さんは、字を知らなかったしゅうと、しゅうとめのことをユーモラスに話す。

「知らねえは知らねえで、そんなに困るこたあねえよ。知らねえですませばいいに。ちったあ知ってると、知らねえことがわかって不自由すんなあ」

と幸一郎さんも、笑いながらいう。

「昔はなあ。本家のないような着物きてた。縫いかえしもせず、メタ重ねてはりつけてあったなあ。こっちは絣、あでちは銘仙ていうふうになあ。わしは嫁に来てだいぶんになってから昔の炬燵布団をほどいてみたら、中はおっかぶせ継ぎがもう何代かにわたって上から上へとやってありました」

一さんの奥さんがいうと、

「裁縫なんて習わねえんだから、継ぎのひとつも満足にできなんだわねえ。おっかぶせつぎでもしてあればええ方だに。おれなんだあだめだに。着るもんていやあ昔は古着を売ってあいく人がいたわね。おさくばあさんなあ、南佐久中の部落と小海あたりまで行ってたわね。パンツからあって何でも用が足りたいなあ。新しいもんは何も買わなんだ。おさくさんはいってたわね、あの人は一般の人だったが、商売がうまいんだか口がうまいんだか、あんた方の方が士族だもん、えらかったでないかってな」

と、つぎさん。いちばん若い女衆がいった。

「ここらへんは寒いからなあ、家の造りも悪いで外も内も同じじゃ、冬に蚊帳吊ったというじゃあないかね。蚊帳に家中のぼろかけて寝たっていうじゃあないかね」

「寒さっちゅやあ、冬はなんたってむろだに、わしら子どもの頃は、かあさんの夜なべしている隣で寝たいなあ。あの中だとドカっとする。草履作りはこの村ではずいぶんおそくまで、昭和三十年頃までしたな。朝起きるとわらをはたく槌の音があっちでもこっちでもした。つちの音で朝があけたわね。このおばあさんは、秋の虫の声が〝裾とって肩つげ〟って聞えた、ちゅそうですわね」

別の女衆が大きな声でまくしたてる。

「ばあちゃん、おめえの生きてきた道を聞かせてやれや、苦労してきたになあ」

つぎさんは、一さんの奥さんに催促された。

織姫——女の一生

つぎさんは、小さな体でよく笑う。声は大きく闊達そのものだ。

「何を話せばいいんかね。おれのこんかあ。おれのこれまで七十九年間は、おれが目明きなら（字を知っていたら）テレビにでもするわね。でもなあ、貧乏ばかりしてきたんこんじゃあ、テレビにもなんねえかなあ」

つぎさんは屈託なくこうとって、話をはじめた。つぎさんは長女だったため、学校にはほとんど行けず、家で下の子どもたちの子守りをしていた。背中にはいつも体の一部のように、弟か妹がくくりつけられていた。字はまったく知らない。十二歳で桐生の機織りに出される。この時、両親は親方から二十円前借りした。

「当時の親はみな娘を食っていたんだなあ。男より女が生まれっと喜ばれたもんだ」

一緒に一般の息子も行ったが、工場でその子が〈長吏っぽ〉と悪態をつく。あまりかまうので「おれが長吏っぽなら、おまえもだわ」といってやったら、たいそう腹を立て、翌日からつぎさんのところだけ糸を取る湯をわかさない。釜に水も入れない。三日つづいたので、つぎさんは帳場へ乗り込んで行った。その子は帳場からひどく叱られたという。

食事は米がわずかの麦飯だった。里芋が主な食料で、正月の雑煮も里芋の中に小さな餅がひとつだった。味噌汁の中には蛆がいて食べられなかったことがある。くいものの恨みというが、忘れられない。

「食うもの惜んで搾りとったんだな」と、つぎさんは力んだ。

つぎさんはこの織姫時代に字を覚えようと一念発起したのだが、ものにならなかった。彼女は桐生で三年働いて逃げて帰ってくる。働いている時、盆正月の休みで家に帰る日が近づくと、一晩も二晩もうれしくて眠れなかった。

ある日、友達が、傷のはたを織ってしまった。帳場へ出せばひどいめにあって叱られる。叱られるのが恐さに小さく切って隠しておいた。帳場では一反失くなったと大騒ぎである。巡査まで来て、全員の持ち物をすべて調べられた。切りきざんだはたは行李の底から発見されてしまい、友達はつらくていられなくなった。その友達に誘われて、つぎさんも一緒に逃げることになった。部落の娘ばかり四人で逃げた。つぎさんより年上の娘ばかりで、つぎさんは逃げるつもりはなく、荷物を全部おいてきたという。娘たちは、二、三日かけて家の中の様子を調べ、地図を作っていた。外（部落）にも知らせ、示しあわせておく。部落から男の人が迎えに来ていた。夜、裏の板塀を登って竹やぶにおりた。塀の向うに男の人が来ていて、一人ひとり抱いておろす。とても親切な人で、川を越せない時は、自分が水の中に入って、抱えて渡してくれた。

つぎさんの口は固く、この親切な男の人が誰であったか、いわない。この部落の人であること、もう死んでいるが名前はいえない、ときっぱりいう。女工の逃亡は当時としては警察沙汰であったから、きっと死ぬまで他言してはならぬといわれていたのだろう。そしてつぎさんは、この約束を六十七年たつ今日まだ守りつづけているのだ。

「店屋の前を通ったら、種屋の工場の者ではないかと声をかけられて、びっくらして横道にそれて、畑の中を逃げた。豆が植わっていたな。その頃はみな揃いのお仕着せを着ていたから、逃げ出せばすぐ見つかるだに。夜道は一寸先も見えぬ闇で、明け方から雨が降り出した。畑道を夜っぴて逃げたわ。おれはまだ子どもで、眠くて眠くて、歩きながら前へつんのめってしまう。少し寝かしてもらってはまた逃げた。

大きい人は恐しい方が先だって、眠いとか腹が減ったなど苦にならんようだった。停車場は三つ先まで歩いた。見つからんようにな。腹が減って朝がた食堂に寄ったが、まだ早くてできておらんかった。男の人が下駄と傘を買ってくれた。素足で逃げ出したからなあ、親切にしてくれた。ほんまに親切だったわね」

仲間と協力して危険を共にしたことは、美しく暖かい思い出として残っているのだろう。その後、工場から手紙も来たし、巡査も幾度か訪ねてきたが、二度と桐生には行かなかった。つぎさんはしばらく家にいたが、再び十八歳で諏訪の製糸に出る。そして二十四歳で望月の孫一さんと結婚した。好き同士だった。

夫は昭和十年六月に、道路工事に行き、石の下敷きになって死んだ。この時の事故で三人死んだが、頭が潰れたり、腸が出たりして、悲惨な姿だったという。つぎさんは腹に生み月の子どもをかかえ、五人の子どもと一緒に後に残された。村の人はすぐ自動車で事件の現場へ走ってくれた。部落の人は事故を案じ、夜どおし焚き火をして、男も女も全員起きて待っていた。小海の病院に入れたが、すでにダメで、夜明け頃、トラックに乗って遺体は帰ってきた。

「わしは事故があったことを桑畑で聞いたが、腰がぬけちまったに。その後は気違いのようになって働いた。いまいえばようそのようだ。寝ずに働いたよ。主にわら細工をした。田んぼもない、現在のように生活保護もなかったで、まわりの者も困った衆ばかりだったで、借金といっても時がりで、大借金は貸手もなかったわね。自力で生きてきた。貧乏の時は食うっきりで、他にかけなんでもすむもんさね。食べることだけに金をかけた、米を買うっきりだに。着物なんぞは新しいもんなんか買ったことないわね。秋口になって、そろそろ寒さが身に感じるようになる。鳴く虫の声が〈肩とって裾つげ、裾とって肩つげ〉って聞こえたもんだ。一枚しかない着物だに、一番先きにきれるのは裾で、あてるつぎきれもない。そんで肩あてをとって裾につぐ、次にきれるところは肩だ、今度は裾をとって肩についださ。次第に着丈が短かくなってなあ、ミニスカートの元祖はおれたちだよ」

といって、つぎさんは大声でからからと笑い、今は正月と盆のような毎日だという。

子どもたちがいくらか働けるようになると、男の子三人は徴用にとられ、その後戦争に引っぱられた。一人の息子は戦死した。

「死んでもおめたの息子は親孝行しとるわなあ」

とまわりの者は、つぎさんにいう。遺族年金のことだろうか。

つぎさんは子どもの時から苦しい生活の連続だったが、死ぬことだけは考えにも浮かばなかった。ただもう子どもを一人前にせねばと思って頑張ってきた。毎年、部落の若い者が結婚問題で自殺とか自殺未遂とか新聞に出るようだが、あれはまだまだぜいたくなことだという。

十九夜さまと石尊講

つぎさんはまだまだ畑にも出るし、夜なべもできる。楽しみは芝居だが、内容が面白くて行くのでなく、気晴らしだという。中込まで一里あるが、三晩かかれば三晩とも歩いて見に行く。

「近所のじいさまが〈昨日の芝居はようごあしたかえ〉と聞くから〈雨も降らずに唐傘さして、金よこせやーいを見てきやした〉(『与市兵衛』)という程度のもんですね」

といって、つぎさんはみんなを笑わせた。部落をどのように聞いていたかと問うと、

「一般の衆の用足ししたり、へんな衆がきたら張り番してやった、と聞いとる。内山の

村に泥棒が入ったら、こっちの者が番してやる。そして秋のとり入れの時、稲一把ずつもらった。江戸時代は表八軒といって、八軒で何でも分けたということを聞いたわね。それ以前、三軒の時は寺の当番をやりやり生活した。大雪降れば寺まで雪かきに出た。白い握り飯をもらえるので、それがうれしくて忘れられないって年寄りから聞いたいな。御影の守番にも出たとよ。ひろ江さんの先祖の幸作じいさんは、有名な大泥棒を内山峠に草刈りに行って柔でひっつかまえたと。そんで御影に連れてったわね。贋札作りの首斬った時は、一尺も首がのびて、草の上に落ちて笑ったというじゃあねえか」

「内山は小諸の加増から平尾、香坂に出たその枝が来たっていわれてるなあ。はじめは三軒だとも聞いてるぞ」

と、一さんがいう。

この部落には十九夜（お産の神さま）さまのお祭りが女ばかりで行なわれていた。春は三月十九日、秋は九月十九日に、おかけじをかけて、お詣りする。〈南無十九夜さん、南無十九夜さん〉とお念仏をあげる。女衆だけで飲んで食って騒ぐという。この日ばかりは女衆が全員集まる。

頭といって赤ん坊の頭を形取っただんごをこしらえて飾る。三月十九日から九月十九日までに生まれる予定の妊婦は、三月十九日にローソクを持ってきて四糎ぐらいになるまで念仏を唱えてともす。いよいよ生まれる時、〈十九夜さん、どうぞこのローソクがともり終るまでに安産できますように、南無十九夜さん、南無十九夜さん〉といってお詣りするという。女ばかりで安産を願っての、一種の社交と慰労でもあった。

同じ佐久市の岩村田大和町では、男ばかりの宗教行事が今日も行なわれている。一月十七日の石尊講がそれである。不動さん、金毘羅さん、三峯さんの三つのおかけじをさげて念仏を唱える。村中の男衆が集まる。昔は日の出から月の出までやった。男衆のおひまちでもあるという。

十二の神さまを呼び出して、村の安泰を祈る。この石尊講は元禄時代からやっているのではないかといわれていた。十二の神さまの筆頭は、何といっても白山さまだ。昔は、日をきめたわけではなく、大風、大水、あるいは病気、家の取壊し、新築の時も、部落中の男たちが集まって、念仏をした。村の危機存亡の時、村中が心をひとつにして神の力を求めたわけである。今日では略式で、十一時頃から四十分ほど念仏を申し、供えたお酒を飲むだけの集まりになっている。

＊

藁打ちの音

照りかえし強い真夏の午後、小県郡丸子町大字生田小字茂沢を訪ねる。村はひっそりと、ねむっているようだった。茂沢の最長老良太さんは野良からはい出してきた姿で、木の枝にそろそろと現われた。仕事中だったのだろう。私たちは解放同盟の支部長さんである悦見さん（明治四十四年生まれ）宅で良太さんの話を聞いた。良太さんは明治十八年生まれ、八十六歳。生まれた日はもう憶えていないという。記憶も薄れ、耳が遠いので、悦見さんに介添してもらう。

茂沢は現在三十軒、兼業農家が二十六軒、あとは勤めである。悦見さんの話では、茂沢は本海野から出たもので、苗字も明治五年に本海野に羽織袴の礼服で行き、もらってきた。本海野からは辰の口にも出ている。茂沢（姓）の本家は弥津（成沢与衛門）とも本海野ともいわれるが、弥津の方が古いのではないか。本海野も弥津と菩提寺は同じで地蔵寺であったが、貧乏して寄附ができなくなったので檀家をやめさせられたと、本海野の一郎さんはいっていた。本海野は現在菩提寺を持っていない。一郎さんは悦見さんの姉さんを妻に迎えているが、ふで（譜代）から嫁をとったと、母親や親戚から憤激をかったという。差別の中の差別である。

茂沢の部落は真田幸村の砦生田城ができた時、それについて置かれた。昔は寺（竜顔寺）の参道に通じるところに部落があったから、寺の仕事もしたろうと、悦見さんはいっている。竜顔寺は四国から移ってきた寺である。

良太さんは親が二年おくれて出生届けを出しているので、十一歳で学校にあがった。四年まで学校は行くには行ったが、年下の子どもと一緒に勉強するのがいやだったという。それに子守りばかりで、夕方になれば山へ薪拾いにやらされた。焚きもの拾いは、どこでも子どもの仕事であった。

「わしの頃でも小学校六年まで行った子は村で見たことがない。女衆はそれ前に工場へ糸繰りにやられていた。親はまとまった金が入って喜んでいたもんです」

と悦見さんもいう。悦見さんは「このじいさんの子どもの頃には、まだ製糸はなかったろうな」といったが、群馬県前橋や富岡の製糸場へ信州から繰糸技術を習いにいく「伝習工女」の送られたのが明治の初めだった。明治四十年過ぎに製糸場の数では、長野県がいちばん多くなっている。長野県の主な製糸工場は、諏訪・丸子・須坂にあった。茂沢からは丸子がいちばん近いのだが、諏訪へ行った。須坂の近くの部落からも地元には出ず、わざわざ遠方の丸子や諏訪に行かせることが多かった。近くでは部落だとわかってせつないだろうという親たちの心づかいだった。前借金の残りをもらって、正月に帰ってくるのが楽しみだったと、老いた織姫たちは口をそろえていっていた。

良太さんが部落民であることを知ったのは、学校へあがってからだ。〈長吏っぽ〉といじめられて帰って来ても、母親は「ええ、時にかまわんどけ、あとでおっかさんが叱ってくれるから」で終っていた。親からは何も聞かされていない。これが当時のほとんどの母親の共通した子に対する態度であった。良太さんと同級で庄屋の跡とりの十之介さんは、依田に尋常科だけしかなかった頃、高等科に進むため、長瀬の学校に行った。

高等科に入ると、生徒ばかりでなく、先生も一緒になって差別したという。

「長吏はキンタマがないというじゃねえか、あばら骨が一本足りねえというじゃねえか、お前はどうだ、見せろ、と追いかけられ、十之介さまは丸裸にさせられ、〈ある！　ある！　長吏もおらちと同じじゃねえか、見ろ、見ろ〉と見せ物にさらされ、恥かかされ、せつない思いをしたと聞いたわね」

と、良太さんは歯のない口もともおぼつかなく、やっと言う。

「女衆は、ほとんどわら仕事だったで、豚小屋のわきなどに作り場があり、冬はわらを囲って暖かくし、二軒三軒と一緒に仕事してたです。ここはムロは作らなんだ。部落の朝は、わらはたきのトントンというつちうつ音で明ける。それはもう賑やかなもんで、あっちからもこっちからも、薄明るくなると始まった。子どもはわらをはたいてからないと学校へ行けなかったで。草履作りには、わらをはたく丈夫石と、作り台、えりぶちさえあればいいんだから。中年の女衆なんかは夏など腰巻一枚でやってたな。男衆の仕事は、ほとんどが車引きだった」

荷車引き

悦見さんに聞きとってもらいながら、良太さんから車引きの話を聞く。

車引きは、一年中の仕事で、朝二時か三時に起きる。寒い季節にはとくにつらい仕事だ。朝、提燈もつけずに大八車で出かける。和田、大門方面へ薪炭を買い出しに行くわけだ。茂沢から四、五里ある。買ってきた薪炭は、上田方面に行って売る。部落の者は、ほとんどこの仕事をしていたから、薪売り、炭売りは部落の者ときまっていた。買いに行くのが一日仕事で、その日のうちに長瀬まで出しておく。翌日、上田に行って売るのだが、流して歩く。

「薪売りでごあす、薪はどうですかァー」

紺のもも引きに縞のはんてん、甲掛けにわらじばきといういでたちであった。寒いうちは腕組みして肩から腕に引き縄をかけたから、はんてんは袖口よりも袖の真中から破けたという。

　弁当は二食入りの草津めんぱに、麦が半分の引き割り飯、おかずはよい者で味噌漬、ほとんどの者はお菜漬けだった。梅漬けは上等で、梅を漬ける家は部落で十軒に一軒位しかない。梅の木がなく、買う金もない。唯一の蛋白源だったから無理をしても味噌だけは自分の家でつくったという。野沢菜の漬物はおかずの王座を占めていた。これは一年中あった。夜は米の飯を食べたことがない。夕食は必ずぶち込みといって雑炊である。だんごの方は少しで、大根、かぼちゃ、馬鈴薯など、季節の野菜が七割であった。正月とお祭り以外はこれを食べた。

　朝二時起きで食事をすませて、山へ行くと、ちょうど向うは朝食をとっている時分だった。山の方でも薪を切り出して買いに来るのを待っている。帰りは武石を出たはずれで昼食になる。この時はお茶を飲まない。だいたい仲間で組になって行くので、寒い時は田んぼで火を焚いたりする。

翌日は、上田のいもふさ（車引きのたて場）にまず行く。各方面の部落から車引きがいもふさに集まってきている。誰もが必ず寄る。時間が早くてもそこで昼食をとる。いつも四十人位たまっていた。いもふさでは五銭十銭の煮込みをとって、好きな者は焼酎をひっかける。おかずを買って弁当を食べるのが二日に一度の楽しみなのだ。空の弁当箱はいもふさに預けて、帰りにまた寄る。

いもふさで、今日はわしは問屋町へ行く、わしは大門町へ行くといいあって、お互いに重ならないようにする。どこそこの床屋へ寄るの、下駄屋へ寄るのと言いあう。子どもたちは、学校を休んでも、いもふさまで荷の後押しするのが楽しみだった。煮込みが食べられるからだ。

売れない日はせつない。売れないと薪炭商に卸す。足もとを見られて安く叩かれてしまう。儲かった日は出迎えの子どもたちにも、すぐわかる。かじ棒で空車を後から押してくるから鼻うたが出るのだ。車を引っぱる姿勢では鼻うたは出ない。それでも、ひとあきないで米が五升から一斗買えたかどうかだった。車引きで金を残した者はいない。現在の土方のちょっと上ぐらいだったかな、と良太さんは考え込む。生活は、いっぱい

いっぱいだった。重い車を引っぱって坂を上がるのに泣いたというようなことはない。

「土方の旅に出ても、部落の者でケツ割りする弱い者はいないな。オギァと生まれた時から、きたえられているから」

と、悦見さんもいう。だが、何としても売れないで帰る日ほどせつない時はない。


良太さんは体格がよく、若い頃は草相撲をとっても良太さんの右に出る者はいなかったが、ことのほか頭でっかち（気が弱い）だった。ある朝、少し寝坊して車引きの仲間にひと足先に行ってもらった。良太さんはおくれて家を出たが、それでも三時前だった。雪のある寒い日である。飯沼から長瀬へ下るところに火がチョロチョロ見えた。連中あんなところで焚き火しとるわ、と良太さんも同僚に追いつこうと急いだ。しばらく行くと火が消えた。火が燃えていたと思うあたりを通る時、よく見るのだが、焚き火の跡がない。また橋まで行くと今度は提燈の火が見えた。近づくとこれも消えてない。火は消えてはつきして、良太さんが行く先き先きへと現われる。ゴトゴトと車を引いて行く音がするが、音も火もいくら急いでも追いつかない。とても気味が悪かった。腰越までくると、あっちの山からこっちの山へ青火が舞っている。良太さんは足が土につかない。もう夢中で走った。山に登りつめたところで、同僚の二人が火を焚いていたのだが、その火だけが見える。またか、とヒヤヒヤしながら近づくと〈来たか！〉と声をかけられて、腰をぬかして動けなくなった。びっくりしたり、笑われたりする。

「前の方の赤い火は狐火だった。青い火は後で聞いたこんだが、雄きじが明け方舞うそれだったらしい」

良太さんは小心だが、気のやさしい、争い事のきらいな人だ。だまって皆の後について生きてきたというタイプである。この部落の同僚はみな同仁会運動をしたが、良太さんは参加しなかった。

「同仁会から貴重な金をもらって、村中の道にバラスを敷いて喜んだ。時代がそうだったから仕方がないが、一般の方へよけい敷いたの、敷かなかったのと、同仁会運動は、一般の御機嫌をうかがったもんです」と悦見さんが笑っていった。

十四歳で土方仕事

仕事も時代と共に変わってきた。車引き、百姓の日よっとり、土方、そして現在は上田丸子方面の中小企業に勤めに出る者が多い。悦見さんの職業を聞くのを忘れたが、たしか食肉関係だった。あから顔で腹のつき出た、大柄な人だ。悦見さんはどんなふうに差別をはねのけて生きてきたかを、熱っぽく愉快そうに話してくれた。

「わしは部落に生まれてきたことを幸せに思っている。本当によかった。それは子どもの時から闘うということを身につけてきたことだ。人生を切り開いて進むことを覚えたからだ」

と、きっぱりいう。喧嘩には負けたことがなく、ガキ大将で相当荒らしたと笑っていう。

小学校四年の時、友達に〈長吏っぽ〉と悪態つかれると、その子を拳骨で泣かせた。受け持ち（担任）の友松三郎先生が出てきて、なぜ乱暴するのだというので〈長吏っぽといわれたからだ〉と答えると、〈長吏っぽだから長吏っぽといわれてもいいじゃないか〉というので、カッとなって、硯を入れる方の小さな机のふたをとって、先生に力いっぱい投げつけた。先生の向こう脛にあたり、骨が折れた。そのため先生は二カ月休む。高橋敬吾校長が出てきて、大ごとになってしまった。悦見さんは泣きながら両腕をふりあげ、満身の力をこめて、〈先生までも、わしらを長吏っぽ、長吏っぽと呼ぶのをいいことにしている！〉と校長に抗議した。当時の教師の一般的レベルがこの位で、差別を本質的な問題としてとらえることができずにいた。

悦見さんが卒業して成人してから、村から出ている篠原高好先生のところへ遊びに行って聞かされた話である。教員室では、悦見はいたずらばかりして勉強しないから落第させるという声があった。しかし誰も受け持ちになり手がなく、仕方なしに卒業免状をやった。厄介もんは早く卒業させろということになったのだ、と。悦見さんは二級上の連中と喧嘩しても負けなかったという。差別する相手には、実力で対抗してきた。

学校を出ると、すぐ土方の旅に出て働いた。昔の土方の請負いはタチが悪く、仕事をしても金を払わないのがあった。

「わしが十四歳で、唐島組の水道工事に、現在の上田市の殿城に行った時だった。地元の殿城の者が出ていないので不思議に思っていたら、村（部落）の者に呼ばれた。〈土方に出たのはいいが、金はもらえるかどうかわかんねえぞ。わたしたちは郡道つくった時の日当をもらえなかった〉といわれ、びっくりした。案の定、給料もらう時、入墨をした男が出てきて匕首を突き立て、〈長いのがいいか、短かいのがいいか〉といわれて、ふるえあがって逃げてきた」

長いのとは日本刀、短かいのは匕首である。当時、土方仕事は堤防工事が多かった。上田市緑ケ丘の徳治さんも、ずいぶん堤防の土方に出たと話していた。

「堤防作りの石かつぎが、ほとんどの土方仕事だった。天びん棒で一日二百荷かついで走った。一回かつぐと木の札を一枚くれる。夕方それを数えて銭をもらうんだが、三十銭とる者は上で、たいがい二十銭しかとれなかった。米が一升二十銭だから、食っていかれる収入ではなかった。家に帰るとやだくらに疲れたわね」

活動弁士から浪曲語りへ

悦見さんは、どうせ親父がやってくれるとは思わなかったので、十六のとき家を借りておいたという。そして二十歳で結婚した。なかなかの早熟さだ。

二十三歳の時のことだった。上田に野球を見に行く。オール上田とオール佐久戦である。兄の篤見さんとその友達も一緒だった。隣に金ぶち眼鏡をかけた紳士が観戦していた。悦見さんにも酒をすすめる。飲みながら見ていた。オール佐久が二点リードしていたところ、オール上田が満塁二塁打を打って逆転した。金ぶちの紳士が〈ざまあみろ、チョオリッポ野郎！〉というかいわないうち、悦見さんの大きな拳がふりおろされた。紳士を土手に引っぱり出し、眼鏡を割り、絽の羽織もビリビリにした。巡査が二人かけつけてくる。〈どうしたんだ〉〈長吏っぽ云々、コレコレだ〉と説明すると、年とった方の巡査が金ぶち眼鏡に〈君、酔ってるね〉という。〈はあ、少し酔ってます〉、紳士は真青になってやっという。〈酔っていれば何言ってもよいのか〉と、悦見さんたちはゆずらない。巡査が〈あやまりなさい〉といい、金ぶち紳士は土下座してあやまったので、どこの誰かも聞かず、それ以上は追及せずに別れた。とにかく悦見さんは、子どもの時から差別言辞には即座に直接実力闘争を展開した。

「わしは兵隊には補充兵として召集されました。満州に行ったが、万年二等兵です。人は苦しむ軍隊生活も、好きな浪花節を語って面白おかしく送ってきた。軍隊に入って十五日目、部隊の十五周年記念集会がありました。昼は相撲大会でわしは一位、夜は演芸会で入賞です。

演芸会には真ン中どころで出た。師団長以下、部隊長、兵隊とずらりと坐っている。まず師団長の方をぐっと睨む。次に部隊長の方をぐっとすごみをきかせて睨む。

司会役の下士官が〈部隊長、すごい心臓の強いやつが出てきましたね〉といっている。〈では成沢二等兵、シンガポール軍事探偵苦心談を一席……〉とやりはじめた。この話の中に、〈かしこくも天皇陛下御幼少の時〉というくだりがあるんです。会場の方でシーシー・サワサワという音がする。見ると師団長はじめ一同、直立不動の姿勢で起立しているじゃないか。わしの方がびっくらした」

悦見さんの話は、それ自身浪曲調で、面白おかしく、私たちも思わず笑ってしまう。話術のうまい人だ。悦見さんはどこへ出ても部落民だということでいじけていない。正々堂々の態度こそが差別をはねのけることに通じるという。

浪花節が縁となって、彼は師団長に可愛がられ、好きな浪曲を語って、あっちこっちの部隊をまわって歩いた。皆に喜ばれ、自分も楽しんで、いやな兵隊としての生活時間を短かくするのだから、こんなによいことはない。師団長の自動車が直接迎えに来る。自動車の前には将官旗がついているから営門では、悦見さん一人が乗っている自動車でも、将校以下が敬礼する。非常に痛快だったなと、悦見さんは体をゆすって笑う。

「わしは軍隊では一度だけ暴力をふるってあばれた。上田から一緒の部隊に入っていた川上光平上等兵が、〈成沢、上田の柳原にも成沢という苗字があるな、市長も成沢（伍一郎）だが、柳原の成沢とはちがうのか？　お前はどっちの成沢だ？〉と聞いてきた。これは言外にお前は部落ではないかといったも同様である。この時は逆に〈字は同じですか〉と、とぼけて聞いてやった。〈両方とも同じだ〉と答えてきたので〈じゃあ、みんな同じなんでしょう〉といっておいたが、腹の中ではいつかとっちめてやろうと思っていたな。わしはやはりコンプレックスを持っていたんだな、あんなふうにいわれて腹を立てる位だから」

柳原というのは現在の緑ケ丘西のことで、ここの部落は大きい。昔は柳原といえば部落だということになっていた。市長の成沢は一般である。これは詭弁と思うが、一般の成沢はナリサワと読み、部落の成沢はナルサワというのだと聞いた。

「ある日、戦友の梅瀬才次が、炊事当番で食器を洗いに行って帰ってきた。歯が一本折れて、顔が腫れ上がっている。どうしたのだと聞くと〈川上光平上等兵殿にやられました。一緒の炊事当番だったので、水を汲んで下さいと頼むと、上等兵に用を頼んだとなぐられました〉という。わしはこの時とばかりに出ていって、川上を思いきりぶんなぐった。班長が出てきてどうしたのだと聞くので、コレコレですというと、班長もベルトで川上をなぐった。ただ正義感だけでやったのだったら、これほど相手を痛めつけなかっただろう。部落ということを言外にほのめかされて、頭にきていたんではないかと、いまから考えるとそう思う」

軍隊生活でもコセコセせずに、豪快に生きてきた悦見さんだが、どこで浪曲を覚えたのか。彼はプロの活動弁士を二十一歳の時から八年間している。活動を見に行って、沢山の人を一度に笑わせたり泣かせたりして喜ばせる弁士の仕事を面白く思った。どうしても弁士になりたいと思う。好きこそものの上手なれである。師匠に二日ついた。三日目には弁士をして歩いたという。心臓の方もなかなかである。出張専門の弁士だった。常設館にも行ったが、出張の方が金になった。師匠は佐久の人で戦死した。

「洋画、時代劇、喜劇、悲劇、何でもやりましたよ。いちばん楽なのは時代劇で、この頃は幕末の志士ものがはやってました。〈東山三十六峰の夜は更けて……〉あとはチャンチャンバラバラという具合。ハッハッハ」

「次は洋画。洋画は、お客さん字幕なんざあわからない。何でも悪人はゴールデン・ジャック。よい青年はジョン。きれいな娘はメリー嬢でかたづく。ぜったい間違いない。笑わせるのも楽ではないが、泣かせるのはいちばん苦労ですわ。現代劇がいちばんむずかしいかな。トーキーが出てきて弁士が不用になりました。しかしお客さまを相手にした雰囲気が忘れられず、浪曲語りに転向したんです」

悦見さんは、浪曲を語りはじめたら、終りがないようだ。楽しくて楽しくて、好きで好きで仕方ないという感じである。

殺し屋につけまわされた裁判

茂沢で最も古い家は「庄屋の大五郎さま」の家である。この家は没落した。文書なども数多くこの家にあったが、なくなったという。

この庄屋の分家で、部落でいちばん古い家柄が金パチ隠居と呼ばれていた金一さんの家である。この家は土地もあり、金もあり、村内ではいちばんの物持ちであった。金パチ隠居の娘さんが現在八十歳近いが茂沢に住んでいて、私たちはそのおばあさんを訪ねたのだったが、運悪く名古屋の親戚に行っていて会えなかった。

金パチ隠居は、どこで勉強したのか学問を身につけていた。部落内の相談役でもあった。出かける時はいつでも風呂敷に本を包んで持っていたという。隠居の家は大百姓をしており、隠居は世話をやく程度で直接働くということはなかった。妻のお八重さんがよくできた人で、隠居には毎晩酒をのませて、気楽にさせていた。隠居は人力車が出た時、茂沢と上田の間（二里）を、一日中往ったり来たり七回させたという。文明の利器をさっそく味わってみたというわけだ。

明治の末頃の話である。金パチ隠居は村の中心の長瀬の通りに家を買い、家についている墓地まで買った。長瀬は一般である。村では、村の中心の一般の中に長吏っぽを住まわせておけないと、大騒ぎになった。村の方では役場が先頭になって、金一さん一家を長瀬から追放しようと、日夜いやがらせをした。どういうふうないやがらせだったのかは、この話をしてくれた良太さんの記憶が薄れていて、わからなかった。良太さんは「なんせ大ごとで、でかい騒ぎだった」というだけである。とにかく、金一さんはとうとう住んでいる家を外から壊され、取り潰されてしまった。

金パチ隠居は、村役場を先頭とする不当な圧迫に、裁判に訴えて対抗した。裁判所は上田市にあったが、容易にはかどらなかった。理屈では何処へ出ても筋が通っていたから勝つはずなのだが、村を相手どっての裁判闘争は、おそらく私たちがいま想像する何倍もの苦しいものであったろうと思われる。裁判は東京控訴院まで進んだ。隠居の方はとうとう資金がつきて、弁護士に払う金がつづかず、後では弁護士もつかなかったという。それでも隠居は屈せず、東京へ出て、うどん屋に住み込み、そこで働きながら長引く裁判をつづけた。

村の方では弁護士を抱き込み、裁判を引き延ばし、何とか隠居に訴訟を取り下げさせようと、いろいろと画策したが、思うようにならない。とうとう村では隠居に殺し屋を差し向けてきたという。これには金パチ隠居もどうにもならず、逃げまわらねばならなかった。裁判をつづけなくさせるためのあくどい手だった。金パチ隠居は殺し屋につけねらわれて、裁判を打ち切らざるを得なかった。泣く泣く東京を引き揚げてきたのだが、信越街道は危なくて通れず、甲州路をまわって諏訪に来た。諏訪には妹が嫁いでいて、しばらくそこで厄介になり、ほとぼりがさめてから茂沢に帰ってきたという。こうして一般は、役場が先頭に立って裁判闘争をつぶした。隠居は無念の涙をのまなければならなかった。理屈ぬきの世界である。

＊

埋葬にみる差別

東・北信にくらべて、中・南信は部落解放運動が活発でない。差別が少ないというわけではなく、解放よりは融和をよしとする傾向が強いからだ。寝た子を起こすなという思想が根強く残っている。

理由はいろいろあげられよう。中・南信にも戦前の同仁会、水平社運動があるにはあったが、局部的で、運動として展開していなかった。過去の解放運動の実績が少ないということもあろう。大町市の常盤、下一本木、池田町の渋田見では、一町近い土地持ちがたくさんいた。藩によって部落に対するその処遇が異なっていたということもあるのだろう。東・北信の部落では、ほとんど土地を持っていない。三反以下の水呑み百姓が多く、戦後の農地解放の恩恵にもほとんど浴さなかった。従って、部落内の気持が解放運動に向けて、まとまることができたが、中・南信では土地持ちがいたので、封建遺制を持ちつづけており、東・北信の部落と雰囲気がちがう。中・南信は、部落内に階級分化がある。土地持ちとそうでない者との親分子分の主従関係が強く残っていた。子分はいつも親分に気がねをしている。

こうした中では部落差別も悪質である。南安曇で入院患者の手術で、急に新鮮な血液が必要になった。町が音頭をとってその手術のために献血運動に乗り出し、有線放送を通じて献血を呼びかけた。これを聞いた部落の人が行くと、間にあいましたからといわれて帰宅した。だが、有線放送はまだ献血を呼びかけている。おかしいなと思うが、急いで献血にまた引き返した。するとまた断わられる。部落民の血はいらない、というわけである。差別がないどころではない。

未組織の部落、解放同盟に組織された部落と、私たちはだいたい半々歩いた。どこの部落でも手あついもてなしと歓迎をうけた。情に厚く、外来者を心からもてなす。解放されたいという心は未組織も組織も同じである。

北安曇郡池田町会染区渋田見は未組織である。日中で村の中に、子どもの姿が見えず、静かである。犬が時々吠えたてるぐらいだ。墓地が部落の真中にある。これは中信地方の特徴であった。豊科町真々部ではマキごとに墓はまとまっており、ここでも屋敷つづきにあった。真々部のみよさんは、新盆の時は墓が近くて淋しいといっていた。土地を所有していながら、墓を庭先にしか持てなかったのは、どういうわけなのだろうか。

渋田見では明治二十七年生まれの三郎さんに、この部落の由来を聞く。三郎さんは墓についてこんな意見を持っていた。

「墓地というものは、できることなら小高い山の台地にほしいものだ。住んでいる家の土台のそばには仏を埋めたくない（この地方は土葬）。徳川というのは、つまらん奴だったと思う。自分の首ばかり心配して案じて、人間に階級をつくり、自分はいちばん上にいて安心しとった。参勤交代で金ばかり使わせ、仲の悪い大名同士を隣り合わせにして喧嘩をさせておく。いちばん最下層に部落をつくって人間扱いをしなかった。われわれを卑しい者として、あらゆる生活の自由を奪った。墓さえ自由につくらせなんだのではないかね」

古来日本人は、死者の霊が高い山の峰へ行くと考えていた。山の陰に柩を送るならわしがあるのはそのためである。埋葬の地と霊魂を祀る地とは別々であった。そのことを専門家は両墓制と呼んでいる。御先祖さまのほこらはみな家敷内かそのつづきにある。これは魂を祀ったもので、亡骸の方は遠くへ捨てて自然にかえした。魂のぬけた亡骸の方は忌みきらったのである。家の土台近くに埋めさせたのは、やはり習慣ではなく差別であったと思う。

渋田見では白山社を一般の氏神（諏訪神社）に明治四十二、三年頃合祀している。非常に早い時期だ。合祀といっても社を諏訪神社の境内に移しただけで、祭りは今日も別々にやっている。形だけの合祀である。合祀の翌年、三郎さんは十五歳で村の青年会にも参加している。融和運動が進んでいたのだろうか。渋田見では白山社と共に道祖神まで部落の外へ移動した。こちらは下わ手（一般）に持っていった。道祖神には文政十一年（一八二八年）の印があった。同族の歴史的な信仰を排除する方向で融和したのだ。

三郎さんも、この辺は信仰が薄い方だという。長い年月に育った風習、共同体としての情愛も、融和という中央集権的な国家主義に解消されてしまった。

融和を志して……

三郎さんはしっかりとした口調でいう。

「この部落は、水平社、同仁会を寄せつけなかった。受け持ち（巡査）が水平社が来たか、とまわってきた時、わしらの方から断わっているからと言ってやったほどだわね。騒ぎたてるのは、かえってよくない。新聞によく差別事件のことを取りあげているが、あれは困ることだ。書かんでもええことだ。寝た子を起こすのと同じだ。自殺未遂などと書かれると、そんなに大層なことなのかと思われる。差別されて死んだと書かれるのは、みぐさいことだ。この部落では一般に嫁に行った娘も三人おり、よい家に嫁いで幸せにやっている。一般から婿にも一人来ている。うまくいっている者もあるんだから。

子どもはもうよいが、新聞で騒がれると孫のことが心配だ。孫が学校を出て、あんなことを知るとじゃまになると思う。部落民がえらい悪いことしたり、むさいことしたりしたわけではないのだから、新聞に出ると本当にはっと思う。暮し向きもよい。言うことはないが、結婚問題だけはまだ思うようにいかない。どうにかならんものか」

三郎さんも、結婚問題だけは差別が残っていると認める。うまくやっているのに事を荒立てたくないという考え方を、ことなかれ主義と一笑に付してしまうことはできない。新聞に事件が出るたびに、あるいは人から聞く話にハッとする。内に深く沈んでいる意識、被差別者として何代も生かせられた心をかきむしられる。いつも心に負担を感じて生活せねばならない。これもまた差別である。部落がよいことだと思っていないので、子どもにも教えない。知ることによって起こる弊害の方をまず先に考慮しているのである。

事を荒立てずに部落解放ができぬものかと、三郎さんはこのことを考えた。彼は部落が小さくかたまっているからいけないのだと思った。広く人びととつきあい、大勢の人に愛されねばいけない。一般でも頭のよい、よくできた人は差別をしなかった。つまらん者ほど差別をした。しゃがくんでいてはだめで、一般と堂々と交際し、世間を広くせねばと三郎さんは考えた。そこで三郎さんは客商売の理髪業をするようになったという。どんどんよそさまを家にあげて接待しなるべく沢山の人と交流をもつようにした。助役や小学校長までも来てくれ、長くつきあったという。三郎さんは差別をなくすための真剣な仕事として床屋をつづけたのだ。

そもそものはじまりは、十七、八歳の頃、正月休みに、七、八人の若い衆が新屋に寄ってお茶を飲んでいた。外は大雪であった。集まった誰もが髪が伸びきっており、年末からの忙しさと大雪で床屋に行けないでいた。内鎌に行けば鋏《はさみ》もバリカンも売っているというので、金を出しあって買って来てお互いにやってみるか、ということになった。鋏・バリカンを手に持つと、三郎さんは持って生まれた器用さも手伝って、面白くてしょうがない。これがやみつきになり、ついつい内職的に三年もつづけた。あっちからも、こっちからも声がかかり、出張して歩いた。そのうち散髪組合に聞こえて、ある日、受け持ちがやってきた。金はとっていなかったが、お茶やお菓子ぐらいはよばれていた。それが困るという。組合に入ってくれと文句が出ているのだ、と受け持ちはいった。

三郎さんは次男で、家の農事もあまり手伝ってなかった。だが兄さんは三郎さんが本職の床屋になるのに賛成でない。百姓の手伝いをしてもらいたかったからだ。しかし、理髪をとおして友達もふえていた。世間を広くしたい、部落の外との交流を持ちたいと思っていた三郎さんは、床屋になりたかった。そこで松本市の岡田の床屋に三カ月見習いに入る。実力はあったが、素人では店を持つのはまずいというわけだ。

二十一、二歳の頃で、渋田見の県道ばたの家を半分借りて開店、大層繁盛する。田んぼに出ていれば田んぼまで客が迎えに来る。迎えに来られてはやらなくてはならず、泥足のままで床屋をやった。十二、三年、ここで店をつづけ、新宅をしてからは自分の家の台所の横を店にする、ここで十五年、通算して三十年近く床屋をした。二十年前に吉田に床屋ができたのでやめた。

「世間を広くしなければならないというわしの考えは床屋で成功したと思う。大勢に愛されるということは、個人の犠牲の上に立っているということがわかった」

と、三郎さんはいった。

渋田見は旧会染村で、池田町に合併したのは昭和三十四年である。渋田見二百三十戸のうち、部落は二十戸で、旧田中木戸、現在は渋西といって一つの区をなしている。昔、中木戸に山崎という旧家があり、そこから分かれたものだ、という伝承がある。山崎の本家と、部落の本家には、同じ対の火鉢があった。山崎の新宅の隠居は、わしらとは親戚だといっていた。文書を見たわけでないから、どこまで本当かどうかわからない、と三郎さんはいう。しかし、昔、白山が祀ってあったという地籍が、山崎家の中木戸に現在もあるから、まるっきりうそではないだろう、と三郎さんはつけ加える。

この部落では、冠婚葬祭を本家筋を中心に、三組に分かれてやっている。そもそものはじめは三軒であったのだろう。三郎さんが子どもの頃、六十年前は部落は九軒だった。三軒の一軒は寿門さんで屋号を東とかオエ（親方の家）といっているから、大本家である。他の二軒は義貴さんと多門次さんの家である。屋号を西と新家《あらしや》と呼んでいた。

三郎さんは、現在隠居の身で俳句をたのしみにやっている。

さえずりや　神の繋りの　ひるさがり

＊

『伊那タイムス』という新聞は、上伊那の手良地区に、特殊部落が棲息しているという記事をのせた。部落出身高校生のつどいで、この事が話題にのぼる。新聞記者というのは、みな大学出のインテリかと思ったが、どうもそうでない人間もいるらしい。棲息という言葉は人間社会では使わない。人間以外の動物社会をいうことだ。「特殊部落」という言葉もさることながら、われわれを動物扱いしている。こんな馬鹿なことがあるか、学問を身につけるというのはアテにならない、と集まった高校生は憤然とした。私たちが伊那市手良を訪れたのは、高遠の帰りで夜であった。バスをいくつも乗り継いで行く。日没後の真っ暗な田舎道を、バスは学校帰りの生徒や、通勤客を満載して荒っぽく揺れながら走りつづける。ほとんどの乗客は降り、私たちは最後の客となって終点の一つ手前で降りた。

伊那市手良棚沢の部落は、平原のど真中にある感じだった。闇夜でよくわからなかったが、家と家の距離もかなり離れており、東・北信の農村部落とは感じが違う。この地は朱房の十手を持った御天領で高遠の殿さまの見張り役だった。高遠街道が部落の横を走っている。棚沢の地名は、棚沢川からとったものと思われる。

本家は喜多という屋号で、現在、一美さんの家である。その他に屋号を持つ家は、中屋（州一さん）、南屋（重美さん）、榊家（一二三さん）、中原（さとしさん）、大原（銀次郎さん）、松美屋（西沢さん）がある。大本家の一美さんの家は、最近新築した。古い文書は家を取り壊した時、いろいろ出てきたという。伝承によると、先祖は松本の戦争に負けて箕輪の松島に落ちてきた。松島時代は五軒であった。そのうち三軒が火事にあって松島から出たが、一軒は諏訪に出て、他の二軒は棚沢と棚沢の下に落ち着いた。この土地に落ち着いたのがいつ頃のことかわからない。宝永年間は伊藤姓で、紋も上がり藤を持っていた。系図を持っていたが、先祖が本陣に挨拶に行ったら、

「こんなもの持っていちゃあいけねえ、と取りあげられちまったんですわ。わしらの方が格が上で、本陣の方が下だちゅうこんが、わかっちゃうからでねえか」

と、州一さんがいう。一座の者も口をそろえて、そういうこんだわという。

一美さんの先祖が、松島の本家から写してきたという系図があった。これによると先祖は武士である。この系図は、上田市秋和の宮原家の系図に似ている。棚沢に来てから苗字も変えて落ち着いた。先祖には武術に長じた免許皆伝の人がいて、殿様の鷹師匠役をしていた。

「わしの家には、まっ黒になった銀の手鏡がある。クレンザーで磨いたら傷ついたわね。刀も束にしてあった。虫喰った文書はみな焼いちまったになあ。そんなこんを調べるなら惜しいことをしたになあ。十手はあるが、槍や刀は古道具屋にやっちまったで」

と、一美さんはあっさりしたものだ。それでも文書はまだいろいろとあった。文書はリ

ンゴ箱で二箱、虫喰って捨てたという。系図の書き出しは次のようになっていた。〈天文ノ年、小笠原信濃守長時公ニ従属シ後藤次郎宗吉ト称シ拾五騎ノ将ニテ筑摩郡井川合戦ニ其名ヲ顕シ名誉之討死ス末子多衛門後松本城主ニ仕エタリ其基地及石碑今松本禅久院ニ現在ス……〉。墓には〈故後藤多衛門之墓、寛政六甲寅年〉としるしてあるという。天文時代（一五三二年頃）にはすでに棚沢におり、姓も後藤と名乗っていたことになる。松島には箕輪に出城があったから、城に仕えていたのだろう。

現在、棚沢は十七戸で、兼農が五、六戸、他は勤め人である。伊那市、辰野方面に出ている。電気関係の修理や自動車修理の仕事が多い。日給がほとんどである。国鉄に一人勤めている。白山神社は大正の初め、村の氏神八幡さまに合祀したが、

「仏ほっとけ、神かまうなといわれてるぐらい、この部落は信仰心がないですに、簡素なもんですわ」

といって、皆で大笑いをする。

「生活が忙しくて、すべてを悟りきっていたんじゃあねえか。念仏講もないし、合理主義というやつだわね」

と重美さん。

「この部落の特徴をいやあ、土着の百姓衆は動かねえが、ここの衆は日よっとりで外に

出るから流行の感度が早いのとちがうか。いまから六十年前は十軒で、親父たちは山から薪出して運送（車引き）してたわな。あとは百姓の日よっとりが主だったになあ。女衆はわら細工、草履作りをしていた。草履作りの名人にはおはぎばあさまがいて、このばあさまは九十三歳で死んだが、死ぬまでボケなんだ。このばあさまが生きていれば面白い話も聞けたろうなあ。ぞうりは数をこしらえなんだが、きれいなものを作ったで。どうしたもんか名前を二つ持っていて名前を二つ持っておぎんさんともいったいな」

と州一さんはいう。女で何故名前を二つ持っていたのか、後から来てこれまでだまってみんなの話に耳をかしていた公雄さんが説明した。

「届出を怠ってたんではないですか。ひとつは死んだ姉の名前ではないでしょうか。昔は戸籍を変えると五十銭とられたそうですに。親は一年でも早く学校を出して、早く稼がせたかった。赤ん坊のうちに死ぬ子が多かったから、届出を怠って、死んだ姉の戸籍におさまってしまう妹がいたということです。五十銭のためと、早く年をとらせるためでしょう。

私の母は字を書けませんでした。ムロの中で火をくべ、涙をボロボロ出し、目を赤くしながら草履を作ってました。そして手仕事をしながら俳句を作ってました。俳句になっているかどうかわかりませんが、差別されたやりきれない気持を俳句にうたっていました。その日その日、俳句を作ることによって自分をなぐさめ、友達をなぐさめていたんだと思います。残念なことに字を書けないで一句も残っていません。草履を一つ作る間に、ムロの仲間同士で競いあって一句作るという具合でした。思い出せといわれても、わしも子どもで気にとめてなかったので……〈何とかや破れ障子に風がひらひら〉なんていうのもありましたかな。一句詠んでは、これはどうだと批評しあっていたことを覚えています。

〈うぐいすや　よそみさするな　そわのふち〉

というのがありました。作った草履を紺の越後風呂敷に百足ずつ背負って、高遠へ売りに行きます。早く帰って一足でも多く草履を作りたい、家には自分の帰りを赤子が待っている。売ってきた金でいも汁でも飲ませたい。そんな時、峠の道でうぐいすが美しい声で鳴いてたのでしょう。ふと足をとめる、道は危険なところで片方が崖っぷち〈岨《そわ》のふち〉になっている。その時の気持をうたったのではないでしょうか。

夕食をすませてから、材料のわらを百姓から買って来て、夜になって水車へつきに行きます。ここから五百メートル先に水車があり、一把二厘でつきました。ここへ行く往復も提燈の火を惜しんでつけていきません。わらをはたく時だけ、ローソクをつけました。一般の人のわらの束は小さくて、直径十センチ、部落の者の束は二十センチもありました。水車では大きな束が入らないようにさげてしまうんです。わしは子どもの頃水車によくかよわされました。わしの束は大きいのでドサンドサンとつけない、一束つくのに一般の人より時間がよけいにかかる。後から来た人に〈束がでかいでな〉といわれて、とてもつらい思いをしました。子どもだから口をきく（言い訳する）こともできなんで、せつなかったものです」

＊

商人への道

上水内郡牟礼村の寅治さんは、明治十一年生まれで九十二歳といわれた。小柄だが動作は機敏で、若者のようだ。眼鏡の奥に細い目をしばたたいて、口を開けば相手に言葉をさしはさむ余裕を与えない。方言もなく九十二歳の老人とは思えぬ程だ。

「わしは長生きしようと思って、養生したり努力したなんていうことは、ございません。ごくごく自然に長生きしてきたっちう具合でございます。まあ、あえていえば、一つは何でも食べる。好きなもんでも嫌いなもんでも同じように食べる。嫌いだから少ししか食べない、好きだからたんと食べるというようなことはしません。二つめは心配しないことだと思う。くよくよしちゃあだめ、安気に暮すことだ。日照りがつづけば雨が降るまで待つ、腹が痛いのはなおるまで待つ。取越し苦労はしてもどうにもならんこんですから、しない方が体にはいい。それと三つめは、人とは争わんこと、喧嘩は気を病むからいいことではございません」

「牟礼村は昔は室飯村と書いたもんです。わしが子どもの頃、八十年も前のこんですが、古屋敷（部落）は、十四軒でした、親父が、わしらんとこは、昔からふえも減りもせんといっとりました。いつ頃、古屋敷に来たかって、わしが思うに、五百四、五十年前じゃあないですか。島津権六という殿さんがいて、その殿さんの亡くなった後に、住んでいた屋敷跡にわしら来たもんだ。だから古屋敷地籍というんでござんす。島津の殿さんは足利時代というこんです。檀家総代の時、寺にあった書きものを見たんです。

親父（伊三郎）から聞いた話では、わしら先祖は三水村の窪から出たもんでござんす。はじめは二軒でT家とI家で、現在古屋敷は七軒あるが、T姓は一軒、I姓が六軒です。わしらは分家のまた分家ですが、本家筋の家は貧乏しゃして、わき（他所）に行っちまった。窪から出されたのが、わしら部落のはじまりですね。わしらは一般だったが、貧乏して、村の端に出されたんでござんす。そしていまでいう巡査になった。警察の仕事に雇われたんだな。昔のこんだから月給なんぞない。食べものを村からもらっていた。それで名も悪くなった。

わしは日章小学校へ二年、黒川の学校へ一年通い、学校へは三年行ってそれっきりです。昔は一年一年免状をくれた。下校の時にかまわれ、なりは小さいが相当に暴れた。それでわしは毎年落第して免状をもらえず、万年一年生でした。だから同級生から寅おっさ（おじさん）と呼ばれたものです。明治十一年生まれの部落の子は男が三人おった。登校の時は部落の子が一緒になって多勢で行くからよいが、帰りが悪い、少人数なのでいつもいじめられた。

ある時、口をきかれた（差別言辞を吐かれた）ので、村長の息子だったが、着物の三尺帯ほどいてふんじばって引っぱって行った。その罰に廊下に立たせられたのだが、先生が授業している時、窓から逃げて帰ってきた。帰りがけ、川で水浴びして遊んで帰ってきちまった。これっきり学校へは行かなかった。九歳の時です。

親父に〈ワレはなりが小さく力がないから車引きの後押しもできない、学問がなくて字も知らない。ワレみたいな者は卵買いしろ〉といわれました。わしは子どもの時から銭が好きで小遣いを貯めていた。いまも銭いじりが好きです。

十歳から商いをはじめました。最初は親父にいわれた卵買いです。卵一個一厘で買って宿屋に一厘五毛で売る。牟礼は宿場で宿屋があった。昔は養鶏場などなく、百姓から一個二個と買う。一日中走って三十個位しか買えない。二十個売って一銭の儲けです。卵を売っているうちに、つぶしの鶏を一羽八銭で買った。料理屋に持って行ったら十銭で買ってくれたです。一ぺんで二銭儲かったぞと、街道から大騒ぎして家に帰ったもんです。するとお袋に、がきのくせに鶏など買って、ろくな者にならないぞとひどく叱られた。その時親父が、この子の金でこの子が商いするのだから、いいではないかといってくれたでごあす。儲けは自分のポッポに入れて貯めました。毎日儲かった金を縁側でかぞえた。どうもふえない。儲かったはずなのに変だ変だと思っていたら、縁側の隙き間板から縁の下にたんと落ちていました。

鶏で味を覚え、商いすることが面白くて面白くてしようがない。せつなかったらやめるだろうが、つづけてきたところを思うと、あまりせつないことなかったんですな。卵買いから鶏買いになった。鶏なら二羽商えば五銭位儲かります。鶏の売り買いはじめてからうそつくこと覚えました。七銭で買ったのに八銭で買ったというんでござんす。十三歳の時、貧乏で道楽者の馬喰が〈寅おっさを貸してくれ〉って呼びに来ました。この馬喰は、わしが銭を持っているのを知っていて、つぶしの馬を二円五十銭でわしに二頭買わせた。それを長野へ引っぱって行って、一頭四円だか五円に売りました。道楽者の馬喰は、わしが貸した金を返してくれ、その上、儲けの分け前だと天保銭（八厘）と肉をくれて帰らせました。馬喰の方は遊廓に直行した。

　銭はずんずん増えて、その頃から何でもかんでも商いするようになった。皮買いもした。十四、五歳の時、飯山で貂《テン》を四十銭で買って、八十銭で売った。貂では一匹で五十銭儲けたことがありました。その頃の五十銭はたいしたもんです。夏は百姓してたが、あいまに出ては銭を稼いだ。

　二十一歳で明治三十二年には、百六十円持っていました。金貸しに百円預けて、自分で六十円持っていた。兄っこが長野の靴屋に十年丁稚に行っていて、年期があけて帰ってきたところで、兄っこが店を出すので、わしに百姓の跡を取れと親父にいわれた。跡を取るのがいやで、二十二歳で結婚しました。その時、親父から二反五畝もらって、わきに出たんでござんす。当時は一反十五銭で買えたものです。結婚の時家を八十五円で買いました。妻は東寺尾（長野市）からもらった。

わしは三人の男の子を持ったが、三人とも上の学校は出さないが、一人で食べていかれるようにしてやるといって、それぞれに靴屋の店を、田口、柏原、牟礼に持たせました。

結婚してからは、農業のかたわら商いをつづけていました。兄っこは十年かけたが、わしは自己流で靴もつくった。下駄や衣料品も行商しました。上田市の八日堂の時は、三晩泊りがけで出かけたものです。

明治四十二年に靴と下駄の店を出しました。当時は着物に股引き姿で編上靴をはくのがハイカラだった。靴を買うのは、主に先生、警官、神主さんでした。店を持ってからも行商をやめず、古間鎌を農協組合に入れました。農協ができたのは大正二、三年だったと思います。まだ組合長と書記の二人ぐらいの時でござんす。一回目の組合からの集金は三百五十円、二回目は千八十円でした。百円札のない時分でした。鎌の商いは戦後までつづけたでござんす」

多額納税で選挙権を

「わしは二十二歳の時から字を覚えました。万年一年生で、ひらかなだけはわかりましたが、一人前に字が書けません。妻が実家に手紙を書いてくれというのですが、それが書けなかった。隣のいじわる隠居に習いに行くと、のろまだから覚えられなんだわ、おらだって教わったわけではないんだ、と小馬鹿にされました。手紙も書けないでは都合が悪いと、この時一念発起して、字を覚えようと思いました。どうしたらよいか、漢方医の息子が同級で、それに聞きました。そうしたら一カ月八銭の月謝で覚えられるというんです。タブロイド版の『信越新聞』は、全部かながふってある。『信越新聞』を読んで覚えればいいというわけです。『信越新聞』は『信濃毎日新聞』より早くから発行されていて、悪口新聞といわれていた。ゴシップを集めて記事にしていた新聞です。いまの子どもたちは字を覚えるのに手で書いて覚えるが、わしは目で覚えました。三年間ぐらいのうちに、大方の難しい字も覚え、告訴状ぐらいは書けるようになった。隣の隠居に、寅おっさは銭貯めるようになったら字までためたといわれた。どこに行くにも『信越新聞』をふところに入れて読んでました。辞書はいまでもよく引きます。算用数字は、子どもにならいました。

　わしは四十三歳から酒を飲むようになりました。それまで酒も煙草もいっさいやりません。人並みになるまで禁欲生活をしました。

差別をなくすには、部落といわれる者たちが、まず人の世話にならない様にすることだ。税金で子どもたちは、学校に行かれる。人並みに税金を払うようにならねばいけない。わしは選挙権を持つことができるまで、酒は飲むまいと決心していました。四十三歳で選挙権がとれました。当時、住民税の等級が年礼では一等から五十三等まであり、わしは十七等からはじまり、八等まで行きました。差別は理屈や学問ができても何の役にも立たないです。人並み以上の生活を築くことが、差別をなくすことだと思って努力してきた。どんな理屈こいても、理屈では差別に勝てません、金を残すことでござんす。

いまも銭が好きで、店は息子の代になっているが、わしは年寄り仕事に蘭《らん》と万年青《おもと》の栽培のかたわら、書画骨董の商いをしています。蘭と万年青の方は毎日水をくれてやらなきゃならない。世話がやけるのでやめました。骨董の方は世話はかからないから気楽なもんでござんす」

寅治さんの話ぶりは、立板に水である。よどみのない早口で話はつづく。夕食になって、寅治さんの商いの歴史は一段落した。記憶力もよく九十二歳の今日なお商いをつづけている寅治さんは、老人ぼけという言葉からほど遠い。生きる気力、金を儲けること、金への興味が寅治さんを若々しくしている。寅治さんの腕には金時計、両手の指には指輪がいくつもはめられていた。眼鏡も金縁だ。

しかし寅治さんの金好きは、単なる金銭欲ばかりではなかった。金を貯めたといってもそれはささやかなものだ。金を貯めて自分に対してぜいたくをしようというのではない。誰でもが市民権を持っていなかった戦前に、寅治さんは多額納税者となることで選挙権を得、市民権を確保しようとした。寅治さんは金を持つという内容で、差別をはねのけようとしてきたのだ。

先年、牟礼小学校が火災にあった時、寅治さんは十万円の見舞金を贈っている。この地域の有力者である中牧の医者も十万円の見舞金を寄せた。寅治さんは、

「同じ十万円でも、医者の金は困る人からとった涙の金です。わしの金は書画骨董をいじれる裕福な者からとった金です」

と、値打ちの違いを力説した。

寅治さんの十万円は、実にコツコツと蓄えたものだ。彼の商いは大きく資本を動かすとか、人を使って事業をするとか、特別の技術があって儲けるというものではなかった。農村地帯で靴を一足二足と売りさばいた利益である。蘭と万年青も家の脇のごくせまい敷地につくっていたようだ。骨董の方は二階の寅治さんの部屋を見せてもらったが、高級な金目の品物はあまりないようだった。このような物で商いになるのだろうかと思う程だった。貧乏人からは金を取りたくないという彼の考えが、骨董を商うようにさせたという。とりわけ書画や古い芸術作品に興味があったわけではない。こうした物には値段がないという。値段はその品物が欲しいと思う者の要求度がつけるのだそうだ。長い

間の商売のコツを、寅治さんはこんなふうにいっている。

「商いは、あきらめろということです。愚痴をいってはいけない。売るのが目的だから何をいわれても怒ってはいけません。論をしてはいけません。自分の品物をほめてもいけない。説明しちゃあいけません。自分の品をほめたり、えばって説明して、それで金とってくるのはうますぎます。何をいわれても知らねえでとおすことです」

寅治さんは、商売の面でも争わず逆わずであった。

第三部　水平社の闘い　高橋市次郎老聞き書き

高橋市次郎さんを訪ねて

文化遺産などというと、何となく高尚で民衆から遊離した響きをもつ。この使い古された言葉は、直接民衆の血が交わったものとして残されてこなかった。部落の文化遺産を文字にとどめておこうと心したのは、文化というものを、人類があるいは民衆が生きてきたその姿であると考えたからだ。これまでしたためてきたものを、あえて文化遺産と呼んだのは、人間の価値を求めるひとつの方向を示したいと思ったからである。

私は被差別集団をひとつの文化圏としてとらえようとしてきた。すでに五十余の部落を歩き、百人をこえる古老の言葉に耳を傾けてきた。美しく年をとったたくさんの老人に接し、私は素朴な人というのは、このようにたくさんつまった、そしてわずかしか表現してこなかった人びとのことであろうと思った。このような人びとこそ部落の文化遺産と呼ぶにふさわしい。それは金や権力から最も遠い、社会の重圧の底で力強く人間らしく生きぬいてきた、その生き方でもある。被差別者として生を享《う》けたその運命から逃れることなく、これと闘い、人間らしく生きようとひたすらに切望し、きびしく努力した人生である。

私は、そうしたきびしい差別を己れの問題として引き受けて歩んできた一人の古老の道筋を、部落の文化遺産として辿ってみたいと思う。

庄屋筋の家に生まれて

県下で解放運動に生きた人は少なくない。その中の一人、創設期の水平社運動を担った高橋市次郎さんを佐久市瀬戸に訪ねた。市次郎さんは、最近血圧がめっぽう低くなり、めまいのすることが多くなったと床に臥《ふせ》っていた。二カ月前までは元気で野良仕事をしたのだが、といいながら、市次郎さんは私たちを迎えてくれた。

市次郎さんは、明治二十三年九月、この佐久市大字瀬戸西耕地（旧新田）で、高橋茂助の次男として生まれた。庄屋筋の家である。茂助は養蚕で金を儲けた。先代から土地は持っていたが、市次郎さんが子どもの頃は、すでに田が三町、畑を六町という大農家であった。子どもは男兄弟三人、姉妹四人いた。

茂助は男の子ども全部に土地を与え、分家させている。市次郎さんも本家の前にあった養蚕室をもらって分家し、現在もその家に住んでいる。結婚して数年は本家で生活した。部落民の中では経済的に恵まれた方である。

今日、解放運動に参加してきている部落民を経済面からのみ見ると、所得のきわだって高い層と、逆に非常に低い層はぬけている。経済的に余裕のある人びとは、解放運動の必要性をさしせまって感じない。金さえ持てば馬鹿にされない、貧乏だから差別されるのだと考えている人びとは非常に多い。経済的にも人並みになった、もう差別はないと。しかし、実は差別はなくなったというが、それはそう信じたいと思っているに他ならない。こうした人びとのうえにも、結婚差別が、適齢期の子を持つと降って湧いたように起こる。だが、それでも後を絶たないこのような考えは、これまでの部落差別の中で、経済的貧困による苦痛が、いかに絶対的なものであったかを想像させる。

極度に所得の低い層の人びとが、解放運動に参加できないでいるのは、運動を起こし、参加する余裕を持たないからだ。〝雨日曜〟の部落の日給生活者にとって、集会や会議のために一日をつぶすことが、一カ月のうちに何日もあっては、たちまち生活が苦しくなる。さきがけて切り開かれる運動は、他の多くの場合もそうだが、つねに資力のある者たちによって担われてきた。考え、そして感じる余裕を持って生まれた市次郎さんもその一人だった。

二年おくれて小学校入学の許可

市次郎さんが差別を知ったのは、小学校に通うようになってからだ。当時、部落民のつきあいの範囲は、歴然とかぎられていたから、学齢期以前は、部落の外を知らない。

部落民同士のつきあいに、部落民であるという前提は必要ない。部落民であるということを必要とするのは、一般の人達なのである。

瀬戸は中込村だったが、市次郎さんの五、六歳の時、中込から分かれて平賀村になった。市次郎さんが七歳になっても、平賀村では、学校に出ろという通知をよこさなかった。市次郎さんが十歳、兄さんが十一歳の時、待ちに待った入学通知が届く。と同時に、差別を知る門が開かれたのであった。

部落の子どもが入学できるようになるまでには、水間倉之介村長の働きが必要だった。水間さんは当時三十五歳位で、若く進歩的であった。彼は部落の子どもの入学を妨げる役場や村の有力者をおさえ、入学を許可した。水間さんは臼田町の旧家から奥さんをもらっていたが、正月に妻の実家へ年始に行くと、姑に「お前のような長吏っぽを学校へあげるような奴は、うちの婿ではない」と棒をもって突き飛ばされ、追っぱらわれた。後に市次郎さんたちが水平社運動をおこし、水間村長を糾弾するようになるのだが、年とってから水間さんは、

「反対される中を押しきって学校へ出してやって、おまけに大きくなった君たちからは、どれだけしぼられたかしらん」

と述懐したという。病床でこの話をする市次郎さんの顔にも、柔和な笑みが浮かぶ。

水間村長の努力で、市次郎さんはともかく二年おくれて十歳で小学校へ入った。三年

おくれて入学した、本来ならば三年生である兄さんは、組中でいちばん体も大きく、力もあった。教師は、部落民は昔からきたないものだと教えた。教室では部落の五人の子どもたちは、一般と席を別にされ、固めて隅の方に坐らされた。校長も「長吏っぽ長吏っぽと呼ばれて何がおかしい？」と、差別を公然と認めていた。学校には二人のヨタ（悪童）がいて、毎日のように部落の子どもをいじめ、市次郎さんたちは逃げまわっていた。二人のヨタは、部落の子どもさえ見れば、長吏っぽといって追いかけまわし、突き飛ばした。部落の子どもは五人いたが、二人のヨタは学校中のボスで、ちょっとでも反抗すると、

「チョオリンボがいじめた、やっちまえ！」

といって、クラス中、いや学校中の生徒を敵にまわすことになる。二対五なら問題にならぬのだが、学校中を相手ではとてもかなわない。二人のヨタにいいがかりをつけられぬために、一時も油断ができない。彼等の視線から逃れるようにして、つねに警戒の心を持っていた。二人の名は死んでも忘れない、と市次郎さんはいう。山田の野沢勝平と小林平蔵である。

校長・教師・生徒みな敵

小学校時代、隣の席の子が市次郎さんに、とても不思議そうに聞いた。

「チョオリンボのキンタマは四つあるというじゃあねえか、本当かえ?」

子どもである市次郎さんも、びっくりしたり、不思議に思ったりする。おれのキンタマは四つなのかな、二つじゃあないのかな、これを四つというのかな、一般はいくつなのかなというふうに。口には出さないが、子どもは誰でも体の欠陥を非常に気にする。幼年期に受ける精神的打撃は、後の人間形成に大きく響く。

また、「辛棒という棒は細くて長い。泥棒という棒は太くて短い。チョオリンボーという棒は太くて長いから始末におえない」と聞かされ、その意味がどうしてもわからず、親に聞いた。親もちゃんとした返事をしないから、なおわからなくなった。チョオリンボにまつわる秘密は隠微ではがゆい。部落に生まれた子どもたちは、明朗さにかけた疑問にとりまかれて、理解に苦しみながら、成長する。

一度、市次郎さんは、クラス中を敵にまわし、袋叩きにされて血を流した。彼はその血を相手の白いシャツに、わざとつけた。すると、「チョオリンボがきたない血をつけたぞ!」とさらになぐられる。受持ちの教師は、包帯をしてくれたが、「家に帰って何もいうな」と市次郎さんに忠告した。これが当時の教師の態度であり、一般的な水準だった。

〈オレの血とヤツラの血とどこが違うんだ。よし見ていろ、オレが大人になったら、必ずこのはずかしめを晴らしてやるぞ。あのヨタの二人だけはこの世からほうむってやるぞ。いまにみていろ、一匹、一匹になったら貴様らをほうむってやるぞ〉――傷つけられ、出てくる血をおさえながら、歯をくいしばって市次郎さんは肝に銘じた。部落の子どもたちは、一時たりとも油断を許されず、つねに不安の中で禿鷹に狙われている、巣箱の小鳥に似ていた。

ある時、学校中の子どもを敵にまわし、部落の子ども五人全員が怪我をして動けなくなったことがある。夕方であり、教師は知らずに帰宅していた。日はとっぷりと暮れてしまった。小使さんが気づいて父兄に知らせに走った。親たちが迎えに来て、子どもたちは背負われて家路についた。これではあまりに惨めではないかと、親たちは憤慨、北口部落の腕っぷしの強いのを先頭に学校へ抗議に行く。学校では詫び、しばらく平穏がつづいたが、ほとぼりがさめると、二人のヨタを先頭にまたのさばってくる。怪我、抗議と、そんなことが何回もくりかえされた。

部落の父兄が学校に出向くと、校長以下教師は部落民の理解できない難しい言葉を使う。

「平等に留意して、勉学に相勤めます。このたびは恐縮に存じ……」

というような、誠意のない抽象語をわざと並べたてて、その場のがれのごまかしをした。

小学校時代で愉快だったことは、差別のため入学がおくれた兄さんの腕力が、クラスを制していたことだ。クラスが二つに割れると兄(政太郎)さんがついた方が勝つ。政太郎さんは一対一の喧嘩ではぜったいに負けなかった。政太郎さんはクラスの中では大将であった。政太郎さんは高等科一年になると、田んぼに出しても一人前の仕事をするので、父親は学校に出して遊ばせておくのが惜しくなり、尋常四年卒業で、学校をやめさせた。

差別者とは徹底的に闘う

市次郎さんは、当時の部落の子としては最高の尋常四年と高等科四年の八年間、勉強をつづけることができた。父親の茂助は、自分が文盲のため、子どもには教育をつけたいと思っていた。市次郎さんは上級生になって体力もつき、腕力でおさえ込むことができるようになると、差別言辞をぜったいに許さなかった。差別言辞は、隠微なちょっとした身ぶりや言葉にすぎないが、それは暗く重い底なしの氷山の一角として現われたものである。それは確かな抗議のきっかけを与えた。ただひたすらに戦闘可能な、抗議可能の対象となった。一般との交流もならず、仕事からも締め出され、貧困に甘んじねばならぬ広く公然と存在する差別に対しては、抗議の手だてを知らなかった。広い出口よりも、狭い出口から噴出する勢いは強い。

子ども時代の市次郎さんの気性の強さと、差別に対する怒りのはげしさを示すものとして、夏の日のある事件がある。田んぼに水がひたひたとある頃だった。学校帰り、市次郎さんは、差別言辞をはいた友達をとっつかまえた。衿首《えり》をつかまえて、田んぼの中に頭と顔を二回、三回と突っ込んでやった。泥水に顔をおさえ込んで、

「鎌で首を切り落とすぞ！」

と糾弾する。鎌など持っていなかったが、とっさに思いついた言葉だった。市次郎さんの勢いで、相手は彼が鎌を持っているものと思い込み、ふるえあがった。正座して泣きながら、「かんべんしてくれろ」と平あやまりにあやまった。

「家に帰って、口きいたら（差別言辞をはいたら）奴にこういうようにされたと、おとっつぁんに言ってみろ」

といって逃がした。感受性と正義感に強い市次郎さんである。子どもの頃から差別に対する感覚は鋭い刀のようにとぎすまされていた。彼は差別を認めさせ、中途半端に放置しておくことをきらった。差別した者はトコトンまでやっつけること。最初に徹底的にやらねばだめだという。根性というものは、そうたやすく変革できるものではないからだ。いい加減では本当に根性を入れかえることはできない。そのことを後の水平社運動でも強く知らされたという。

部落同士の反目と憎悪

学校時代、差別の苦渋の中で、さらに心を痛め苦しませていたことがあった。それは

同じ部落民同士のいがみあいであった。瀬戸と北口では、北口の方の部落が大きく、戸数も倍ある。瀬戸は小諸の加増から分かれて来て、最初は二軒だった。北口と瀬戸は昔から非常に仲が悪い。いまでも婚姻関係はない。市次郎さんたち瀬戸の子どもは、学校で差別され、学校帰りにまた北口を通る時、いじめられる。北口の若い衆が待ちかまえていて、瀬戸の子どもをこらしめた。北口を通る時は、人がいるかいないかよく見てから走って通る。どうしてこんなことがあるのか、はじめの頃はわからなかった。

市次郎さんが生まれるはるか昔、祖父の時代からの勢力争いがつづいていたのだ。市次郎さんの祖父豊吉じいさんの頃は、十手を預かっており、北口の為吉じいさんと、ことごとに対立していた。当時の仕事は、北口も瀬戸も長吏であったから、腕を競っての縄張り争いであったらしい。豊吉じいさんは腕が達者で、柔・棒術の名人であった。相撲をとらせても北口ではかなう者がいない。また瀬戸は経済面でも北口をしのいでいた。

こうしたこともからみあって、最下層の被差別者同士の過酷な対立を生み出した。そして大人が待ち伏せしてまで、相手の子どもたちを痛めつける。相互に憎しみは骨髄に徹し、頂点に達していた。身近な対立者に人は最も強力なエネルギーを燃やす。対立者を最も身近なところに見出させるのは、分裂させ支配する政策の望むところであった。このような犠牲はどこの部落でも見られた。距離の近い部落同士は仲が悪い。差別に対する怒りを真の敵にむけさせず、仲間同士の対立で解消させている。

明治十八年二月、豊吉じいさんが北口に用事に行っている留守を知っていて、為吉じいさんの手下の喜造が、豊吉さんの家に火をつけた。豊吉さんは、北口からの帰り道で、放火してきた喜造に出あう。喜造は、

「おめたのところが、いま火事になるっちうのに、なにグズグズしてるのか」

といった。

「おめえ、おらちが火事だと知ってるのか？」

「おれ、見て来たところだわ」

と、田んぼ道で立ち話をした。のん気なことである。豊吉さんの妻は、ちょうど生み月の子を腹にかかえて、家財道具ひとつ持ち出せずにいた。警察から、火つけだとすると後が面倒なので、子どもがやったことにしておけといってきて、火つけ事件は追及されずにすまされた。この後豊吉じいさんは、決してでかい家はつくるなと、子どもたちにいっていた。この火事で古いものもみな灰になった。

高く厚い差別の壁

市次郎さんは、学校時代は、とにかくいまにみていろという気持で、いつも本をふところにして頑張った。彼のまっすぐな意地は、あらゆるところで壁にぶつかり、そのことによってさらに士気を高めた。勉強ができると、

「何だ、チョオリッポのくせに優等生なんかになって、生意気な奴だ。やっちまえ！」と、逆にやられる。学校は差別の修羅場であった。それでも学校へは、学問を身につけるためだと思って、市次郎さんは歯をくいしばって通った。現在中年以上になる人で、差別に耐えられなくて学校（小学校）を中退している人は、実に多い。当時の学校での差別のはげしさを想像させる。

八年間の学校を無事に卒業すると、市次郎さんは父親と一緒に百姓仕事をした。兄さんが海軍に出ていたので、家の仕事が忙しかった。社会に出て大人の世界を知るようになり、市次郎さんは大きな発見をする。差別は、いつか葬ってやるぞと肝に銘じていた学校時代のヨタの二人だけのことではない、ということだった。殺してやりたいと思った程の二人だが、この二人が悪いのではない。二人をやっつけてみてもだめだということがわかった。北口部落に対する敵意も、おかしいと感じるようになった。

小さな子どもの世界だけで感じていた差別に対する理解を拭い去った。そして、さらに広い視野からくる差別の重圧を感じたのである。差別の壁は公然と、そしてとてつもなく大きなものとして、市次郎さんの前に立ちはだかった。それを感じた時、市次郎さんは、しばらくどうしようもない気持におそわれたのである。百姓仕事をしながら、一把稲のことを父親から聞いた。父親は、

「わしらは、昔、一般の衆にくわせてもらっていたんだ」

といった。だから差別されていいものか、市次郎さんは、社会そのものの仕組みをじっと考えはじめていた。何故部落は自治体の組織からはずされ、仕事からはずされ、一般との婚姻関係も持てないのだろうか。市次郎さんはこうした疑問を内に内に問いつめ、解決の方法とそのチャンスを摸索した。

散髪屋に行けない

青年期になって、困ったものの一つに散髪がある。若いから髪をきれいにしたいのだが、理髪屋へ行くと、どこでも必ず、

「どこの方かいね」

と聞く。

「瀬戸です」

「瀬戸は、どこらあたりかいね」

「新田です」

「何って名だね」

「高橋です」

問いつめられて、部落民だということがわかると、はなはだ待遇が悪い。床屋の方では、あすこの店は長吏っぽが髪刈るから、きたなくていけないという、客からの苦情が

こわいのだ。いちばん近い店は中込にあるが、とうとう千曲川を越えて野沢まで散髪に行った。店を変えるからなお悪い。新顔だからよけい聞かれる。

「わしは遠くです、小県《ちいさがた》です」

「何しに、こんな方に来なすったね」

「働きに来てる。製板です。中込のこういうところにいます」

「ふーん。製板にいるっちゅうのにおかしいなあ、あんたは木の匂いがしないね」

と、バレてしまう。頭を刈っている時、顔見知りが入ってこようものなら、

「おう、新田の高橋君じゃあないか」

と親しくいわれて、それで取りつくろってきたことも終いである。うそをついていれば、店を出るまでヒヤヒヤだ。理髪のため小諸まで行ったこともあった。

一般との接触はほとんどなく、芝居に行っても知っている人は寄りつかない。結局、部落の者だけ固まって、いちばん舞台から遠い天井桟敷から観劇した。

卑屈な姿勢で権利は獲得できない

瀬戸青年会へ部落の者は入っていなかったので、市次郎さんが交渉に行った。青年になったのに青年会に入れないとはおかしいじゃあないかと、話合ったが、結論が出ない。仲介者に柳沢知広先生を立てて話をしたが、先生は「入ったにしても何もならないし、

早すぎるのではないか」といっているという。市次郎さんは先生に反論の手紙を出した。するると先生は、仲介を断わってきたため、先生を招いて抗議する。

「年頃になれば青年会に入るのは当然ではないか。そのくらいのことが心配できなんでよくも教師づらできるな、われわれは腕にかけても入るからふざけるな」

というと、先生は青くなってふるえた。

「俺は悪くない。他の奴が悪いのだ」

と弁解する。結局、市次郎さんたちは、強い姿勢を押し通すことによって入会できた。このことは、同仁会、水平社以前の独自の運動であった。市次郎さんは、お願いしますというような、へりくだった姿勢では、人間の尊厳と権利を獲得することはできないことをこの時知ったという。

彼は消防団への加入についても、要求し、迫った。いいのがれに窮した団長は、

「消防は兵隊に行って帰ってきた人でないとだめだ」

という。これは部落に該当者がいないのを知っての、卑劣ないいのがれであった。しかし我慢をして、その後、市次郎さんの弟が明治三十年に高田の連隊へ行って帰ってきたので、再交渉をした。そして認めさせる。しかし、祭りについては、いまもって別々である。当時の理由は部落は神地でないというものだった。

結婚したのは、市次郎さんが二十二歳の時である。当時のしきたりどおり、親たちが

きめた。恋愛の気持はあり、この人と夫婦になりたいと思う人もいた。遊びに行ったりして仲良くしていたが、結婚するところまではいかなかった。部落の風習では、親がもらってくれるまでは、だまっている。社会に出てからは、一般とは同級生たりとも、一緒に遊ぶようなことはなかった。

遊廓とか料理屋だけは、部落民でも自由に出入りできた。ここでは根掘り葉掘りの戸籍調べをしなかった。遊廓で働く遊女たちは、部落民同様に被差別者の側に生きていたから。

上田の緑ケ丘西では、遊廓から足を洗って部落に嫁に来た遊女が何人かいた。彼女らは厚化粧と美しい着物をぬぎ捨てて、部落の女衆として草履作りをして生計をたてた。年老いた彼女らが口々にいうことは、遊女の生活より、まずいものを口にしても、きたない住居《すまい》でも、部落の方がずっといいという。何よりもみな情に深く、相互扶助の精神があついからだ。金で身を売る生活は、どんなにはなやかだろうが、それは淋しいものだ。部落の生活の方がどんなにか人間的かしれない、と。

水平社運動、火の手をあげる

水平社運動への参加、活動開始

市次郎さんが水平社運動に参加したのは三十四歳の時で、すでに子どもが七人いた。

妻は十人の子を産んだ。

水平社が発足したのは大正十一(一九二二)年三月三日の京都岡崎での大会であったが、市次郎さんが水平運動に参加したのは、その二年後の大正十三年の秋である。群馬県の太田で関東水平社の創立大会があった。この大会の招待状が田口村(現臼田町)の下越に来た。田口村からは高橋岩之助、栄次郎、義次郎さん三人が出席した。この人たちが、水平社宣言、規約、趣意書を持って、自分たちの方でも自分たちの力で活動をはじめようと呼びかけて歩いていた。市次郎さんの隣の隠居のところにも来た。このご隠居は字が読めない。「隣の市を呼んでこお」ということになり、市次郎さんが呼ばれたのである。

この日、市次郎さんは、はじめて水平社運動なるものを知った。水平社宣言(資料15)と綱領を読ませてもらった市次郎さんは、〈これだ!〉と全身がふるえた。自分がこれまで願っていたもの、心の焦躁が、はっきりと形になって目の前に現われたのだった。すぐに運動を一緒に起こすことを決意する。

「子どもたちに身代残すより、自分らが受けてきた差別のやりきれなさ、屈辱をなくすこと、自由を残すことの方がどれだけ尊いかしれない」

市次郎さんは、全財産をかけても運動に取組むことを心に誓った。水平社を知った時、水平運動の何にいちばん感動したか。宣言や綱領のどこに魅力を覚えたか。それは二つあった。第一は、部落民を差別した者は徹底的に糾弾するということ。第二は、三百万の部落の人間が一致団結して運動を起こすということだった。市次郎さんは腹の底から共鳴する。

「糾弾」という言葉はたいへん難しい言葉で、当節大学を出た者でも糾弾という字を書けないことがしばしばある、と市次郎さんはいう。そういう言葉をどのようにして部落の人びとに説明したか。

「糾弾というのは、竹の弓をいっぱいに引きしぼっておいて、パッと手を離すと、びゅんと勢よくはねかえって真直ぐになる。間違った社会、間違った考えの人間を、徹底的に、一瞬にして、パッと真直ぐになおすことだ、これが糾弾だ、と説明した。三百万人が一致団結するということは、毛利元就の遺言を借りた。元就は三人の子を集めて、一人ひとりに矢を渡し、折らせた。一本一本だとたやすく折れるが、三本束にしたら折れない。三人が仲良く心を合わせて団結すれば城は守っていけると諭した。これを借りて、三百万部落民が一致団結したら差別解決への勝利の砲声を聞くことができるのだと説明した。われわれ三百万の仲間を兄弟と呼ぶのは、被差別者の団結をいっている」

市次郎さんたちは、こうして村々のオルグを始めたのである。仲の悪かった北口の部落にも行った。北口の高橋末次郎さんも納得して運動に加わった。先頭に立つ者は、あらゆることを知らなくてはならない。差別の歴史、差別の原因やその不合理性などを、独力で学んだ。村長や警察署長、知事らを相手に、質問されて答えられなくては困る。こういう人達は知識と理屈が好きだ。市次郎さんは知識と実力をつけることに努めた。指導者はいわば社会大学の講師である。部落の人たちは社会大学の生徒で、共に一生懸命勉強した。

佐久地方水平社大会を開催

田口村から岩之助さんが市次郎さんの隣の家にオルグに来た時から、警察は、刑事を泳がせていた。市次郎さんには運動を始めた日から二人の尾行がついた。行く先ざきにぴったりとついてくる。彼らは市次郎さんが訪問したすぐ後に部落の家々を歩いて、「あいつは何しに来た。一緒にやると、しょっぴいていかれるぞ、やめろ」と、おどしてまわった。だが先立つ人びとの熱意と努力で、三反田、瀬戸、北口から南佐久全域に、水平社の組織は、ぞくぞくとつくられていった。三反田の中心人物は高橋健造さんであった。

大正十四年九月には、臼田の佐久良座で、第一回佐久地方水平社大会を開くところまで運動は進んだ。大会の準備は、市次郎さんをはじめ、高橋末次郎、高橋与之助さんたちがした。小諸からは朝倉重吉氏が動いてくれて大会に出席した。中央からは平野小剣、栗須七郎、沢口忠雄氏らが参加した。大会の規模は千五百人、会場は満員の盛況である。

一般は「チョオリッポが何かやらかすそうだ。水平社という面白い社ができるんだと」といった調子でおしかけてきた。

　警官が五十人、演壇と弁士をとりまき、入口にも目を光らせて、ものものしい空気をつくり出している。〈われわれを差別する者はぶっ殺せ!〉などというポスターをはった。会場には熱気がこもり、会議は朝九時から夕方まで休むことなくつづいた。幾世代にもわたった長い長い抑圧、人間以下の人間の生活をはねのけようとする部落民の第一声は、休火山が突如爆発した時にも似て、天地を引き裂く激烈さであった。過激になるのは自然である。

　議長は高橋岩之助、副議長は市次郎さんがつとめた。誰も彼もがはじめての経験で、大会をどう運営してよいのかわからない。聴衆の中から、「それ!　議長立て!　しっかりしろ!」などの声がかかる。また、「諸君は諸君の力で解放するというが、解放できるのか!　どのような方向で解放するのか!」など、難しい質問攻めにあい、たちどころに答えられず、演壇上で青くなったり赤くなったりしてアタフタした、と市次郎さんは笑っていう。会が終って宿に帰ってから、難しい質問をして困らせたのは、他府県から来た応援弁士だとわかった。この会では全国水平社大会の決定事項を再確認し、自分たちも水平社の宣言・綱領に沿って実践していくということであった。各部落からの参加者は、両手をあげて賛成した。

この大会で、市次郎さんは佐久地方の執行委員長兼会計に推された。大会は、部落大衆の解放への熱狂的ムードのもとに進められた。興奮して泣き出す聴衆もいた。人間らしく生きたいという声を公然とあげることができた感動の姿であった。しかし、一般には恐怖心を持たせた面もあったと思うと、市次郎さんは五十年前の感激的な日をふり返りながらいう。警官が入口を固め、サーベルをガチャつかせ、「弁士中止!」を連発していた。

爆弾入りのトランク

遠くから来た弁士は、大きなトランクを一人で二つも三つも持って来ている。部落の若い衆が駅に出迎えた。弁士たちは、カバンの中には爆弾が入っているから静かにあげおろしてくれと若い衆にいい聞かせていた。大会の席上でも、「われわれに反対する者には、爆弾を放りつけてやる!」と演説する。これにおどろいた警官は、ますます厳重に警戒と監視の目を離さない。

こうしたことは、水平社はこわいものだという印象を大衆に植えつけたのではないかと、市次郎さんはいう。しかし、それは他府県から応援に来た弁士たちの戦術でもあった。大会で一般をおさえておかないと、以後の運動を発展させることができないからだ。弱味を見せると、糾弾に行っても勝てないということを、先輩たちは経験から学んでいた。トランクの中は雑誌や本で、どこに野宿してもよいように衣類や毛布などが入っていた。

この大会が終って、市次郎さんは親戚の家に立ち寄った。家へ入るといきなり、後をつけて来ていた刑事が一緒に入ってきて、「いま来ていた者は誰と誰か」と聞く。「えらい細かに聞くじゃあねえか。あんたこそどこのお方か」と親戚の家の家族が問い返すと、「臼田署の者だ」というなり、「おめえたち、水平社なんぞへ入るなよ。万一間違えば監獄へしょっぴいていくぞ！」とおどしつける。

その後で市次郎さんは、水平社の説明をし、運動に参加するようオルグをした。

「巡査と一般は一緒になってわれわれを差別している。いままでどおり差別しようと、あんなことをいうのだ。われわれの仲間は全国で三百万人もいる。三百万といえば大したもんだ。これだけいれば、いまの警察ぐらい押し潰すのはわけないこんだ。団結すれば必ずできる」

と、アジる。「そうか、それならやるか」という具合だった。市次郎さんの家には、毎日刑事が出勤してきていた。

大会が終った後、幹部だけが残って、中央の弁士から糾弾の戦術、方法を学んだ。その内容は、とにかく団結あるのみという点が中心であった。

「我々は学問も財産も何一つない。あるのは団結だけだ。糾弾にさいしては一歩もゆずるな。一人ももれては困る。ひとつにしっかり固まって行動すれば、政府も警察も恐くない。責任はわれわれがとるから、がっちりとまとまってくれ」と指導された。

市次郎さんたちが足を運んだ部落では、水平社に反対する者はいなかった。宣伝の方法としては、立派なビラをつくって、足でまわる。誰にも理解されるように、嚙《か》みくだいて説明した。大会に出席してほしい。運動の資金を寄附してほしい。水平運動のこの機会を逃がせば、われわれは永久に対等になれない、等々と訴えた。寄附は米でよし、味噌でよし、金でなくても何でもよかった。米は三合、五合と出してもらう。寄附金は五銭から一円くらいまであった。

部落出身の医師が援助

運動の資金、大会の費用の半分は、医者の米田氏がつねに引き受けてくれた。市次郎さんが三反田の秀次郎さんのところへオルグに行くと、「おれは貧乏だから、従兄の米田に話してみよう」ということで、はじめて米田氏と会う。「飛び歩くことはできないが、大会があったり金の必要な時は出そう」と快くいってくれて、交際が始まった。

大会は一回に三十円から四十円かかった。いつも予算をたて、朝倉氏とともに米田氏に頼みに行く。行くと二階に上がれという。米田氏は費用がいくらかかるか細かく聞いて、その半分の金を出してくれたが、それには条件が二つあった。家内には水平社のことを話さないでほしい。大会でわしに三十分演説をさせろ、というのだった。米田氏は医者としての腕もよく、財産を残した。彼は貧乏人からは治療費をとらなかったといわれている。米田氏の演説は医者の立場からのもので、人間の体毒は切開手術による治療が最高によい。社会悪を取除くのも大きな手術が必要である、という趣旨だった。彼の妻は越後の人で一般である。

米田氏が水平運動の陰の援助者として、このように熱心であったのは、彼の過去に差別の体験が重くのしかかっていたからであった。米田氏は小学校からずばぬけて、成績が優秀であった。野沢中学に通ったが、一人の友人もできず、少年時代を孤独の底に送った。当時、中学へ通うことは大変なことだった。部落民となればほとんど例外だったといってもよい。

米田氏は野沢中学から新潟医専に進んだ。医専でも出身がわかって、冷たい待遇をうけたが、医専では校長に励まされて優秀な医師になるために頑張った。この校長が後に米田氏の妻を世話した。

「自分は財産があろうが、妻が一般だろうが、医者であろうが、それには関係なく、水平運動に協力したい。全国の部落民が解放されないかぎり、わたし自身も解放されない」

と、米田医師はいっていたという。

最初の差別糾弾

水平社に対立する同仁会

水平社が発足すると、三日にあげず事件が起こって、その都度、市次郎さんは呼び出された。

同仁会は大正九年に創立されたが、佐久地方では水平社の方が影響が早く、また強かった。水平社が活動を開始して三年ほどたってから、上田の同仁会本部から話があり、野沢に荒井清太氏が現われて、佐久地方の同仁会を発足させた。

「同仁会は差別撤廃ではなく、政府にみてもらえるかどうかが問題なんです。水平社とはトコトン対立して、水平運動をつぶそうとしていました。彼らは野沢に家を三軒、政府の金で建てて部落民を住まわせていましたが、家の一戸や二戸、われわれはそんなものは眼中にありませんでしたわね。財産なんぞなくとも、子どものために、子孫のために団結しようという意気込みなので、われわれの方がずっと強かった。その上、水平運動には新しく青年層がどんどん参加してきてました。成沢量一、高橋定一、高橋利重らの若手です。みんな学校出のパリパリでした。同仁会はわれわれの運動をつぶそうと思ったらしいが、つぶされるようなもんじゃあなかったです」

と市次郎さんは、病床だが、当時を思い出して熱っぽく力をこめて話す。

火箸を真っ赤に焼いとけ！

市次郎さんが水平運動をはじめて、いちばん最初に糾弾したのは、瀬戸の徳十隠居の差別言辞であった。隠居の家の土手をつくりに出た北口の人のことを、「チョオリンボの正太に、おらとこの土手をつくらせた」といった。さっそく糾弾しようということになったのだが、警察は一般に味方し、グルになっていた。市次郎さんたちの糾弾の動きに対して、

「証拠がないから、おらいわなんだ、と頑張れ。三人以上で来たら警察で取締まれるから知らせよ」

と、徳十隠居に知恵をつけていた。徳十隠居が言ったことは確かだが、証拠をつかんでおこうと、市次郎さんは素知らぬ顔をして、一人で隠居のところへ出かけて行った。

「おじいさん、弱ったことになった。とんでもないことを言ってくれたな」

というと、先方も親しいので、

「申し訳ない。是非、穏便にしてほしい。大きくしないでくれ、頼むわ」

という。確証をつかんだので、

「わしどもの運動は差別してくれた者には、糾弾しなくてはならない」

と言い残してくる。

市次郎さんの家では、若い者が四十人ほど集まって、はじめての糾弾に意気揚々と構えていた。法律が改悪されて、三人で行動すると取締まられるので、糾弾には二人ずつ出向くことにする。しかし、先発隊の二人が夜の十一時になっても帰ってこない。市次郎さんが行ってみると、隠居は、そんな差別言辞をはかぬと頑張っていて、隠居と息子（長男）を前にして、若い二人は糾弾の方法がわからないでいる。市次郎さんは、

「焼け火箸をうんと焼いてこお！　隠居の耳の穴にとおして、わしのいうことがよく聞こえるようにしてやる！」

といった。いまにも焼け火箸を突き刺す勢いである。市次郎さんの激しい気性の一端があらわれている。体こそ小さいが、正義への情熱は火のように燃えていた。

市次郎さんの言葉を障子の向うで立ち聞きした奥さんがびっくりして、

「三十分か一時間待ってほしい。次男坊と相談してくるから」

と市次郎さんに頼む。糾弾はつねに命がけでやってきたから、真剣勝負だった。次男がやって来て、平あやまりに頭を下げた。村会議員もあやまりに来た。市次郎さんたちは、

「兄貴は隠居と一緒になって強情をはるので許されないが、今日は次男の親孝行に免じて勘弁してやる。だが陰の者である受け持ち（巡査）を連れてこお。法律があるということにつけ込んで、糾弾から逃がれようとは何ごとだ」

と、たんかを切って引き揚げてきた。

雨の宮部落の小山薫のこと

市次郎さんが、長野県水平社運動の立役者、雨の宮の小山薫と出会ったのは、昭和に入ってからだった。小諸での大会で、はじめて行き会った。

「おれは小山薫という者だ。この運動に共鳴する者だ。北の方はおれにまかせてくれ」というようなことを初対面でいわれた。市次郎さんの感想では、自分の考えに従って動いてくれという、何でもお天狗になりたいという感じが強かったと、きびしい。押しの強い印象を与えられたのだろう。

小山薫のこうした独自行動は、それなりにエネルギーを発揮したが、結局は大衆運動の組織からはずれていかざるを得なかったのだろう。小山薫が警察事件で逮捕された時のことである。刑事にこういう事件もあった、こういう事件もあったといわれると、何かにかまわず、それもこれも自分がしたのだと主張して、調書の山をつくったという。親分肌の人だった。市次郎さんが小山薫その人について感心したのは、電報一本で、すぐに飛んできてくれる、運動に対する熱心さと情熱だった。

警察を相手の糾弾闘争

権力が勝つか団結が勝つか、やろうじゃないか！

大正十五年四月、三週間にわたって内山事件は闘われた。内山部落の高橋和作さんが、死んだ馬の肉を食ったということを、受け持ちが聞き込んで、和作さんを連行した。先稿にも〝おたんぽ〟としてふれたが、死に馬の肉を食べることは半公然に認められていることだった。だが、部落に偏見を持つ駐在巡査が、それを口実にしたのである。受け持ちは、「貴様が先頭になって掘り出して食ったというじゃないか！　だからチョオリッポはだめなんだ。世間の人がチョオリッポというわけがわかるか！」と和作さんをさんざんに罵った。和作さんは受け持ちの差別言辞に怒り、即座に抗議し、その足で市次郎さんのところに駈け込んだ。水平社は和作さんを引っぱった小林巡査の糾弾に乗り出した。

この闘争は、直接警察が相手だから、簡単にはいかないだろう、運動の命とりになるかもしれない。水平社員はこれまでにもまして、命がけで取組んだのである。臼田署へ糾弾に行くと、池田署長が出てきて、

「僕の部下が差別した。君達が僕の部下を団結で糾弾しようというなら、俺は一身を投げうって君たちと闘う。権力が勝つか団結が勝つか、やろうじゃないか」

と、肩怒らせて挑戦してきた。

権力をかさにきたこの傲慢な態度に、市次郎さんたち水平社員は、激しい怒りを燃やした。直接権力者相手の闘いであり、慎重の上にも慎重に策を練った。全国の同志に檄を飛ばし、水平社は川西に本部を設けて地域の同志を集めた。そして警察を襲撃するぞと宣伝して、警察の前をデモる計画をたてた。荷車に何十俵もの俵を積み、青竹を二つの束にして積み込み、解放歌を高らかにうたってデモった。

ああ解放の旗高く
水平線にひるがえる
光と使命にない立つ
三百万の兄弟よ
いまや奴隷の鉄鎖たち
自由のためにたたかわん

われらはかつて炎天下
地に足やきしはだしの子
ざんぎゃくのむちふるるとき

鮮血かざるけいぎょくの
断頭台下露しげく
鬼こくしゅう地は暗し

鬼神もおののく迫害や
天地もふるう圧制に
たましい砕け胸やぶれ
恨みを埋めてとこしえの
墳墓にさらす屍の
上に築きしドレイ国

ああしいたげに苦しめる
三百万の兄弟よ
踏みにじられし我が正義
うばい返すはいまならず
涙は憂いのためならず
決然たって武装せよ

ああ友愛のあつき血よ
結ぶ我らの団結の
力はやがてうれいなき
全人類の祝福と
かざる未来の建設に
じゅんぎの星と輝かん

水平社員の熱のこもった歌声は、春のおそい肌寒い佐久平にこだました。彼らのうたう解放歌は魂の叫びのように聞えた。

「一挙にサツをやるぞ！」と口ぐちに宣伝してデモった。荷車の俵は戦士の兵糧という触れ込みだったが、米俵は三俵だけで、あとはもみぬか俵だった。闘争に加わったのは、主として協和、望月、塩田、五郎兵衛、細谷のひとびとである。このぬか行列には大八車を使い、川西水平社本部救援隊と書いた旗を先頭になびかせた。

警察、ついに屈服

市次郎さんが高橋英治さんの二階の本部にいると、巡査が様子をうかがいに来る。

「どうだね、話はきまったかね」

などという。こちらは二階でわざと青竹を切る音をさせて、ガサゴソ、ザワザワやる。さかんに準備しているのだという、芝居であった。

「ほう、何本できやしたかな」

と探るから、こちらも

「さあて、二百本位かな。火にあぶって油をつけているのでねえ」

と巡査を煽ってやる。巡査は青くなってそそくさと帰って行った。

ついに警察では、国粋会に頼んで四つの村の入口を固めた。青竹を本気にしたのである。金で雇われた国粋会の者たちと、部落の者は、土方仲間であった。仕事が終ると、帰りにいっぱい飲み屋で顔を合わせる。

「ところでおめえたち水平社は、いったい何してんだい。本気でやる気なのか?」

「ああ、やる。やると公言したらやる。本気でやるぞ。二十人や三十人の巡査なんぞ問題じゃあない。こっちはどんなに犠牲を出してもやる。犠牲は覚悟の上なんだから、死ぬのも恐れないぞ」

こちらの姿勢があまり強固であり、一歩も引かぬものだったので、国粋会の幹部も動揺した。

「本当にやる気なんだな。よし、それなら君達一気にやっちまえ。その時、おれたちは逃げちまうから本気でやれよ。それまでおれたちは警察についているような顔しているからな。さあどんどん飲んで食え、みんな警察のつけにしておくから。おい！　どんどん何でも持ってこお。土産もつくれ」

というようなことになった。金で買われた国粋会は、死ぬ気でいる者の相手になってはかなわないと寝返ったのだった。そして、逆に池田署長を経済的に追いつめた。署長は飼犬にかまれるかっこうになった。署長もただではすまないぞということがわかってきたらしい。

長野から県の警察部長が乗り込んできた。多田部長は、水平社本部にも現われる。様子を話してもらいたいということだった。水平社側は、差別者小林巡査と臼田の池田署長をクビにしろと要求した。警察部長は一年待ってほしい、という。結局、小林巡査は伊那へ転勤になり、一年で首になった。この闘いは勝利に終った。

だが、この事件で警察は、水平社をのさばらしておいては自分らが安泰ではないと、深刻なショックをうけ、その報復の機会を手ぐすねひいて待っていた。そして、やがて後に徹底した弾圧に出てくるのである。

瀬戸の区有林闘争

区有林の入会権を要求して

昭和二年頃のことである。同じ区に住んでいながら区有林へ入れないというのは、とんでもない差別だ、区有林に入れろという闘争が起こった。

だが、水平社の要求に対して、区はなかなか区会を開かない。市次郎さんたちは全国に檄を飛ばした。闘争本部を市次郎さん宅においた。座敷をあけはなし、応援の人を寝られぬほど泊めた。区会に各地からの部落の代表を送るというのに、先方は区会を開こうともせず、強気に対している。昨年木を沢山切り出した場所へ案内しろと要求したが、これもだめである。水平社の方で当の山へ登る。

社会主義運動が全国的に進展しつつあった矢先である。先きにもふれたが水平社をはじめ左翼運動を弾圧するために、三人以上で他人の家を訪れて強談に及んだ者はこれを罰するという法律ができていた。人びとは二、三人ずつ分かれて山に向う。二月であったが、この年は山に雪がなく、ねずみばらという木をさかんに燃やして集会を開いた。火は麓の村からもよく見えた。山の上では盛んに気勢をあげた。現地では朝倉氏が団結して闘おうと大演説をぶった。最後に万歳を三唱する。

警察の方は朝倉氏と市次郎さんを検束しようと、臼田署全員を動員して、オートバイで現地にやってきた。夜に入って、麓を提燈の火で埋め、デモ隊を囲むようにして山へ登ってきた。こちらは「奴ら来てみろ、川の中へ突っ込んでくれるわ」と闘志はさかんだったが衝突を避けて、道のせまい瀬の方を通って山を下りはじめた。道も畑も踏みつぶして、巡査は山の者を前後から包んでやってきたが、手出しはしなかった。

「山の上で演説をしたろう」

「そんなことを、しやしませんぜ」

「じゃあ、万歳したろう」

「へえー、とんでもない。あんた方には万歳に聞こえたんですかい。あれは火の粉が首ったまや背中に入って、熱い熱いと騒いでたんですよ」

「そんな馬鹿なこん、あるわけねえ」

「いや本当ですに、まったくそのとおり！」

こんなやりとりがあった後、警察は引き揚げていった。

警官包囲下の戒厳令状態

この闘争では、農民組合も応援にかけつけた。この後、男衆だけ再び集まって反省会をすることになり、一行は小諸の温泉に出かけた。瀬戸は女衆だけになってしまう。警察は一たん引き揚げはしたが、部落には女たちばかりであることがわかると、すかさずデマを飛ばした。「風のある日を選んで、連中が山へ火をつけるかもしれない」というのである。こうして口実をつくってから、巡査が五十人ずつ、村の四つの入口を固めた。この状態が、四、五日間つづく。村は不安につつまれ、子どもたちは夜よく寝ない。一般の子どもは、「チョオリッポが火をつけに来るから、夜寝ることできぬ」と先生に訴えた。警察の動きで村は緊迫していた。

関東大震災直後の、朝鮮人が攻めてくる、朝鮮人が井戸に毒を投げ入れた、といったデマに似ている。震災の人心不安に乗じて、マス・ヒステリー的な排外感情がつくり出され、人びとを支配した。六千人にのぼる在日朝鮮人が虐殺され、アナーキストの大杉栄らも憲兵によって殺害された。瀬戸の区有林闘争で警察のとった手段もこれと同じであった。一般の不安をかきたてて一挙に水平運動を弾圧しようと、そのチャンスを警察は手ぐすねひいて待っていたのである。

部落では、夜になると十本あまりの荊冠旗を立て、そのもとで竹槍の訓練をつづけた。いざという時は実力戦の構えであった。

「突け！」

「突撃！」

鋭い叫びが、闇を引き裂いて、夜の部落から四方にこだました。寝ずの闘争で、みな必死であった。

市次郎さんは、どの闘いも真剣勝負で、ギリギリのところで闘われたという。現在の左翼政党や労働組合の幹部がやるような、ボス交などというものはなかった。不断に生か死かを突きつけられた、隙のない闘いであった。朝倉氏と市次郎さんは、犠牲になる覚悟でいた。

結局、平賀村消防組頭の金沢辰次郎氏が、仲介役を買って出た。部落の条件は、(1)入会権の平等化　(2)世間では部落が悪い、暴力だといっているが、真相を公開するため大会を開く。その費用を全部出すこと　(3)この闘争のために各戸で一斗ずつ米が使われたので、その米代金を出すこと。というものだった。金沢氏は、

「こんな広い山をどうして分けてやらないのか。入会権は死活の問題だ。こんな状態でもし火事でも出したら、消防の組員を一人も出さぬ」

と圧力をかけ、相手を説得した。そして区に三条件を全部のませ、闘いは勝利に終った。真相公開大会は、この月の内に中込座で開かれた。この闘争の現地指導者は、朝倉氏と市次郎さんであり、中央からは、米田富、平野小剣らが応援に駈けつけた。

アナ・ボル袂を分かつ

世間の情勢は日に日にきびしくなってきていた。左翼とあらば、何が何でも消し去るという勢いであった。社会主義運動が理論的にもいまだ未熟であったが故に、過酷な弾圧の下に分裂を招いた。ボルシェビキ（共産主義）とアナキズム（無政府主義）への分裂で

ある。ボルとアナの分裂は水平社運動にも直接影響を及ぼした。長野県水平社も、文字どおりボルとアナに組織とひとびとを分断された。全国水平社は、関東がアナ、関西はボルということになっているが、長野県では二派が生まれた。それゆえに悲惨でもあった。しかし、左翼の党派闘争が骨身を削るものであることは、自明である。まして部落解放運動には、より一層のきびしさが要求されている。県下の解放運動の二派の対立も険しかった。

これまで共に命をかけて闘ってきた同志は、アナは朝倉氏、ボルは市次郎さんのもとに分かれた。昭和二年の入会権闘争は、両者が共に闘ったさいごの闘争になった。長野県には、中央から両方のオルグが入っていた。第二回長野県水平社大会は、昭和二年二月、小諸キネマで開かれた。この大会はアナ・ボル対立の最も深刻な大会で、事実上、これを最後に長野県水平社は分裂した。役員の奪い合い、執行部も二つでき、活動家は各々二つに袂を分った。

ボルは高橋市次郎、竹内万之助、高橋定一、高橋秀峰、高橋利重（沓沢闘争以後、アナからボルへ来た）、アナは朝倉重吉、高橋伝右衛門、高橋一郎、高橋くらこ等であった。糾分裂は部落大衆の個々人にまでは波及しなかったが、運動には決定的打撃を与えた。糾弾闘争中に両派が顔を合わせて、喧嘩になるという場面もでてきた。

単純にいうと、アナの論点は、部落問題は部落だけで解決しようというものであり、ボルは一般大衆と結びつき、階級闘争として小作争議などと共闘したと市次郎さんはいう。（当時の小作争議は戦闘的な実力闘争で、田んぼで警官隊と農民が激突するというはげしいものであった。共闘といっても現在の民主統一戦線とは趣を異にしている。）

獄中から守る荊冠旗

大弾圧をまねいた沓沢闘争

昭和五年二月、雪の多い、例年にない寒さの厳しい年だった。権力による内山闘争の報復的意図もあり、全国的にくりひろげられた左翼への大弾圧のなかで、沓沢闘争もまた闘い半ばにして弾圧の下に粉々にされた。

沓沢闘争は、南佐久郡岸野村沓沢（現佐久市）の入会権と、前年に処理した山の材木金の分配を要求したものである。沓沢闘争には、アナは手を引き、ボルだけで闘われた。沓沢の青年の闘争手段が幼稚であったことも敗北の原因といわれているが、こうした評価は敗北したが故に取沙汰される種類の問題だった。

沓沢の区長野瀬万造が闘争本部に二十人の区民を引き連れ、

「沓沢の所有権はこの二十名のものだ。大勢を集めて騒ぐとは何ごとか！」

と庭先からわめきながら乗り込んで来た。闘争本部にいた水平社員は、

「帰れ！　帰れ！」

と縁先から追い落とした。

そのうちの一人が、縁側から仰向けに転んだ。縁先にいた沓沢の青年が、区長の頭を二回なぐった。そして判冠旗の竿で縁側を叩いておどかした。力いっぱい叩きつけたので、判冠旗の竿はささくれてしまった。差別は当然であり、入会権や分配金のことも法に従っているまでのことで、話合う必要はないという。こうした区長以下一般区民の高姿勢に、沓沢の青年たちは憤激していた。闘争には農民組合の協力も得ていた。応援に来ていた農民組合の竹内愛国は、非常に絵がうまかった。彼が区長が頭をなぐられ、血を流している似顔絵を描き、この絵を闘争本部の壁にでかでかとはり出した。これを見た区長は、自分を描いたものだとわかって、青くなって怒った。

「野郎どもは、すぐ警察に電話で、暴力をかけられた、ひっとらえてくれろと頼んだんだ」

市次郎さんは、すでに四十年をすぎた今日、なお怒りをこめてそういう。この日は午前中、ボルの拡大役員会議があり、ボルの指導部はほとんど闘争本部にいた。警察はこれを狙っていたのである。区長の告発は絶好の口実だった。一般区民は警察の手先になって動いた。通報と同時に、自動車で臼田署が乗り込んできた。午後四時頃であった。

「暴力行為取締法違反、全員検挙！」

この時を待っていた臼田警察は、逮捕状を読みあげるのももどかしく、すばやく全員に手錠をかけた。ボル派のキャップだった市次郎さんをはじめ、万之助、利重、定一、沓沢の青年たち、闘争本部のあった宿の主人山崎長次郎さんら九名である。幹部は根こそぎこの弾圧で逮捕された。

六十日間の留置生活

上田の農民運動の指導者竹内国造が、市次郎さん宅に急を知らせた。重要書類はしなめ（麻裂）に入れて、隣の二階の納屋に預けた。市次郎さんの家は、ボルの事務所になっていた。家宅捜索されたが、その時はすでに整理済みで、証拠品は一つもあげられなかった。警察は箪笥の抽出しから戸棚から、ところかまわずかきまわし、ひっくりかえして帰った。

市次郎さんたちは、臼田署に連行され、すぐその足で岩村田地方検事局に護送された。警察は鬼の首でも取ったつもりだった。岩村田署の留置場に六十日間、判決が下るまでぶちこまれていた。市次郎さんだけは独房で、他は三人、四人と固まって留置される。留置場での生活は、三月まだ早い頃のことで、寒さがきびしかった。厚いコンクリートの壁に閉ざされた独房は、骨身に沁みるような冷たさだった。独房の中は便器と布団だけである。汚ない敷布団一枚、掛布団一枚あるだけだった。未決囚として岩村田にいる六十日間、風呂に一度も入れなかった。差入れには市次郎さんの妹が毎日来てくれた。洗濯物は妹に頼んだが、虱がぎっちりたかって退治しきれずに弱った。

闘い半ばにして闘争を不当にも中絶させられた九人の同志は、留置場でも闘志を燃やしつづけ、朝から元気よく騒いだ。朝起きるとすぐ他の房の同志と解放歌を大声でうたう。捕われの身となっても奴らに負けるようなことはない。われわれは悪いことをしたのではないから、いじけてなんかいなかった。胸をはっていた、と市次郎さんは、指導者にふさわしい気構えを語る。ある朝、いつもの調子ではりきって解放歌をうたっていると、佐藤という巡査が、

「おい、君たちここを何だと思っているんだ。君たちは罪をおかして、おとがめを受けているんだぞ」

という。佐藤が出て行くと、

「おお同志の者、正義の闘いに命をかけているわれわれに向って、あんなことをいう奴の家は死に絶えるように、日蓮さまに拝もうじゃあねえか。みんないっせいに南無妙法蓮華経をやろうじゃあねえか」

と、すぐさま示しあわせて、佐藤の家は死に絶えますようにと、賑やかに南無妙法蓮華経をやり出した。佐藤は気味が悪くなったのか、翌日やって来て、

「昨日は言いすぎた。俺だって悪い人間ではない。ここにいるうちは、仲良くやろうじゃないか」

というので、南無妙法蓮華経はやめた、と市次郎さんは笑った。

裁判で実刑二年の判決

裁判は、岩村田地方裁判所はじまって以来の傍聴人であった。被告を激励に駆けつけた水平社と農民組合の人びとでごったがえした。八百人の仲間が集まり、裁判所の中庭で集会を持った。もちろん、全員法廷に入ることはできない。

法廷は野次が飛びかい、権力の弾圧に対する怒りの罵声でごうごうとしていた。市次郎さんたち被告は、同志の声援に力づけられ、勇気が湧きあがってくる思いだった。

「頑張れ！」

「しっかりやれ！」

「裁判長は、それで正義の味方か！」

と野次が飛ぶ。

「われわれは断乎闘いぬくぞ！」

裁判は十日間、異例のスピード判決であった。市次郎さんは暴力行為取締法違反では最高の実刑二年を宣告された。万之助さんは八カ月、他の人びとは五カ月であった。

市次郎さんは水平運動に対する確固とした信念を持っており、二年の実刑にひるむことはなかったが、心の負担は、何といっても沢山の子ども（九人）をおいて、妻一人で苦労ではないかという気づかいだった。この年、市次郎さんは四十二歳であった。

自分は差別からの解放と自由を求めて、ここにこうしている。この闘いを進める者たち、全国にいる同志もこういう憂き目にあわねばならないだろう。世間の目から見れば、家庭は悲劇である。そうした悲劇から逃れることはできない。それでもこの闘いは、勝つまでつづけねばならない。時代に先んじて差別からの解放に賭けた者の孤独な苦悩である。市次郎さんの留守の間、家では奥さんと長女が糸とりに出て、生計を支えていた。

受刑は長野刑務所と中野刑務所であった。中野時代に父親が肺炎で急死した。知らせは受けたが、市次郎さんは長男でないため、葬儀に出してもらえない。長男の場合は一時出獄を許される。出してもらえないが、一日だけ作業を休むことが認められていた。不思議なことに、父親の死ぬ前日、市次郎さんは夢を見た。父親と一緒に麦をまいている夢で、こんな時期におかしなことだと思っていた矢先の知らせだった。親の死に目にあえないことは、人の子としてやはりせつないことだと、市次郎さんは、つぶやくようにいった。

下獄後、最初の作業は、下駄の鼻緒の芯にする麻縄ないであった。次に柔道着を縫う。柔道着縫いの方が、食事の量が多い。百姓仕事をしていた体であり、飯が少ないのはこたえた。飯は麦七割米三割で、一碗あるかなしかである。一日一人一合七勺ときまっていたが、刑務所の一俵は三斗五升で四斗ない。

獄につながれていても、外にいる時と同じで、心はつねに解放運動の志を燃やしつづけていた。どんな地位にいる者にも負けずに、腰を折るようなことはしなかった。まず第一に体を大事にした。食事はよく噛んで、噛んで、噛みほうけて栄養にする。

荊冠旗を没収処分から守る

当時、受刑者の着物はみな茶色で、外出の時には青色に着がえさせられる。看守がある日、

「貴様、余罪があるな。検事局から呼び出しがきているぞ」

と、青い着物を持ってきた。検事局へ出頭すると、検事がにがにがしく、もったいぶって、

「この荊冠旗を没収するから承認しろ」

という。押収した荊冠旗の処分のことである。

「それはできない。われわれの運動は必死の思いでやっているので、いやいやながらやっているようなものではない。荊冠旗は、われわれが人間になるための解放と自由への切望をこめたシンボルなんだ」

「貴様、シャバへ出てもまたやる気だな。改心してないな」

「荊冠旗は軍隊の軍旗と同じで、三百万の部落民の魂が入っているみんなのものだ。わし一人のものではない。わしがどうこうできる筋のもんじゃあない。わしの年期があけ

て外に出たら、検事さん、他の者がだまっていやしませんぜ。ここに押しかけて来ますよ。竹竿だけは権利を放棄しますが、荊冠旗だけは保管しておいて下さい」

こうしたやりとりをして、市次郎さんは荊冠旗を断乎として獄中で守った。

荊冠旗は黒地に赤い荊の冠を染めぬいたものだ。荊冠旗は水平社創立者の一人、西光万吉氏の考案によるものといわれている。西光氏はこの旗について、次のように書いている。

〈こんな旗は世界中にも類がない。しかも旗は必ず生々しい青竹の竹槍でなければならぬ。これは当時の私達の陰惨な受難殉教の気持をそのまま表現している。この旗を見ずして水平運動は語れない。まさしく小さい星一つさえないこの旗は、絶望的にさえ見えるにもかかわらず血みどろな人間がまだ殺されずに生きている。しかも立ち上がってきたようなそんな気持が私にこの旗と竿を考案させた〉

一俵の救援米

獄中では同志からの手紙は、いっさい禁止処分をくっていた。外の運動の様子は知るよしもない。手紙は家族と親戚だけは許された。身内がよこす手紙の字が達筆なので、お前の親戚はみな中学を出ているのかと聞かれたほどだという。肉親は獄中で市次郎さんが部落の者は字も書けぬと笑われてはいけないという心づかいから、他人に書いてもらっていた。獄の内も外も、誇りを高く持って、胸をはって弾圧の中を生きぬいてきた。子どもたちは獄中の父へよく手紙を書いて励ました。

外では救援活動はあったが、思うように進まなかった。組織への弾圧と破壊活動は、沓沢闘争以後、追っかけるようにつづいていた。そのうえ、アナとボルの対立が感情的にも一層激化していた。そうしたなかで、川西から救援に米一俵を集めて、市次郎さんの家に届けられた。アナの指導者は瀬戸にはやらんでよいといったらしい。苦労してきた奥さんのそれを聞いた時の憤激は強く、いまなお忘れることができない、という。しかし市次郎さんは、いまでも川西へは足を向けて寝ない。

「わしは男だから、思想の相違で当り前のことと思っている。だが女はそうはいかんらしい。うちのばあさんは、いまだに恨んどります。アナはわしが長く獄に入っていることを望んでおり、ボルの組織破壊に手を貸しました」

市次郎さんは、穏やかにいう。思想の相違は、相手の存在までを徹底的に憎む。このことは、思想を活字の上だけで考える人には理解できないことだ。体を張って運動をしてみて、はじめてわかることであろう。

金持と貧乏人がいる限り、部落差別はなくならない

「わしは命がけで水平運動と共に生きてきた。なぜ一生懸命になったか、それは子ども

時代、八年間の学校生活で受けた屈辱の体験が基盤になってる。学校を出てからは、広い社会から、がんじがらめに差別されている部落民の姿を見るにつけ、それへの激しい怒りを燃やしてきた。われわれの子どもたちには、こんな差別を経験させたくない。たとえ自分がこの闘いの中で殺されるようなことがあっても、子どもたちに差別のない世の中を残したいということにつきる」

と市次郎さんは、きっぱりという。

市次郎さんは、小作争議など、農民組合の若い人びとと、その生き方を共にした。家にはいつもこうした運動に生きる人びとが泊っており、かかりもかさんだ。活動しているので金はかかる一方である。借金がふえ、親から譲られた田畑は度胸よく国に売って手放した。そして自作農から水呑み百姓、小作になった。だが敗戦で解放され、田畑はまたそっくりそのまま自分のもとに返ってきた。

「いまの解放運動は旅費も手当ても出るそうな。昔は家庭を犠牲にし、ある者はみな財産をなげうってやったもんだ。まず何よりもちがうことは、いまの解放運動には弾圧がない。わしどもは、どこに行くにも二人の尾行がついていた。糾弾する時は、鉄槌と閃光に足先まで打ち貫かれるほど叫んだもんだ。とにかく闘争は命がけだった。いまの運動は違う、ぜんぜん違う。一般の人の考え方も、部落の人の考え方も変わってきて、わしどもの口を入れるところはありません。変わったなあ……」

時代の変貌を、老いた闘士は病床で噛みしめているようだ。市次郎さんは、戦後解放運動に姿を見せない。市次郎さんは自分のなすべき時と場所をわきまえていたのだろうか。

戦後、アナの筆頭朝倉重吉氏などは、部落解放同盟の長野県における初代委員長として、解放運動に返り咲いた。運動から身を引いた市次郎さんは、今日の運動に対する意見らしい言葉をひかえているようである。ただ差別をなくすきめ手は、社会が一変して平等にならねばだめだ、と次のようにいう。

「この運動は一代こっきりのものではなく、どこまでやってもこっちに百万長者がいる時、あっちに食えない者がいるうちはだめだ。部落差別もなくならない」

立って歩けぬという病人の話に、私たちはすっかり鼓舞されっぱなしであった。市次郎さんはきびしい時代を闘いぬいてきた人と思えぬ、温厚なおじいさんである。こうした運動を生きぬいてきた人は、芯の強い、そして心根のやさしい人であるということを、私はしみじみとかみしめた。私たちは、この老戦士の健康を祈りながら、瀬戸のお宅をおいとました。

付録　資料1〜15

資料1（上高井郡高山村馬場　上野平久義友氏所蔵文書）

長吏由来之記

仁王三十代己亥　二月十五日三国之長吏由来ノ記　大日経曰　天竺長吏之由来者□□那之王申　此王御子四人御座其内第三番目之磨訶□□□之大子《ママ》申　是則白山大権現ノ変化ニテ一切衆生ノ為　身墨星出　天竺之長吏ト成　人畜餓鬼斎度仕給者也ト云云　是則天竺也　大唐長吏者般古大王ト申者　男女共ニ御子五人御座　其内第二番目釈男大子ト申者　是則十一面観音変化ニシテ一切衆生人馬為救大唐之長吏氏神打成一切衆生昼夜守護給ト云云

涅般経曰　日本長吏由来者延喜御門ヨリ始也　延喜御門御子第一番目之太良大子　是者堅牢地神ト白山大権現之変化身ニ而、一切衆生為救助　身漆塗給者　其染マケ病人ト成　一旦慈悲為令見世□愈心地ヲ祈　日本之長吏打成清水寺麓御所立　坂本御所名衿《ママ》被呼昼夜祈願仕給朶《ママ》衣也依之長吏之位者定也、亦王孫ト云云　此故也ト云々

長吏之由来ト者本是延喜御門一番目ノ大良王子也シカ故王孫云云也、依之長吏之長ノ字ハ天地ノ時ハ地也　日月之時ハ月也　金胎両部之時ハ胎臓界也　仏神之時者仏也　父母ノ時ハ母也　昼夜時夜也　迷故時ハ迷ナリ　過去現在之時ハ過去ナリ　善悪ノ時ハ悪ナリ　墨白ノ時ハ墨也智者ト愚者時ハ愚者也　俗出家時ハ俗也　水波ノ時水也　竹木時ハ木也　草木国土ノ時ハ国土也　愁祝《ママ》儀時愁也　大名ト土人ノ時ハ土人也　アウンノ時阿字也　京都ト田舎之時ハ田舎也　男女ノ時ハ女也　親子時ハ親也　上下時ハ下也　法報之時ハ法身也　依正之時ハ依也　邪正時ハ邪也　夫妻ノ時ハ妻也　釈迦弥陀ノ時釈迦也　亦曰吏字ト者　月也　金剛界也　仏神ノ時神也　父也　妻也　悟也　善也　日也　出家也　大名也　智也　水也　火也　竹木也　草也　祝儀也　ウン字也　都也　男子也　現在也　陀《ママ》弥ナリ　正法也　天也　如此成則一切ノ記　長吏ノ取作ニモルル記　更ニ無亦出家ノ俗　大名公家土人男女老若以下畜鬼類至迄　長吏之二字取作ニモルル記ナシ又曰　大聖釈迦弥陀大日仏三宝之□鬼斎度仕給モ長吏之二字取作ニモルル記ナシ　一切之記不入記ナシ　天竺大唐吾朝モ古今モ無之云云

文鏡涅槃経曰　故其昔□□王甲子　年天照大神自天竺ア

マ之サカホコヲサケ　此嶋天下リ給時モアマノサカホコヲバ天竺大王□□那王ト申者　コノ訶□□ノ大子天ノサカホコヲ抱天照大神ノ先立日本エ天下給也　長吏天竺ニテハ蓮焦《ママ》衆ト云也　故至一国不入者云云安楽経曰　天神七代地神五代過ヨ《ママ》ナ欽明王御宇聴《ママ》徳三歳辛卯　年十月二十八日丑刻　和尺之王聖武天王之御子出生給フ廿九ノ御時御名八月若丸ト付給　御時行墓菩薩トシ給□国ヲ六拾六ケ国ニ定分供ニ御時ハ役之優婆塞ト名上給道者六尺二分定山々峰々踏始悪鬼悪魔降伏シ給　御修行ノ御時地天白山大権現、大和之国重光源大夫出生仕給鉄之棒引御先立道方角於踏始給也　其道ハ六尺二分　竪テハ千五百卅七里分　横ヲ三千八百七拾里分給フ　東方三百九十九里分給　南千九十里分西九千三十里分　北方十千里分　郡数四万五千三百二十二分　郷数ハ五万五百八十九分　海之数ハ砂数拾九万億七千七百　広サ長サ大サ山数三千七百拾八分ケ仏教千三百余尊也　神ノ数二拾九億七千七百分　宮ノ数四拾九万六千分　大小河之数砂数十万九スリナシ町数千二百七十三町二分ケ　天之高サ七万八千四百四拾三里　地之原八万九千五百四拾里分ケ　男子ノ数二拾万《ママ》億八百九拾七人分ケ　女子数二拾九億九千七百拾一人二分　如レ此成　則役之行者三拾二才之御時御修行給ニ源大夫重光行者御先立法角踏分ケ候所　涅槃経曰　日本昔自大唐ノ行生ノ記　大品経曰　仁王三拾四代甲午　三月下旬　大唐ヨリ大和国枕里千原へ竹六本出其後拾弐本成　蔵内十二月表門也　亦三百六拾四本ナリ　是ヲ一年ニ三百六拾四本ニ成リ一年ノ内三百六拾余日表也云云

仁王経曰　日本ハ熊野大権現之行ナリ　日本天照大神竹也　又日本諏方大大《ママ》神之竹也　二本富士浅間竹也又二本ハ八幡大菩薩也　二本者白山権現也　竹分ケ拾弐本分也

歳代記曰　諏訪大明神之　竹ハ海川納竹ツリ棹鶏師鷹師餌袋ナリ　サイ《ママ》鳥サヲ馬之棹之竹ナリ　以上

亦曰　八幡大笄《ママ》竹　大名公家諸連ノ少族棹也　笛尺八竹也御□竹也　涅槃経ニ曰　富士浅間ニ竹ト者七五三払竹千二百余原ノ仏神三座ノ居住精進七拾二本之竹ニ《カ》世ノ諸仏幣払也　護摩観順之時棹　以上　又曰　白山大権現ノ竹死去之時　野幕竹モガリノ竹ナリ　四本幡棹天蓋竹延歳□示ノ取入用竹也　拾六峰之役行者之笈板之竹鏡打八房虚無僧取用之竹諸細工人取用竹ナリ　諸山余《ママ》上之時之金則杖諸修人取用杖竹　己上是ナリ　亦曰

竹ト者千草万木勝レタリ　故竹者千草寸々長トイエトモ中ツ唯ウツニシテモ相夫道之サワリモナシ　爰以テ三世之諸仏諸神諸天三宝之竹ナリ　昼夜共ニ栖ト成故釈尊御弟子拾六羅漢天地ヲタチヤウトカウシテ樹木《ママ》ニモナシ給　故ニ此徳ヲ堅人《ママ》モテ□処　天竺ニ而ハ竹之異名ハ堅石ト云ナリ　已上是自天竺始而長吏之幕取由来此時始

涅槃経ニ曰ク　釈尊御入滅僧聴《カ》元五年壬申　二月十五日夜半　滅天竺婆《ママ》提何沙《ママ》羅樹木之下ニテ入涅槃給時　阿難迦業拾人之御弟子十六羅漢四十二類相集入槌火論給時七日七夜大雨大風有火苑《ママ》御成就無之　其時大智真舎利仏座禅シテ仏申給様　三世之諸仏諸神之心ン□肝五蔵之意趣一切之諸経ヲ説五大竜五堅牢地神内説《ママ》□脱之意趣ヲ説不給入□仕給記ナケカワシキト告依之七日七夜天気大風有之　仏申給ハ其時釈尊者金蓮ヨリモ地立五大竜王堅牢神レ地之名ヲ呼立地心経ヲ説給ニハ其時五大竜王堅牢地神合豊《カ》仏是礼シ給云　天地則明鏡ト成　然ルニ阿難迦葉拾伏身弟子拾六羅漢五大竜王　堅牢地神以□檀奉横火苑成就給ナリ　其芳者三千大千世界渡ル御舎利ヲ国ノマヱ《ママ》計度スベキモノナリ　亦地心経トハ至今是社灵仏地形□《ママ》メ人馬之居住堅福之経云々

亦曰　五色幣帛ト者五大竜王ト考　竜王白山也　又曰竜王白山也　天地白山ト者ハ長吏氏神成　長吏ノ昼夜守護仕給フ又長吏者則竜天白山地白山氏子ナリ　故四本簇棹煙返天蓋水引燈諮大□ニ道具東方之幕数布　長吏取記此故ナリ　大品経曰　四本之簇棹天諮ト者則竜天白山也地付之幕トハ地天白山申長吏氏神ニテ御座也　竜天白山申奉天竺ニ御座時竜天白山ト申也　竜天白山地天白山　三利墓堂一休異名ナリ□用長吏ト者白山大権現之氏子也　故ニ四本簇棹天蓋水引煙返燈諮長吏取記此故ナリ　一七乞食八乞食六道者四拾三人宦長吏也

歳代記曰　延喜之御門御子大良王子之ヲシキサキ数拾六人下女数三拾六人奉公人男子之数百四拾三人アリ其内老人ニ拾壱人有リト云云

無用人成カ御門御子第一番目者高野山聖人御門之御上意ヲ七乞食八乞食六道分国々エ放給也　依之諸乞食言記定有之云云　七乞食トイフハ一番尊説《ママ》二番舞イ大夫三番諸山諸社シ大夫四番六拾六諸之僧五番ニ八房六番町未迂《ママ》目□七番水行已上是ナリ　八乞食一猿引二辻ヒワ三虚無僧四ササラスリ五胸《ママ》タタキ六鏡打七恵比須八鉢開已上　又曰一番舟頭二番石切三関守四箆打五弓打六者絃棹已上　長吏之儘ニ相計記　延喜自御門仁王元二

月下旬御上意有之己上宮社寺ノ立記　長吏入由来仁王経曰　正治元年丁酉　順達長者四拾万里原ト申所金於云キ　其上祇園精舎立大聖釈迦六度奉入御供養仕給ト云燈《ママ》久リ　第七度目御供養二魔訶□□大子ハ則天竺之長吏　有力大聖釈迦尊是ヲ□給　水ヲ波セヨト御札ヲ蓋□給テ其次浄土三部経之内阿弥陀経御読誦仕給者則御成就者之　又曰日本ニテモ神亀元年八幡大菩薩自在天竺近江国多賀郡ヱ天下リ時　御社立チ天台坐主真《ママ》元和尚ヲ奉入五色簇ヲ立千部御経修給和尺二条小路重光源大夫　七日七夜御番奉申又済衡《カ》元大仏始立テ給時　源大夫重光御番近衆御番三年三月二拾日　其門奉申貞観元年武弓慈光山大権現大般若経諸国御祈念正月一日卯刻ヨリ午之刻マテ御読誦仕給重平御番奉申　長吏ハナレタル記更ナシ

涅槃経ニ曰　幕之次第之記　□幕柴幕野中之幕トテ幕三品有リ　□幕トイフハ大名高家ノ幕成也　野中幕引導幕ナリ　柴幕自長吏之家ヨリ出タル幕也　シカルカ故傾城之幕役ヲ長吏取者也　此調延喜御門ヨリ長吏ニ被下置者也

文化五歳辰八月吉日

資料2（上高井郡高山村堀ノ内　古川万吉氏所蔵）

系　図

延喜元年酉弐月四日　天地開闢以来神武天王始拾壱代末孫延喜御門御供為先其後之御門　欽明天王御門　又敏達天王難破京主是也　又立花之京主聖武天王後之王子平京主延喜御門　其後桓武天王之後清和天王御門白河之天王代々雖多延座也　第一王子大慈悉之御座百身潰□之病之物成給也　故清水寺参籠給而祈誓申給可不給　清水寺之下坂本御所造自而其後坂本御所成給也　依其二之王子位寸給　日本国安穏也　四海浪静故吹風枝不鳴　国土安穏也　第三王子憐給而大道心之起給而高野山之聖人成給也　第四之王相坂蟬丸王ト申而相坂御所給御座　其内御美女弐人在　其人々白表子傾城之自　其後諸道者在也一長吏　二座頭　三舞子　四猿楽　五塀《?》当　六□師　七土鍋　八鍋売　九町末　十辻占師　十一猿引　十二猿引《ママ》　十三石切　十四土器作
十五弦指　十六本作　十七笠縫　十八渡守　十九山守
廿坪立　廿一筆結　廿二墨師　廿三関守　廿四鐘打
廿五獅子舞　廿六傀儡師

此外従後人雖有之皆長吏之下也　此内□賊夜行夜打山
賊海賊之類□皆長吏可行者也
一、延喜之御門之宴旨也　若違背之者八三病之者三百
三拾人先而其処之地頭所領半分守護可被召半分者長吏
可為計也
一、御門自而六拾六ケ国坂本御門人御年貢奉給其人之
数六拾六人也　仍而如件

一奥羽国　寿壁之綴物室
一出羽国　　御門
一条絹家之兼実近下給
一常陸国
三条清近堀川王五郎正清下給大三郎
一下総国　一条町小嶋孫太郎
一上総国　一条絹家彦五郎宗近下給
一安房国　三条笠作清門下給
一武蔵国　四条真手小路頭三郎下給
一上野国　七駿御□助登兵衛実賢
一下野国　一条西町扇屋之藤三郎光重
一駿河国　七条西之厳道?臼作□崎安平
一伊豆国　八条西堀川之己作右近兼光重下給
一相模国　五条北町襄作作三郎家近下給
一三河国　二条□小路白銀家之孫五郎安家下給
一遠江国　三条河原町彦五郎宗重
一美濃国　七条京路長作平治郎
一伊勢国　五条室町物見屋孫右衛門達光
一伊賀国　西山革作七郎太郎乗清
一尾張国　小河原之右近年清
一甲斐国　相坂米売藤太郎
一信濃国　四条高橋藍作又次郎
一飛騨国　金熊大三郎
一摂津　一対馬　一越前　一越中　一加賀　一能登
一越後　一佐渡　一山城　一大和　一紀伊　一讃岐
一隠岐　一和泉　一河内　一志摩　一播磨　一美作
一備前　一備中　一備後　一若狭　一丹波　一但馬
一出雲　一石見　一安芸　一周防　一長門　一淡路
一伊予　一土佐　一豊前　一筑前　一筑後　一肥前
一肥後　一大隅　一日向

右波長吏方系図として下給

正治元年丁酉正月拾六日
源　頼朝公
御判　［頼朝］（朱印陰刻）

相州鎌倉住人藤原朝臣矢野弾正左衛門頼兼

明応六年己五月十五日検系

資料3（小県郡丸子町辰ノ口　深井弥吉氏所蔵文書）

長帳
永帳

延喜元暦辛酉二月四日

天竺自開闢以来　神武天皇始十一代末孫　延喜御門之
御位為先其後之御門欽明天皇□其後之御門　敏達天皇
又其後之御門　用明天皇難波之京主是也　又立花之京
主　清《ママ》武天皇又其後之御門平ノ京ノ主也　延喜之御門其
後者官《ママ》武天皇之後　清和天皇之九代ノ御門　白河之天
皇代代雖多延喜之御門而御座也　第一王子大慈御座而
身漆□給三《カ》病之初ト成給也　故ニ清水寺江参籠給而祈誓
給エト終ニ不叶給而清水寺之坂本ニ御所ヲ造給自其而坂本
之御所ト成給也　依其第二之王子之位□付給与者　日
本国中安穏シテ四海浪静也故ニ吹風枝不鳴而国土安穏
也　第三之王子□第一ノ王子者憐給而大道心起給而高
野之聖人成給也　第四之王子相坂之蟬丸ト申而相坂ノ
御所造御座其内御美女二人有其今之白表仕《ママ》傾城也　自
其後諸道ノ者有也
一長吏　二座頭　三猿楽　四舞々居　五□師　六土鍋
七久々津　八町末之辻目闇　九非人　十猿引　十一番
ニ金打聖　此外修行者可在余多　此内ニ□賊夜行夜射
山賊海賊之罪者共長吏之中而可行《カ》也　延喜御門之宣旨
也　若違輩者ハ三病者三面三十三人先シテ其処之地頭之
所領半分守護可被召半分者長吏之可為計也　御門自而
六十六ケ国江坂本之御所壱人宛下給　其人々皆計申也
一長吏悪各《ママ》之事
峯七ツ谷七ツ越候□□而言付坂本之御所之楠□繁也
諸職人諸非納人皆々長吏之計也
石切渡守関守山守各々皆下也
国国下給次第
奥羽一条河崎之絹物室衛門時定下
出羽国一条絹《ママ》家右近丞実近下
常陸国三条清近堀河五郎正清下
下総国壱条マテ小路孫太郎末本下
上総国一条絹家之五郎家近下
安房国三条笠作伊衛門丞近家下
武蔵国四条真守小路藤三郎実□下
上野国七条御器町之兵衛丸宣実下

下野国一条西町之扇屋藤三郎光重下
駿河国七条西之トイ臼杵源次郎安平下
伊豆国八条西堀河ノ苪作右近烝光重下
相模国五条北町之□造三郎五郎時家下
三河国二条餅小路白銀家孫次郎安家下
遠江国三条原町彦五郎屋重下
美濃国七条京小路長作平次郎助宣下
伊勢国五条室町物具屋孫左衛門達光下
伊賀国西山車造七郎太郎屋清下
尾張国北河原之右近烝年清下
甲斐国板米売町藤太郎屋重下
信濃国四条高橋藍作又次郎貫平下
飛騨国今熊野太夫宣近下
摂津国三条河崎之兵衛烝重光下
丹波国二条東町紙売弥次郎重宣下
津嶋国六条西河原染屋右近丞宗定下
越前国北山之平内太郎重里下
越中国山崎之鍛冶屋□次郎国光下
加賀国東山北小路小物売藤次郎屋近下
能登国今大仏孫藤《ママ》次郎助本下
越後国弥陀次郎陰国下

佐渡国衆坂之油屋平次郎近宗下
山城国三条高橋衛門太郎助宣下
大和国六条今小路之藤五郎貫重下
紀伊国九条之院板橋太郎宗近下
讃岐国五条絹屋之平五郎重光下
隠岐国三条東町油《ママ》屋藤次郎宗清下
和泉国一条烏丸若宮大夫宣光下
河内国一条高蔵次郎太郎実方下
因幡国九条針屋孫太郎吉重下
志摩国三条二日町ノ五郎兵衛屋重下
幡磨国三条太郎右衛門安近下
美作国五条鎧屋之弥次郎宗清下
備前国四条染屋之文五郎貫光下
備中国六条日鉞《ゴ》屋之中四郎陰時下
備後国七条堀河之餅子屋貫経下
若狭国五条真守小路衛門丞金光下
丹後国五条賀茂河崎北村傘屋光重下
但馬国五条賀具屋弥太郎重宣下
丹後国八条饅頭屋安次郎重安下
伯耆国九条味噌屋之六郎実重下
出雲国七条木売小路石切衛門烝正清下

石見国嵯峨之宗車作右衛門家近下
安芸国五条之藤三郎重安下
周防国小幡山之弥三郎宗久下
長門国五条車屋之藤次郎助宣下
淡路国西之京鎧屋源七歳重下
伊予国一条東町十郎太郎広本下
土佐国六紫堀河之平五郎時正下
筑紫九ケ国次第九人給也
豊後国七条宇《う》津《つ》ボ屋六郎太郎氏近下
豊前国五条町足田《ママ》屋之平三郎常清下
筑後国一条高蔵御内太郎助本下
筑前国九条薬師屋弥藤次郎還近下
肥後国三条銀物売佐衛門丞宣実下
肥前国南小路亦物屋之安屋下
大隅国二条北小路之次郎宣吉下
薩摩国八条西町金蔵助七重陰下
日向国九条東之佐衛門安平下
右長吏彼国々下給記自延喜之御門之年中而以来至永治元年今八百八十暦明鏡也此旨可為計者也右之趣近頃悪筆にて御座候得共　此各衆之御所望成故無了見目闇蛇にをしすと申習故書写仕候間一見被成候壱《ママ》万之者楓以一笑笑察上下候
寛文拾壱暦亥ノ二月二日
　　勢州渡会郡廓首座書也（花押）

資料4

文化十二亥年四月　松代藩穢多非人取締御達シ

近来穢多非人共不行作に相成候趣相聞　不届之事に付以来取締方書付

一、穢多非人之類風俗百姓町人体に紛候趣相聞候　以来不紛候様可致　晴雨に不限すそをはしりわらじをはき可申事　但雨天之節は菅笠相用候様

一、着服並に帯　男女共木綿之他絹類一切着用不致譬木綿にても目立不申候様之品着用可致事　但女の髪はたぶを出し不申草束に致し木櫛之外無用之事

一、武家方寺社百姓町人へ対し致慮外間敷　在町へ罷出ねだりケ間敷儀決て致間敷事　但在町煮売小酒屋等へ罷越ねだりケ間敷儀総て可相慎事

一、祭其外市場へ罷越役儀と名付商人より酒手貰候由譬貰候共ねだりケ間敷儀致間敷事

一、勧進相撲興行等有之節　穢多非人見物は勿論小屋之内へ入候儀決て不相成候条　其旨御領内手下之者へ可申付候事

一、身分柄を弁ひ平人都て火を不交候様可致事

一、御用向にて仲間手遠ひの村方へ罷越候節　台所土間へこもを敷罷在食餌握飯にて可相済事　但たばこ火は掛流し火貰可申事

一、秋夏作毛之取収之節前々より田畑に稲麦指置受取候村方も有之田之　処束之多少等を申ねだりケ間敷相聞へ不届之事候　以来聊たりとも右躰心得違無之村々心掛次第貰受候様可致事

右之趣急度相守べし　安永七戌年従公儀被仰出候御触之趣に随ひ都て押領ケ間敷儀無之様　若如何敷儀相聞に於ては厳科申付候条　其旨心得御領分手下共へ能々可申付置候尤村々へも前段の趣触渡し置手下共聊かたり共法外之儀於有之は早速訴候様申渡置候間　其旨相心得万端相慎候様申渡す者也

前条之趣穢多共へ申渡置候様穢多頭へ申付候事に候得共右ケ条の内秋夏稲麦受取来候村々は前々之通相心得束等非分無之様可致候　自然非分有之穢多共願出候節被相手取候もの越度に相成候間　小前に至迄心得違無之様触渡し置可申事

以上

資料5

天保十二丑年十一月　松代藩穢多非人に口達

一、穢多非人之類風俗平人に不紛様惣て之事安永戌年御触の趣を以去る文化亥年施又申渡置候処　追年身分柄忘却致し髪形着類帯履物又は小屋作等迄押領ケ間敷儀致し別て女之着物等法外之至相聞不届之事候　依之村々にも厳敷申渡為相改　平人紛敷儀有之おゐては早々訴出候筈に付心得べし　尤年下の内身分柄に有之間敷着類初見掛候はゞ剝取急度咎申付可申立　右取締方心得左の通

一、晴雨に限らず裾をはしり草鞋をはき雨天之節は菅笠簑相用可申候

一、女の髪は草たばに致びんたぼを出し不申粗末木櫛の外用べからず

一、着類の儀は男女共粗末の地布之外相用申間敷事帯同様事

一、小屋取広げ候儀仕間敷事

一、祭場並市場惣ての見物場へ罷出酒手をねだり或いは平人に紛れ見物ケ間敷事決て致す間敷事

一、御用向にて手遠の村方へ罷越候節　台所土間に菰を敷罷在食餌握飯にて可相渡候間心得居べき事　但し十手総赤紐黒は孫六に限り手下は総紐共黒定の通堅可相守致私用は急度可申付事

一、煙草の火かけ流し貰ひ惣て平人と火を交申間敷事

一、小屋内に風来もの一切差置間敷事

一、廻り場にて盗賊悪党見咎逃し私欲ケ間敷儀相聞に厳敷可申付事

一、御家人は不及申寺社人並百姓町人往来之旅人へ対し決て慮外仕間敷　在町へ出ねだりケ間敷事致間敷事

一、提灯の紋寸方三寸に限り一ツ紋に致し下より二寸五分程上げ附可申事　但し当十一月中迄に取替可申候

右之趣厳敷相心得　手下之者共奢ケ間敷事　或は平人に紛敷風躰於相聞は厳重可申付者也

一、穢多非人之類近来風俗平人に紛敷仕成有之哉に相聞不届の至付　今度穢多頭孫六へ取締方厳敷申渡候依之於村々も右之心得及見聞候儀有之は可訴出　近来村々にても作方手伝為致其外惰弱之取扱も有之哉に相聞不埒之事に候　向後急度可相嗜也　若心得違の者於有之厳敷申付候之条可存其旨者也

資料6（上水内郡牟礼村牟礼神社文書）

差上申一札之事

一、今般私共仲間存外不当之儀を仕成　既ニ御役所へ御召捕ニ相成リ　御上様並両組御役人中様御苦悩重々奉恐入　誠ニ以一言之申訳無御座　依而以後私共行状御ヶ条ヲ以被仰渡候趣　左之通ニ候

一、御法度筋は勿論　都而博奕諸勝負類兼而度々被仰渡候趣　急度相慎可申事

一、縦大雪大雨ニ候共　下駄足駄傘日傘等者ハ一切相用ィ不申　簑笠之外相用ィ間敷候事

一、雪踏足袋等相用ィ不申　縦半ゑり袖口髪かけ多り共絹類一切相用ィ申間敷候事

一、神事仏事幟高張等決而相建テ申間敷事

一、神事仏事ニ付他所ヘ罷出候兵　御百姓ニ紛レ酒喰等決而致間敷事

一、下家屋根取払向後一切不仕候事

一、看板並窓敷板急度相止メ土間ニ致可申　都而　何

事ニ不限御百姓ニ紛敷風躰決而仕間敷事
一、御町方ヘ買物ニ出候共　私共身分之礼儀を不失不敬
之儀毛頭不仕正路ニ致可申事
右被仰候趣逸々奉畏候　然ル上者以来私共ハ不及申
上女子共ニ至迄　厳敷申付置急度相守可申候　尤是
迄不作法仕候段ハ御勘弁被成下候趣被仰渡難有仕合
奉存候　此末御百姓方ト私共仲間風俗急度相分候様
可致者勿論風雨之節ハ代々ニ御町方見廻り可申候
万一背候者御座候ト蒙御察当候ハヽ如何様御上様ヘ
被仰立候共毛頭御恨ミ不奉申上候　依之仲間一同連
印差上申候　仍而如件

安政三辰年四月

穢多　善　次
勘　次
平五郎
助　市
北右衛門
多良左エ門
彦右衛門
仁平次
彦　六

両組御役元組　八　助

資料7（牟礼神社文書）

乍恐以歎願書ヲ御慈悉奉願上候

当村穢多善治外七人之者共　御慈悲奉歎願候　村内仲間助市外壱人致博奕候一件　御支配様於御役所ニ当時御吟味中之処　御村預被仰付難有仕合ニ奉存候　右一件より事起り村内一同格別之改革被仰付　恐入奉畏り御受書奉差上候　此段御ケ条之趣兼而博奕賭之諸勝負は不及申其余御法度筋之儀ハ慎ミ罷存候処　助市外壱人不当之儀御吟味之趣承知仕　以弥慎ミ可申旨銘々申合覚悟仕候処　今般被仰渡重而難有仕合ニ奉存候得共外ニ下駄足駄傘雪踏不身分柄之儀ニ御座候ヘハ花麗ニ致参リ候者も無御座　旦足袋不御差留之儀ハ身分柄之者共迚四季暑寒ヲ不存者壱人も無之候得ハ　厳寒之節等極難可及　又候神事仏事等ニハ幟高張奉蒙御差留候得共新規堂社相建候儀ハ兼々御法度之旨承知仕リ候得共先規有来り之分神事相当致シ幟献燈等之儀も泰平之御

仁徳ヲ奉賀国恩報謝之印ニ而我意ニ募リ不当之働ニ無之
初国之掟ト乍恐奉存候処　御察当ハ神仏ヲ軽メ候儀ニ至
リ全以テ天下御治無之　御定トも不思　畢竟異国外国ニ
等亡国之行状可ト奉存込候　尤御時節柄も可寄トハ乍
申　御当所ニ而も年々六月中天王御神事ト唱江　在方御
法度之芝居狂言御催シ被為有候儀も有之　所々神社参
詣ニ付他行之砌リも身分柄故御百姓ニ不紛様風俗心懸之
儀　先前ヨリ精々嗜罷在候得共　御百姓ヨリ身分ニ紛レ
候方も有之候故甚ダ迷惑仕リ酒喰等ニ付身分偽リ御百姓ニ
紛レ候儀ハ決而無御座候得共　兎角近年穢多共ニ紛レ牛
馬ヲ食シ在家町家ニ乍有毛付草ヲ商ヒ被遊候方有之是ハ迷
惑之至り　乍恐御賢察可被下候　又候自分共御町家江
買物ニ罷出候節ハ先前仕来リ之通り礼儀厚く不作法不仕
候得共　売買之品ニヨリ値段高下之争ハ無是非次第ト
思召分ケ可被下候　殊ニ居屋下屋根窓並ニ敷板国中ニ御当
所穢多共限リ候儀ニも有之間敷　然ニ私共斗リ取払方　乍
恐天下一統御政事トハ承知難仕　看板之儀も銘々身分
柄職分之印ニテ差出し候得共　自然ト御誂江向も多く得
利潤候処御差留相成リ候テハ　商売向差逆レ父母妻子
之扶助難成　渇命之根元薬看板迚も御百姓方之医業ト
ハ相違仕　身分柄之者共儀ハ牛馬之骨肉ニて制之上候

薬ニ而外之薬種之類ニ不非　御百姓ニ可紛謂無御座　御
町方見廻リ之儀被ニ仰聞承知奉畏候上ハ違背仕候儀ニハ
無御座候得共　当御村内ニ而ハ見廻リ之御手当ト申ハ先
前ヨリ是迄終ニ頂戴之覚も無御座候得共　仕来リ御通
リ相勤罷在候処　此度改革同様ニ御趣意ニ御書込被遊□
候　此段去ル酉年秋中も上武筋立通リ候悪党共当国入込
之節も御宿内ニ而御勤被遊候帳番私し共江被仰付　勤番
数日ニ至り候得共　唯今ニ至り一向御手当之御沙汰承り
不申　同御支配所ニ而も高井郡高井村穢多共帳番数日
相勤格別之御手当頂戴之由粗承り及候儀も有之　殊ニ
高井野村仲間共儀ハ村助地ニ致住居候テも前書申上候通
り御手当有之　私し共儀ハ右穢多共ト致相違　屋敷ハ
乍恐御除地ニ而年々御国役上納仕　御当村御厚恩地ニハ
無御座候　其上女子共迄ニ改革之旨厳敷可申付御趣意ニ
付天下ニ稀成御取計無御衛仕方ト　愚昧之以心得ヲ出生
仕来り候者ハ無致方他ヨリ縁付候者ハ周章不浅狼狽仕
リ出生之地江引取度等ト混雑不相止銘々家内惑乱仕候
次第ニニ至リ必死極難之時節何共歎敷　銘々打寄リ示談
仕リ候処　右助市外壱人　御法度筋ニ携候ニヨリ如何
同村之者共迚右者共一同改革之御沙汰謂レ有之間敷哉
但し邪正之無差別本人同罪之蒙御趣意候上ハ　助市外

一人博奕御仕置ハ御宥免被下候哉　又ハ村内ニ而博奕之族御座候節ハ善悪ニ不拘　改革御趣意可被仰付儀ニも御座候ハヽ　去ル十二ケ年以前当御宿内ニ而博奕一件御仕置御受被遊候節　御改革之御噂承り不申　左候ハヽ此度御趣意ハ助市外壱人御仕置代リニ御座候ハヽ是又難有仕合ニ御座候得共　右之両人後而御仕置ニ相成候テハ乍恐天下二重之御仕置ト奉存候　尤身分柄之者共斗リ悪事之度ハ二重之御支置可被仰付儀トハ愚心之私し共是迄不奉存　先達而被仰付候砌リ押而も御宥免願上度存込候得共　御役人衆中様方之乍恐御威光ニも拘り重キ御役席奉軽察?候而ハ　以弥後来御不便不奉蒙候而ハ軽身分之私し共迷惑奉恐入候間　早速調印仕奉差上候得共　前段之趣逸々以御慈悲ヲ乍恐御勘考被下　格別之以御憐愍ヲ右調印之書面御下ケ被下　助市外壱人ハ是非無候得共私シ共一同是迄御法度筋ニ不携儀ニ付往行相続被仰付被下置候ハヽ広大之御重恩ト恐入難有仕合ニ奉存候　何卒格別之以テ御慈悲　右願之趣　御聞済被下置候様幾重ニも御慈悲奉願上候　以上

安政三辰年四月　日

当所下村　仁平治

彦　六

八　助

北右衛門

彦右衛門

平五郎

勘　治

善　次

両組御役人御衆中様

資料8（牟礼神社文書）

乍恐以書付奉願上候

水内郡牟礼村両組役人一同奉申上候　当村穢多共存外不当之儀ニ付　先般五人御召捕ニ相成　御吟味之上広告外弐人ハ御宥免ニ而帰村被仰付　助市外壱人ハ御窺被成下置　村御預ケ被申付　難有仕合奉存　帰村之上穢多共呼出し　是迄甚不取締ニ有之　右故御手数ニ相懸り奉恐入候ニ付取締方并ニ質素節倹相用ひ可申旨　両組役人ヨリ申渡承知之上　書面ニ連印取候処　一昨十四日別紙存外不当之書面差出　村役人共を軽蔑い多し一向申渡之儀相用ひ不申候無之ニ付　昨十五日穢多共居宅江

役人一同見分仕候処　格外之美麗ニ有之　種々強情申張候上ハ迚も私共手分ニ行届不申候間　何分以御威光穢多共御取締被成下置度奉願上候　依之　村役人ヨリ申渡之連印書並ニ穢多共ヨリ差出候書面共相添　一同連印を以御願奉申上候　余ハ御尋之節以口上可奉申上候　以上

安政三辰年四月

弐左衛門
儀左衛門
松之助
善九郎
九左衛門
平五郎
久之丞
賀左衛門
政右衛門

中野御役所

資料9（牟礼神社文書）

乍恐以書付御届奉申上候

水内郡牟礼村穢多善次外弐人江一昨十六日御差紙被下置候ニ付　昨十七日右三人之もの共村役人召連罷出候処　同日中野村穢多三九郎方を出奔いたし候ニ付其段以書付御届奉申上候処　勘治外弐人江又々御差紙被為下置候ニ付　村役人共帰村之上右之もの名主方へ可参趣申遣候処助市外壱人罷越申候ハ昨十七日夕方より男之分ハ追々出奔いたし行方相知不申ニ付女子供ニ而処々穿鑿仕候得共今以テ行方相知不申候趣ニ付一同打驚申候　先善次後家呼出し如何様之儀ニ而穢多共追々出奔いたし候哉之段相糺候処　一昨十六日夕方中野村穢多孫右衛門弟弥登吉と申者善次方へ罷越　折節倉井村番太作右衛門と申者居合何か密談いたし候様子ニ御座候得共　私儀ハ祖母ら老病難儀ニ逼リ候ニ付無寸暇看病処を離れ不申候間一向存不申処　今十八日朝迄ニ村内之もの共追々家出致し候趣承知仕候旨申之候　右ニ付村役人共より相残り之女子供ニ而厳敷詮義可致趣申渡候　則穢多共家出致し候名前書相添　乍恐此段御届奉申上候

安政三辰年四月十九日

水内郡牟礼村

西組名主　弐左衛門

組頭兼年寄　儀左衛門

組　頭　松之助

問　屋　善九郎

東組名主兼問屋　九左衛門

組　頭　平三郎

同　久之丞

同　賀左衛門

年寄兼百姓代　政右衛門

今川要作様

中野御役所

資料10（牟礼神社文書）

乍恐以書付奉歎願候

今般私共仲間一同江身分厳重之慎ミ方被仰付候趣承知
奉畏候ニ付　一同連印奉差上候処実正ニ御座候　其後

心得違之書面差上申候儀ニ付　村御役人衆中様御上様
江御願立ニ相成リ厳重之御吟味之上銘々江御咎被仰付
重々奉恐入候　此上如何様ニ相成候哉難計逸々発明改
先非後悔仕候　然ル上ハ前書一同江被仰渡候御箇条之
趣　以来急度厳重ニ可相守申候間　何卒菩提寺様御慈
悲を以テ御村方御役人衆中様江御詫ニ被成下置御救之
程　偏ニ奉願上候　依之一同連印書を以テ御縋一札奉差
上候処　如件

安政三辰年五月　日

当御支配所水内郡牟礼村　穢多

善　治

勘　治

平五郎

権　七

八　助

彦　六

彦右衛門

仁平治

菩提所長谷寺様

前書之通り拙寺庭掃其御村方穢多共　心得違之書面差

出御吟味当時蒙御察当先非後悔仕　此上御吟味奉請候テハ一言之申訳無御座候間　以来急度相慎ミ候趣を以テ拙寺江相縋候間　何卒右之趣御勘弁之上　御上様江御願立被成下置　御咎御容免之御慈悲御願被下度　先般奉差上候類書御下被下置候様　御頼申入候　依之一札差出申候　　以上

安政三辰年五月　日

中之条御支配所水内郡黒川村

長　谷　寺

牟礼村御役人衆中

資料11（牟礼神社文書）

乍恐以書付御縋奉願上候

水内郡牟礼村両組役人代名主弐左衛門組頭平三郎奉申上候　私共村方穢多助市太郎左衛門外三人　同郡於長沼村不当之儀を仕成候ニ付御召捕相成御調之上　助市太郎左衛門ハ村御預ヶ被仰付置　外三人儀ハ以テ御慈悲御赦免被成下置候儀ニ付村役人共相談仕候処　一躰近来穢多共身分を忘れ驕奢ニ押移存之致風俗処江罷出空巣を仕成候ニ付　御上様江奉懸御苦悩候次第ニ至奉恐入候　依之以来風俗質素ニいたし身分慎ミ方申聞候処穢多共悉ク承伏仕リ承知印形差出置　其後歎願書と名付存外不当之書付差出候ニ付　一通リ取調説得仕候得共不相用候ニ付無拠不顧恐　右始末御取締奉願上候処　善治外弐人御召出ニ相成候処　御陣屋元江着之上致出奔候ニ付　勘治外弐人江又々御差紙被下置候処　是も出奔仕リ助市太郎左衛門之外穢多共追々逃去候ニ付　相残彦六江御尋被仰付御詮義中追々罷帰其段御届奉申上候ニ付　御吟味中善治外壱人ハ入牢　彦右衛門外弐人ハ御咎被仰付慎ミ中　彼等共菩提寺同郡黒川村長谷寺江相縋リ是迄不相当之儀を仕成候段先非後悔仕　以来急度身分を慎ミ不依何事質素ニ相守可申候間　今般御上様江御縋御咎御赦免被成下置候様　一同別紙以書付右長善寺より相詫候ニ付　其段篤ト相糺候処相違無御座候ニ付　乍恐御縋奉願上候　何卒格別之以御慈悲　御吟味定迄ニ穢多共御咎御赦免被下置度　偏ニ奉願上候且先般差上置候書類御下戻被成下置候ハヽ広大之御重恩ト難有仕合奉存候　依之別紙相添奉願上候　以上

安政三辰年五月

弐左衛門

平三郎

中野御役所

資料12（牟礼神社文書）

乍恐以書付奉願上候

水内郡牟礼村両組役人代兼弐左衛門平三郎奉申上候
中野村穢多孫右衛門儀先達而宿内ニ罷越両組役人ヘ不作
法之次第御届奉申上候通ニ御座候
右孫右衛門儀　一躰不宜ものニ有之　先年善次方ヘ家内
一同引越久敷罷在候節　仲間中種々混雑差起し村役人
厄介罷成　然ル処孫右衛門親子中野表ヘ引移リ候ヨリ以
来治リ方宜相成　此度歎願書と名付不当之書面　松代
穢多又兵衛認呉候旨御申出候得共　実ハ孫右衛門等申
談候哉にも相聞　其砌リ御届奉申上候通リ孫右衛門義
東西役人相控候処ヘ羽織着用ニ而無挨拶ニ罷通り候故何
ものと見咎候処　中野村孫右衛門中野ヘ見舞に参り
候ニ羽織着用不苦等不当法外之申方故与四郎ヘ申付
右羽織取受名主方ヘ預リ置申候　右様不当法外致方ニ而
ハ村内穢多共風儀ニも相拘リ誠以テ迷惑至極仕候間
右孫右衛門厳敷御吟味之上　以来増長不致様奉願上候
尤右之始末中野村名主彦兵衛江も中断候次等ニ御座候
間　何卒御慈悲ヲ以テ此段御聞済被成下置候様奉願上候
以上

安政三辰年五月　右村名主

弐左衛門

平三郎

中野御役所

資料13（上高井郡小布施町唐沢　金田一英氏所蔵）

高井水内両郡　明治二年廻文

今般
御一新ニ付御牢番勤方御改正之儀　御役所より被仰渡
御仕法左之通り

本番人　万四郎

三九郎

一本木村加番人　権平

上条村同　新兵衛

金井村同　重左衛門

右之通り五人組江御牢番勤方被仰渡是迄郡中より出張
勤番之儀ハ御廃止之趣　是又被仰渡候間　其旨可被心
得事
一、御役所ニ於而御召捕方御探索方等ニ而非常何方江御
出役被為在於出先ニ穢多共江御用向被仰付候節ハ早速
罷出御用大切ニ相勤メ可申旨前以申聞ヶ可置様　是又被
仰渡候間可被得其意事

己巳五月廿八日

中野御牢元本番人
万四郎
三九郎

此廻文早々順達留り村より可被相返候　以上

一本木村　権平
若宮村　孫八
金井村　重右衛門
竹原村　松五郎
宇木組　庄右衛門
夜間瀬村　孫六
上条村　新兵衛
戸狩村　仲右衛門
高遠村　源右衛門
新野村　駒吉
新保村　七兵衛
清水村　栄吉
原田村　源治郎
松村新田　伊之助
駒場村　勘五郎
牧村　□吉
高井野村　彦右衛門
中村　惣右衛門
犬飼村　庄八
関沢村　半六
笹沢村　半七
柏尾村　多右衛門
前坂村　市松
野沢村　七十郎
白鳥村　徳右衛門
戸狩村　紋七
下今井村　孫二郎
大倉嶋村　藤八
下水沢村　重二郎

飯山有尾村　長右衛門
小山村之内八幡　清　六
幸　高　村　儀　八
井ノ上村　孫　三
小布施村　幸　蔵
羽　場　村　新　八
片　塩　村　権左衛門
同　文右衛門
浅　野　村　又　市
牟　礼　村　善　治
同　勘　治
替　佐　村　清　之　丞
越　村　幸　兵　衛
赤　岩　村　甚　八
柳　沢　村　又　七
岩　井　村　五郎兵衛
安　田　村　団　七
上木嶋村　彦　六
斗　見　村　仁五右衛門

資料14（上水内郡牟礼村　牟礼神社所蔵）

（袋表書）

明治十二年一月
新民ヨリ学校入学云々　願書

（袋裏書・朱字）

旧穢多新民ヨリ学校入学ノ云々ニ付
歎願書
総代人
高橋善次郎
伊藤平五郎

御　願

北第弐拾六大区壱小区
水内郡牟礼村　新民惣代
伊藤平五郎
高橋善次郎

本村位置日章学校生徒入校之儀　抑明治六年開設以来数度願出候得共　兎角人民旧習ヲ脱セザル故好機会ヲ

待テ入校スヘキ旨当所之吏員ニ申諭サレ空シク歳月ヲ過シ是迄控居候処　本年二月臨時区会御開キ学資出途方及ビ就学方改定成議按ノ通御許可ノ上ハ速ニ入校可相成儀ト存候処　尚此機ニ至ルト雖モ不服ヲ醸シ学校組合人民惣代トシテ当牟礼村牧野藤兵衛田村竹三郎ノ両人ヲ以相拒ミ戸長ノ御説諭ヲ不聞入　既ニ学資出途方ニモ私共ヲ差除キ取極候如　実ニ歎敷事ニ候　且別途ニ私立学校設ケントスレト貧窮ニシテ立ルヲ不能　私塾ヲ開ントスルモ学力無之　文明昌ンに行ハセラル斯難有御代ニ［アリ］ナカラ独私共ニ限リ不学ノ軒ヲ連子不学ノ男女ヲ生育シ学問ノ何物タルヲ弁セサセサル時ハ不知不知法律ヲ犯シ人倫ノ道ヲ不弁禽獣ニモ劣リ候様成行候テハ飢餓ニ陥リ貴重ノ身ヲ喪ヒ悲歎無限儀ニ御座候　憐レ前条御賢察被為在特別ノ御仁恤ヲ以テ右人民惣代牧野藤兵衛田村竹三郎ノ両人至急御呼出シ私シ共子弟早速入校相成候様　御理解被成下度此如謹而奉懇願候　　以上

明治十一年十二月廿五日

右
伊藤平五郎㊞
高橋善次郎㊞

長野県令楢崎寛直殿

資料15

宣　言

全国に散在する我が特殊部落民よ団結せよ！

長い間虐められてきた兄弟よ。

過去半世紀間に種々なる方法と、多くの人々によってなされた我等の為の運動が、何等の有難い効果をもたらさなかった事実は、夫等のすべてが我々によって又他の人々によって毎に人間を冒瀆されていた罰であったのだ。そして、これ等の人間を勦《いたわ》るかの如き運動は、かへって多くの兄弟を堕落させた事を想えば、此際我等の中より、人間を尊敬する事によって自ら解放せんとする者の集団運動を起せるは寧ろ必然である。

兄弟よ。

我々の祖先は自由、平等の渇仰者であり、実行者であった。陋劣なる階級政策の犠牲者であり、男らしき産業的殉教者であったのだ。ケモノの皮を剥ぐ報酬として、生々しき人間の皮を剥ぎ取られ、ケモノの心臓を裂く代価として、暖い人間の心臓を引裂かれ、そこへクダラナイ嘲笑の唾まで吐きかけられた呪はれの夜の悪夢のうちにもなほ誇り得る人間の血は、涸れずにあった。そうだ、そうして我々は、この血を享けて人間が神にかはらうとする時代にあうたのだ。犠牲者がその烙印を投げ返す時が来たのだ。殉教者が、その荊冠を祝福される時が来たのだ。

我々がエタである事を誇り得る時が来たのだ。

我々は、かならず卑屈なる言葉と怯だなる行為によって、祖先を辱かしめ人間を冒瀆してはならぬ。そうして人の世の冷たさが、何んなに冷たいか、人間をいたわる事がなんであるかをよく知っている我々は、心から人生の熱と光を願求礼讃するものである。

水平社は、かくして生れた。

人の世に熱あれ、人間に光あれ。

大正十一年三月三日

全国水平社創立大会

『被差別部落の伝承と生活』に寄せて

部落解放同盟長野県連合会・書記長（当時）　中山英一

〝部落の人たちは一般の人たちとは違う人間であり、おっかない人たちであり、悪い者である……〟信州人の多くは、こう思っているのです。そして、長い間差別されてきた私たち部落の人びとの大部分も、実はそう思っているのです。

部落のことについて、ほんとうのことを正しく知らなかった私は、十歳ころから二十歳ころまで、やはりそう思っていました。だから、他所へ出て知らない人から自分の住所や氏名を聞かれることが一番いやなことであり、恐ろしいことでした。正直に住所と氏名をいってしまえば「部落民」であることがわかってしまうからです。その不安と恐怖は、血がいっきにひけ、胸がつまり、息がとまり、足がふるえ、そのまま消えてしまいたいあの時の体験を、忘れることができません。

だから自分から「部落民」であることを告白することは絶対になかったし、人から聞かれてもうそを言い、身分をかくすことにはかりしれない神経をすりへらしてきました。

当時、私は、島崎藤村の小説『破戒』の主人公瀬川丑松の心境とまったく同じでありました。

「部落民」であることによる数々の実害を受け、部落のことから極力逃避してきた私は、学生のころ東京・早稲田の古本屋で佐野学著の『闘争によりて解放へ』という一冊の本を発見しました。その夜は夕食もたべずに夜通し読んだのです。

〝……特殊部落の人々の中に優秀なる体格、美しい容貌、鋭い智力の所有者を見る。特殊部落民は普通民に劣らずという鉄の如き自信を有しなければならない。また特殊部落民たるが故に賤しまれねばならぬ根拠は毫もない。自己の地位を悲しんではならぬ。賤民ではなく選民である。……〟

この時の感動は、まったく筆舌に尽し得ないものでした。全身に血の躍動を感じ、生きていてよかった、胸を張って生きられるんだ、と実感しました。この本が私の人生を百八十度転換したのです。

その年の冬休みに帰省した際、私の生れた部落〈南佐久郡佐久町久保田〉に住む、かつて水平社の活動家であった金沢高一郎先生を兄から紹介され、ひと晩、胸をおどらせて水平運動の話を聞きました。次に金沢先生から紹介されて、小諸市に居る朝倉重吉先生（長野県水平社の指導者）を訪ね、書斎のこたつで生き生きとした血のわくような話に接し、さらに朝倉先生から紹介状を書いていただいて、松本治一郎先生（全国水平社の指導者）の門をたたき、自信と誇りのもてる力強い指導をうけました。

〝誇り得る人間の血は、涸れずにあった。そうだ、そして吾々は、この血を享けて人間が神にかわろうとする時代にあうたのだ。犠牲者がその烙印を投げ返す時が来たのだ。殉教者が、その荊冠を祝福される時が来たのだ。吾々がエタである事を誇り得る時が来たのだ。人の世に熱あれ、人間に光あれ〟

と、格調高い人権宣言によって、胸を張り眼を輝かせ、たくましく不当な差別と果敢にたたかっている全国水平社のことを知ったのです。

　必要のある時には、何処でも、誰に対してでも「私は部落民です」と毅然といえることが、差別から自己を解放し、世の人の偏見をただすことになる、と私は信ずるようになりました。

「部落民」といえど、まぎれもなく人間である。その当然のことを認識し、さらに「部落民」の真実を科学的に学び、水平社の活動家に接することによって、いっそう自信がわいてきました。

　私は幸いにして二十四歳の四月、県連大会で部落解放同盟長野県連合会（当時は部落解放全国委員会長野県連合会）の書記長に選任されました。以来二十余年にわたり書記長という立場で、長野県下に散在するおよそ三百を数える部落を北から南まで歩きつづけました。「早く差別撤廃を」という共通の悲願をもっている数万人の仲間を知り、結婚の自由を奪われ、就職の途をとざされ、教育の機会均等、居住の自由さえ奪われている現実の差別とたたかう中で、差別と偏見にみちた既成の部落民観を根底から打破しなければならないことを痛感しました。

もっとも人間らしさを誰よりも強く求めて、ダイナミックに生き、人間愛、団結力、バイタリティ、創造力、強く、早く等々、優れた実力と、誇り得る面を、現実生活の中から具体的に自覚することができたのです。私たち「部落民」のもつ輝かしい積極面、プラスの面を明らかにしたい、という願望が常に私の頭からはなれることがありませんでした。

たまたま数年前、友人である朝日新聞記者の赤津侃さんから、長野市に居住していた作家の柴田道子さんを紹介されました。柴田さんとは部落問題について数えきれない程語り合い、また共に部落解放運動をする中で、柴田さんは単なる興味や、同情や、物知り欲ではなく、本気で部落解放を考えていることがわかってきました。私は柴田さんの真しな態度と、確かな考えに、無条件で信頼するようになりました。

〝差別の中で生きぬいてきた部落の人たちに素晴らしい生活と文化がある。この発掘を通して「部落民」に誇り得る人間としての自信を与え、部落解放運動に役立たせよう〟と、期せずして二人の意見が一致したのです。それから二年余にわたり、県下の部落を五十ばかり選定し私は組織活動をかねて柴田さんを案内したわけです。柴田さんは東京からテープレコーダーとノートをかかえ、私は長野市からカメラとノートをもって、東・北信、中・南信の部落を足で歩き、身体で接し、社会の底辺を支えてきた人びとから本音を聞くことができました。そうして差別の中でたたかい生きぬいてきた古老から、価値ある真実を知らされ、生きるに役立つ哲学を教えられたのです。

このようにして、ようやく柴田さんの〝部落解放のために……〟という情熱と努力の結晶が、いま、『被差別部落の伝承と生活』として発刊されることになりました。

先人の光輝ある歴史と伝統と、貴重な遺産を、現在に生きる者がうけつぎ、さらに後人に伝えることも、部落解放運動の一環として大事な文化活動であると思うのです。

部落解放に法的根拠を与えた『同和対策事業特別措置法』が施行されて、三年目になります。しかも今年は、誇りうる全国水平社が創立されて五十周年という記念すべき年に、この書の発刊をみることのできますことは、まことに意義があることと思います。

いま私たちの兄弟である石川一雄青年〈埼玉県狭山市〉の『狭山差別裁判取り消し要求百万人署名』闘争が、全国三百万の仲間に、さらに国民へと大きく発展しています。県内でも『二睦事件』（須坂市井上に三年以上住んだ者には、誰にも山の権利が与えられているのに、三百年も前から同じ所に住んでいる二睦の住民〈七十世帯〉に限って権利を与えないという入会権差別）が、部落解放同盟長野県連を中心に、県民共闘が組織され、全県民へ輪を広め、ねばり強いたたかいが進められています。

近代化百年、そして水平社創立以来半世紀を経たいま、なお荊冠旗（水平社の団旗）を高くかかげ、人間の尊厳を願い、人権をとり戻すたたかいは、つづいています。

一九七一年十一月

解説

横田雄一

この書物がどうして生れたか、何が意図されていたかについては、中山英一さんが「『被差別部落の伝承と生活』に寄せて」（本書457頁～）のなかで、つぎのように端的に表現されています。

〝差別の中で生きぬいてきた部落の人たちに素晴らしい生活と文化がある。この発掘を通して「部落民」に誇り得る人間としての自信を与え、部落解放運動に役立たせよう〞と、期せずして二人の意見が一致したのです。

中山さんが古老からの聞き書きを残そうと思い立たれた動機は、私が直接ご本人からお聞きしたところによれば、つぎのとおりでした。

長い間部落差別を受けてきた人々は、自分たちのことを生来劣ったもの、卑しいものと思い込まされてきた、しかし、実際は部落にすばらしい生活と闘いがあり文化がある、このことを部落の仲間が知って自信と誇りをもって生きられるようにしたい。

しかしながら、既成の部落民観の破壊、これに代わるポジティブな部落民観の提出という企画がいかに素晴らしくても、部落の古老の方々が口を開いて下さらなければ、目的を達することは不可能でした。結果としてこれが可能となったのは、まったく中山さんの人柄と活動のおかげでした。「同和対策事業特別措置法」が施行される以前の時代でした。長野県内で開かれた学習集会で、お年寄りから、いくら子どもの教育手当を要求しても出ないではないか、と批判とも嘆きともつかない発言が出ていました。それでも県内での解放運動は大衆的に展開されていました。中山さんが地をはうように県下の全部落をまわり、誠実かつ地道な活動を蓄積されていたことが大いに与っています。訪れた先々で、夫婦喧嘩の仲裁を頼まれたり、子どもの宿題をみてやったり、生活のレベルで接しておられました。

中山さんは、十歳ころから二十歳ころまで、みずからの出自に関しシャガシャガ（佐久の言葉で心がおそれおののくさま）していたとのことです。体験した差別への怖れについて次のように述べておられます。

他所へ出て知らない人から自分の住所や氏名を聞かれることが一番いやなことであり、恐ろしいことでした。正直に住所と氏名をいってしまえば、「部落民」であることがわかってしまうからです。その不安と恐怖は、血がいっきにひけ、胸がつまり、息がとまり、足がふるえ、そのまま消えてしまいたいあのときの体験を忘れることができません。

（『被差別部落の伝承と生活』に寄せて」）

その後、差別からの解放を生涯の課題とすることに転じた中山さんは、あの松本治一郎さんのところの書生になり、早稲田大学を卒業後、黒地に赤い荊の冠を染め抜いた旗のもとに馳せ参じ、二十五年間にわたって部落解放同盟長野県連合会の書記長を務められ、その間に起こった五百件に及ぶ部落差別事件に対応されました（克明なノートが残っております）。したがって、中山さんは高等教育を受ける機会に恵まれなかった部落大衆と同じように差別への怒りで心臓を鼓動させてこられました。まさに、抑圧された大衆の内側から生れたいわゆる「有機的知識人」（サルトル）でした。このような大衆と有機的につながった活動のなかでこそ、これまで表現されることのなかった部落大衆のポジティブな面、すなわち、「もっとも人間らしさを誰よりも強く求めて、ダイナミックに生き、人間愛、団結力、バイタリティ、創造力、強く、早く等々、優れた実力と、誇り得る面を、現実生活のなかから具体的に自覚することができた」のであり、これらを記録化して活用する発想も生れたのでした。

信州の部落・古老からの聞き取りは、中山さんと著者のペアで行われ、聞き取り結果の文章化は著者に託されました。中山さんは「被差別民衆の心と美しさを詠んだ一茶」(『部落解放』一九八九年十二月号)、『人間の誇りうるとき』(一九九三年解放出版社)、『私を変えた源流　人権文化の創造者たち』(一九九七年日本同和新報社)、『被差別部落の暮らしから』(一九九八年朝日選書、二〇一四年朝日文庫)なども書かれておられるし、部落問題にかかわる論文では社会学的手法を駆使されておられます。聞き取り結果を自らの手で記録することは十分可能でした。何故運動歴・学識なく、部落問題の研究者でもなかった著者に依頼されたのか、前掲文では著者が部落問題に対し本気だったからという趣旨しか述べられていません。

思うに、中山さんは被差別部落出身者の心は、絶対的に当事者間にしか通じないとは考えておらず、むしろ人の心の動きは、適切に表現される限り人の心に伝わり得るものであり、これは差別を受ける当事者とそうでない者との間でも本来は変わるものではなく、むしろこうした捉え方こそ、生れながらに人は平等であることを心理面からも裏付けるものであると考え、両者の間に橋をかけ得る適切な表現者を求められたのかも知れません。

私の配偶者であった著者柴田道子は、戦争中の学童疎開の体験に基づいて書いた『谷間の底から』（一九五九年東都書房、一九七六年岩波少年文庫）で世に出た児童文学者でした（この関係では故鶴見俊輔さんのお蔭を蒙っています）。子どもに寄り添うという日常の習性は、古老からの聞き取りのさいにも、語り手に寄り添って受け止め、微妙な感情の動きもナイーブに移入するという仕方で、活かされたものと思われます。実際に語られた信州言葉を活かしつつ、なめらかな活字の文章に整理されて読む者に伝えられる上、当事者間では暗黙の了解で言葉が省略されてしまうであろう事柄も読者の理解に支障がない仕方で表現されているためでしょう、あたかも眼前で当事者から話を直接聞いているような一種透明な臨場感があります。このような効果を予測し得た中山さんの叡智の賜物ではないかと思われます。

また、著者は男社会のなかの女性として蒙らざるを得なかった自らの被差別体験に基づく感情移入も加わり、ごく自然に差別事象とそこからの解放という視点から人々の生き様に共感し、敬意を払いつつ文章化したものと思われます。

著者は性格的には、感じやすく、愛情が深く、人に優しい心の持ち主でした。童話を書いていたことが本書を書くうえでも役立ったものと思われます。子どものころから健康に恵まれず、本人によれば、「みそっかす」扱いされていたということでした。にもかかわらず仕事のうえでは頑張り屋であり、死の直前まで朝日新聞社から依頼された狭山事件の原稿の執筆に打ち込んでいました。

本書「第一部　伝承と歴史」のなかに、「おともさんの青春」という項（58頁〜）があります。ここには松代藩統治下の部落を支配したお頭の横暴―配下がその娘の婚約を巡って筋を通し、お頭の嫁取りを拒否したことに対して土地から追放されたという話（配下の部落民に対するお頭の露骨な差別的権力支配　二重の差別）、時代が下がって、追放された一族に属する美人のおともさんに恋した小学校の若く純情な教師が住居侵入罪でおともさんの父から訴えられ、千曲川に身投げした話（父の対応は「部落民である娘と教師とでは、本人同士がいくらよくても、結局はまわりにぶちこわされる。どうせ夫婦になれぬ身、遊んで捨てられるならいっそ突き出して別れさせてしまえ」という「社会から差別されることへの抵抗」）が述べられています。（注・結婚差別によって自死するのはほとんどが部落の側でした。前掲中山著『被差別部落の暮らしから』によれば、中山さんが対応した五百の差別事件のうち命にかかわった事件が二十六件あり、ここから中山さんは「差別は命を奪う」という警告を発しておられた。差別による自殺十二件のうち九件、自殺未遂十三件のうち十件が、それぞれ被差別部落出身者。心中未遂が一件）

その後、おともさんは、牟礼の人と結婚しますが、四人姉妹の末娘で姉三人がすでに嫁いでいたので、両親を引きとるという約束を相手から得ていました。ところが、夫が約束を守らず、実家で病死した父の遺骸が無惨にもネズミに食い荒らされたことを見たおともさんは、嘆き怒り、終生夫と三人の子のいる家へ帰らなかったという話が述べられています。

女性を含めて、この世的には不利になっても、己の筋を通した人々の強い生き様が人々の間で語り継がれていたのでした。

「第二部　生活と文化」のなかに、「孤独な老女」という項（281頁～）があります。北国街道筋の地区を訪れたとき、男衆は日雇いで出払い、残っていたひとり（六十二歳）がちょっと近所を走り回って招いた八十三歳、八十一歳、六十九歳の三人の老女からの聞き取りがなされています。昔は差別がひどかったということ、食生活が極度に貧しかったことが具体的に語られています。彼女らは「今は盆と正月が毎日」といいます。差別されることへの恐怖と日々の糧の欠乏という酷薄だった往年の体験から由来する言葉と思われます。著者は、「こうした老人の思い出をたぐるという柔和な作業の中に、私は、部落の年とった人たちの激しい生命の葛藤のあとを見てきた」と記しています。

また、「織姫―女の一生」（339頁～）における七十九歳の女性は、十二歳で桐生の機織り工場の女工に出され、三年後、部落の娘ばかり四人で逃げ帰ります。危険をかえりみず（当時女工の逃亡は警察沙汰であった）、逃避行を手助けしたのは同じ部落の親切な男でした。彼女は、結婚後、夫が道路工事中の事故でなくなり、残された五人の子を食べさせることに精一杯で、着物は一枚で通しました。子らをみな成人させましたが、息子三人は徴用・戦争にとられ、一人は戦死、戦争が戦中・戦後の彼女の生活に計り知れない大きなダメージを与えています。彼女も今は正月と盆のような毎日だといっています。そこには我が子のため全身を捧げた苦闘によって、苦境を凌ぎ続けた己の人生に対する自負の念が込められているかのようです。

「第三部　水平社の闘い―高橋市次郎老聞き書き―」については、一転して、これこそ本物の部落解放運動と感じいってしまう展開です。読むものをして引き込んでしまうのは、もちろん、戦前の佐久水平社とリーダー高橋市次郎さんの非妥協の闘いがすばらしかったからにほかなりません。

すなわち、一九二六（大正一五）年の警察官の差別発言を糾弾した闘いの勝利（警察の譲歩を勝ち取る）、一九二七（昭和二）年ころの瀬戸の区有林闘争の勝利（区有林に入ることを区に認めさせる）があり、一九三〇（昭和五）年の沓沢の入会権等要求の闘いに対する地区の頑迷な抵抗に乗じた警察の大弾圧事件では、リーダーだった当時四十二歳で九人の子持ちだった高橋市次郎さんが暴力行為取締法違反では最高の懲役二年の実刑に処せられるなか、彼は検察官が意図した荊冠旗の没収処分を断固としてはね返したのでした。これらを反映して、第三部における著者の筆も、ひときわ活き活きしています。

本書『被差別部落の伝承と生活』が最初に出版された二年後の一九七四（昭和四九）

年一〇月、東京高裁は狭山事件・石川一雄さんの有罪を維持しました。その翌年著者は狭山に移住し、現地での弁護活動に協力する傍ら、朝日新聞社から依頼されていた狭山事件の本を執筆中でした（予定原稿枚数五百）。持病のぜんそくが急に悪化し、一九七五（昭和五〇）年八月一四日午前二時四〇分ころ救急車のなかで絶命したのでした（享年四十一歳）。著者の最期の思いをわがものとするべく、私も爾来四十三年余石川一雄さんの無罪を目指してまいりましたが、未だ目的を達成し得ず、申し訳ないと思っております。

狭山闘争がもっとも盛り上がったのは寺尾判決（確定判決）がでた一九七四年一〇月三一日の日比谷公園の十万人集会ではなかったかと思われます。

その前年一〇月二六日に東京都中野区の都立富士高校で発生した放火事件の容疑で、一人の部落青年が逮捕され、同年一二月二八日起訴されています。一九七五年三月七日の一審判決で無罪、一九七八年三月二九日の二審判決で検察官の控訴棄却（無罪確定）。国家賠償請求訴訟では慰謝料三百万円の賠償が確定しています。

この事件は、放火ということで、中野署ではなく警視庁が担当しました。放火の点につき一九七三年一一月一三日から一二月二三日まで合計七〇時間九分の取調べがなされています。このなかで、つぎのとおり狭山事件を援用しての追及がありました。

「定時制の生徒は全日制に対するコンプレックスから火をつけたと発表されれば世間の人は誰でも納得するんだ」「お前は同性愛者という精神異常者で家系を調べたら部落民じゃないか、狭山事件のように部落の人間はたとえ人を殺していても『私は無実です』という人非人の種族だ」「お前が放火していないことは知っているが、お前にこれだけ不利な条件がそろっていれば助けようがない、検事や裁判官もお前の生いたち、性格、経歴をみればどうしても犯人にするしかないんだ」等々（「展望」一九七五年六月号）。

以上にみられる捜査官の狭山事件理解は、確定判決を含むその後の八つの裁判所の有罪判断によって司法の世界、さらには広く体制寄りの意識をもった人々の間で益々うち固められているおそれが拭えません。この「人非人の種族」なる決めつけは、狭山再審にかかわるすべての人に向けられていることになります。石川さんが無罪を勝ち取ることは、日本から部落差別をなくす大前提です。しかし、石川さんの無罪確定は、差別解消へ向けての大前進ではありますが、部落差別の根絶に直結するわけではなく、高橋市次郎さんが「この運動は一代こっきりのものではなく、どこまでやってもこっちに百万長者がいる時、あっちに食えない者がいるうちはだめだ。部落差別もなくならない」というように、金持ちと貧乏人がいる限り、そして天皇からの距離の近さ・遠さによって人の格付けがなされるような世の中である間は部落差別はなくならないものと考えられます。

二〇一四年から今日まで続く長野市内に起こった差別事件の経緯は、部落差別の根深さをよく示しています。この事件は「長野市内近隣住民連続差別事件」と呼ばれています。〇〇町に住む被害者B子さんの真ん前に引っ越してきた加害者A男は、B子さんとその家族に対し、「部落民」「チョーリッポ」「ヨツ」「畜生だ」「人間じゃねぇや」「〇〇町から出ていけ」などと執拗に差別発言を続けるので、裁判所から差別発言禁止仮処分を得ました。それでも止まらないため、強制執行の決定をも得ましたが、A男はB子さんに対する暴行事件を起こし、六カ月の執行猶予付懲役刑に処せられました。判決後一カ月も経つとA男はB子さんを新たに「精神病者」として執拗に精神障がい者差別発言を繰り返すため、再度、差別発言禁止仮処分を得ました。それでも止りませんでした。たまたまA男は万引き事件を起こし、懲役の実刑に処せられました。B子さんは、収監中のA男に対し、民事訴訟を起こしました。判決に代わる和解手続きでA男はB子さんとその家族に謝罪し、自分の発言が被差別部落の関係者全員に対する差別であったことを認め、出所後B子さん側からの要望があれば、関係行政機関や関係団体との話し合いの場に出席することを書面で約しました。

出所後のA男がB子さんに対する上記約束を守るかどうかは予断を許しません。

この事件の体験からはっきり言えることは、数年にわたる執拗極まる差別発言を即刻止めさせ、侵された人間の尊厳を直ちに救済し得る法的仕組みが何ら用意されていない不備・欠陥です。名誉棄損罪や侮辱罪に基づく告訴は、警察も検察も検察審査会も取り上げてくれませんでした。

市役所の人権担当部局はある程度動きましたが、有効な手段をもたず、法務局の人権擁護委員会や保護観察所にいたってはそよとも動きませんでした。行政が部落差別を温存していると言いたくなるような限界を体験しました。


差別への激しい怒りを燃やしてきた高橋市次郎さんは、「われわれの子どもたちには、こんな差別を経験させたくない。たとえ自分がこの闘いの中で殺されるようなことがあっても、子どもたちに差別のない世の中を残したいということにつきる」といっておられます。

「差別によって命が奪われる」部落と「ぬち(命)どぅ宝」を高々と掲げる沖縄とは、命の根が共通です。今日沖縄では「構造的差別」(故新崎盛暉さんによる沖縄差別の本質表現)を打ち破って子や孫のために平和な沖縄を残すべく、海陸両面で国家権力に対し身をもって対峙する住民の闘いが日々繰り広げられています。

社会に厳存する諸々の差別が、一人一人の内なる差別の集積にほかならないとすれば、個々に内にあって自他の尊厳を蝕む差別の克服のためには、差別をなくす社会的闘いへの具体的参加が必要であり、かつそれによってのみ一人一人の内なる変革と大きな社会変革の展望とが同時にクリアになってくるはずです。

最初の出版後四十七年、著者没後四十四年にして筑摩書房から文庫本として再び世に出していただいたことには大きな社会的意義があると思います。企画・出版について大変お世話になった同社編集部の青木真次様ほか関係者の皆さまに厚くお礼申し上げる次第です。

（よこた・ゆういち　狭山再審請求弁護団）

本書は一九七二年に三一書房より刊行されました。
本書のなかには、今日では差別的な語句がありますが、
歴史上の証言であることに御留意ください。

ちくま文庫

被《ひ》差《さ》別《べつ》部《ぶ》落《らく》の伝承《でんしょう》と生活《せいかつ》
信州《しんしゅう》の部落《ぶらく》・古老《ころう》聞《き》き書《が》き

二〇一九年三月十日　第一刷発行

著　者　柴田道子（しばた・みちこ）
発行者　喜入冬子
発行所　株式会社　筑摩書房
東京都台東区蔵前二―五―三　〒一一一―八七五五
電話番号　〇三―五六八七―二六〇一（代表）
装幀者　安野光雅
印刷所　星野精版印刷株式会社
製本所　株式会社積信堂

ISBN978-4-480-43577-4 C0136